Meine Religion

Graf Leo Tolstoi

(Übersetzer: Huntington Smith)

Writat

Diese Ausgabe erschien im Jahr 2024

ISBN: 9789361465239

Herausgegeben von
Writat
E-Mail: info@writat.com

Inhalt

VORWORT DES ÜBERSETZERS.

FÜR jemanden, der die russische Sprache nicht beherrscht, sind die zugänglichen Daten über das äußere Leben von Leo Nikolajewitsch Tolstoi , der Autor dieses Buches, ist, gelinde gesagt, nicht umfangreich. Sein Name erscheint weder in der heterogenen Liste berühmter Persönlichkeiten, die als *Die Männer der Zeit bekannt ist* , noch findet man ihn in M. Vapereaus umfassendem *Dictionnaire des Contemporains* . Und doch wird Graf Leo Tolstoi von kompetenten Kritikern als ein Mann von außergewöhnlichem Genie anerkannt, der zumindest in einem Fall ein literarisches Meisterwerk geschaffen hat, das weiterhin zu den großen künstlerischen Produktionen unserer Zeit gezählt werden wird.

Vielleicht genügt es uns zu wissen, dass er im Jahr 1828 auf dem Landgut seines Vaters in der russischen Provinz Tula geboren wurde; dass er eine gute Erziehung zu Hause erhielt und an der Universität von Kasan orientalische Sprachen studierte ; dass er eine Zeit lang in der Armee war, in die er im Alter von 23 Jahren als Artillerieoffizier eintrat und später im Stab des Fürsten Gortschakow diente ; und dass er später zwischen St. Petersburg und Moskau wechselte und dort ein Leben der äußerst raffinierten Barbarei und des übermäßigen Luxus führte, wie es für die russische Aristokratie charakteristisch ist. Er erlebte das Leben auf dem Land und in der Stadt, im Lager und am Hof. Er gehörte zu den Verteidigern von Sewastopol im Krimkrieg, und die Eindrücke, die er damals sammelte, verwendete er als Material für eine Reihe von *Kriegsskizzen* , die in der Zeitschrift, in der sie erstmals erschienen, Aufmerksamkeit erregten; und als sie wenig später in Buchform veröffentlicht wurden, erlangte ihr damals 28-jähriger Autor sofort große Popularität. Populär wurde das Buch mit der Veröffentlichung von *Kindheit und Jugend im Jahr 1856* , das gleichermaßen für seine schlichten Enthüllungen über die Entstehung und Entwicklung von Ideen und Gefühlen im Geist junger Menschen, für seine idyllischen Schilderungen des häuslichen Lebens und für seine anmutigen Naturbeschreibungen bemerkenswert war. Darauf folgte *Die Kosaken* , ein wilder Steppenroman mit kraftvoll realistischen Einzelheiten und, wie alle Werke des Grafen Tolstois , poetischer Konzeption und dramatischer Intensität. 1860 erschien *Krieg und Frieden* , ein mehrbändiger historischer Roman über die napoleonische Invasion von 1812 und die Ereignisse unmittelbar nach dem Rückzug aus Moskau. Laut MC Courrière [1] wurde das Buch mit Begeisterung aufgegriffen und erregte große Aufmerksamkeit.

„Die Bühne ist riesig und die Schauspieler sind zahllos; unter ihnen drei Kaiser mit ihren Ministern, ihren Marschällen und ihren Generälen und dann ein zahlloses Gefolge von niederen Offizieren, Soldaten, Adligen und

Bauern. Wir werden abwechselnd von den Salons St. Petersburgs in die Kriegslager, von Moskau aufs Land transportiert. Und all diese unterschiedlichen und abwechslungsreichen Szenen sind mit einem bestimmenden Zweck verbunden, der alles in Harmonie bringt. Jedes der langen Reihen ständig wechselnder Tableaus ist von bemerkenswerter Schönheit und pulsiert vor Leben."

Pierre Besuschkof, einer der drei Helden aus „*Krieg und Frieden*", wurde, zu Recht oder zu Unrecht, lange Zeit in mancher Hinsicht als autobiografische Studie betrachtet, doch die persönliche Note ist in den Schriften des Grafen Tolstois immer deutlich erkennbar , wenn wir den Berichten der enthusiastischen Lieferanten literarischer Informationen Glauben schenken, die einige der vielen ansprechenden Eigenschaften der Schriften bekannt gemacht haben. Es ist auch klar, dass sich alle von einem gemeinsamen Ziel durchziehen, das erst im neuesten Werk des Autors vollen Ausdruck findet. In „ *Kindheit und Jugend" finden sich Hinweise darauf* ; in „*Krieg und Frieden*" und einem späteren Roman, „*Anna Karenin*", wird es sehr deutlich. In den beiden letztgenannten Werken ist Graf Tolstoi in seiner Darstellung der Laster und Torheiten der wohlhabenden, aristokratischen Klasse erbarmungslos und warmherzig in seinem Lob der Einfachheit und anspruchslosen Tugend. Pierre Besushkof wird als Produkt einer Übergangsphase dargestellt, als jemand, der klar erkennt, dass die Zukunft anders sein muss als die Vergangenheit, aber nicht in der Lage ist, die Prophezeiungen ihrer Ankunft zu interpretieren. M. Courrière spricht sehr glücklich von ihm als „einem übergroßen Kind, das in einer völlig unbekannten Welt verloren zu sein scheint". Eine Zeit lang findet Pierre in den Lehren der Freimaurerei geistige Ruhe, und der Autor gibt uns einen lebhaften, abwechselnd humorvollen und ergreifenden Bericht über die Bemühungen des jungen Mannes, die neu erworbenen Lehren in die Praxis umzusetzen. Er beschließt, die Lage der Bauern auf seinen Ländereien zu verbessern; aber anstatt sich selbst um die Angelegenheit zu kümmern, überlässt er die Vollendung seiner Pläne seinen Verwaltern, mit dem Ergebnis, dass „die Klügsten unter ihnen aufmerksam zuhörten, aber nur eines im Sinn hatten: wie sie ihre eigenen privaten Ziele unter dem Vorwand erreichen könnten, seine Befehle auszuführen". Später wird Pierre gezeigt, wie er ziellos durch die Straßen des brennenden Moskaus wandert, bis er von den Franzosen in Gewahrsam genommen wird. Dann erfährt er von einem einfachen Soldaten, einem Mitgefangenen, den wahren Sinn des Lebens und erkennt dadurch, dass er nur dann Sicherheit für die Zukunft erlangen kann, wenn er sein Leben auf das Niveau primitiver Einfachheit bringt, das das einfache Volk annimmt, und indem er in Tat und Leben die Brüderlichkeit der Menschen anerkennt.

Wir können hier nicht auf die Frage eingehen, ob diese Geisteshaltung, die unter kultivierten und liberalen Russen keineswegs ungewöhnlich ist, aus dem Mangel an sozialer Abstufung zwischen Adel und Bauer resultiert, der den Sozialphilosophen von Rang zwingt, ein Leben reiner Weltlichkeit und leeren Scheins zu akzeptieren oder die primitiven Bestrebungen und die demütige Arbeit der Ackerbauern anzunehmen. Jedenfalls ist es klar, dass Graf Tolstoi auf der Seite der letzteren steht. Die Doktrin der Vereinfachung hat in Russland viele Anhänger, und als vor einiger Zeit bekannt wurde, dass der Autor von *Krieg und Frieden* sich aufs Land zurückgezogen hatte und ein Leben der Genügsamkeit und ungekünstelten Arbeit bei der Bewirtschaftung seiner Ländereien führte, war die Überraschung seiner eigenen Landsleute wahrscheinlich nicht sehr groß. In diesem Buch erzählt er uns, wie er zu dieser Entscheidung kam. Er stützt seine Schlussfolgerungen auf eine direkte und wörtliche Interpretation der Lehren Jesu, wie sie in der Bergpredigt zum Ausdruck kommen.

Die Interpretation ist in der Theorie nicht neu, aber nie zuvor wurde sie mit so viel Eifer, so viel Entschlossenheit, so viel Aufrichtigkeit und, die Prämissen vorausgesetzt, mit einer so unwiderlegbaren Logik durchgeführt wie in diesem wunderschönen Glaubensbekenntnis. Wie bewegend schildert er die Zweifel und Ängste des Suchers nach einem besseren Leben; wie beeindruckend ist seine ernsthafte Suche nach der Wahrheit; wie inspirierend ist sein Vertrauen in die natürliche Güte im Gegensatz zur natürlichen Verderbtheit des Menschen; wie überzeugend ist sein Argument, dass die Lehre Jesu einfach, praktikabel und zum höchsten Glück förderlich ist; wie erschreckend ist seine Aufzählung der Leiden der „Märtyrer der Lehre der Welt"; wie erbarmungslos ist seine Anklage gegen die Kirche wegen ihrer selbstgefälligen Gleichgültigkeit gegenüber dem Wohlergehen der Menschheit hier in diesem gegenwärtigen Stadium der Existenz; wie erhaben ist seine Prophezeiung des goldenen Zeitalters, in dem die Menschen in den Banden der Liebe zusammenleben und Sünde und Leiden nicht mehr das gemeinsame Los der Menschheit sein werden! Wir lesen und werden von göttlicher Ergriffenheit ergriffen; aber wer von uns ist bereit, die hier enthüllte Wahrheit als das wahre Geheimnis des Lebens zu akzeptieren?

Sollen wir diese beredte Bekundung des Glaubens an Demut, Selbstverleugnung und brüderliche Liebe ernst nehmen oder sollen wir sie nur als eine schöne und friedliche Phase in der Laufbahn eines genialen Mannes betrachten, der nach dem Sturm und Drang eines Lebens voller Sünde und Leiden zu den Idealen der Jugend und Unschuld zurückgekehrt ist und versucht hat, sie erneut zu Objekten der Begierde zu machen? Fanatismus, sagen Sie? Ach ja; aber praktizierten Jesus und seine Jünger nicht genau solchen Fanatismus? Bestreitet irgendjemand , dass alles Beste in dieser modernen Welt (und es gibt schließlich so viel vom Besten), dass alles Beste dem großen moralischen Impuls entstammt, der vor achtzehn Jahrhunderten von einer kleinen Gruppe von Fanatikern in einer abgelegenen Ecke Asiens erzeugt wurde? Diesen Impuls spüren wir immer noch, trotz aller Hindernisse, die ihm in den Weg gelegt wurden, um seine Wirkung zunichte zu machen; und wenn jemand nach Kraft aus der ursprünglichen Quelle der Macht suchen würde, wer könnte ihm das verwehren? Auch wenn wir über die Arglosigkeit dieses russischen Evangelisten und seine Entschlossenheit, in den Evangelien den kategorischen Imperativ der Selbstverleugnung zu finden, lächeln müssen und auch wenn wir die großartige Kühnheit seiner exegetischen Spekulationen mit Staunen betrachten müssen, können wir doch nicht umhin, einen so aufrichtigen, so intensiven und in vielerlei Hinsicht so erhebenden und so edlen Glauben zu bewundern.

HUNTINGTON SMITH.

DORCHESTER,   MASS.,
19. November 1885.

EINFÜHRUNG.

ICH WAR nicht immer von den religiösen Ideen besessen, die in diesem Buch dargelegt werden. Fünfunddreißig Jahre meines Lebens war ich im eigentlichen Sinne des Wortes ein Nihilist – kein revolutionärer Sozialist, sondern ein Mann, der an nichts glaubte. Vor fünf Jahren kam der Glaube zu mir; ich glaubte an die Lehre Jesu, und mein ganzes Leben machte eine plötzliche Wandlung durch. Was ich mir einst gewünscht hatte, wünschte ich mir nicht mehr, und ich begann, mir Dinge zu wünschen, die ich mir nie zuvor gewünscht hatte. Was mir einst richtig erschienen war, wurde jetzt falsch, und das Falsche der Vergangenheit betrachtete ich als richtig. Ich war in der Lage wie ein Mann, der zu einem Auftrag ausgeht, und nachdem er ein Stück des Weges zurückgelegt hat, entscheidet, dass die Angelegenheit unwichtig ist, und kehrt um. Was zuerst zu seiner Rechten war, ist jetzt zu seiner Linken, und was zu seiner Linken war, ist jetzt zu seiner Rechten; anstatt seinen Wohnsitz zu verlassen, möchte er so schnell wie möglich dorthin zurückkehren. Mein Leben und meine Wünsche waren völlig verändert; Gut und Böse tauschten die Bedeutungen. Warum ist das so? Weil ich die Lehre Jesu anders verstand, als ich sie zuvor verstanden hatte.

Es ist nicht meine Absicht, die Lehre Jesu darzulegen. Ich möchte lediglich erzählen, wie ich zu dem Verständnis gelangte, was an dieser Lehre einfach, klar, offensichtlich und unbestreitbar ist; wie ich den Teil davon verstehe, der alle Menschen anspricht, und wie dieses Verständnis meine Seele erfrischte und mir Glück und Frieden schenkte.

Ich habe nicht die Absicht, die Lehre Jesu zu kommentieren. Ich wünsche nur, dass alle Kommentare für immer abgeschafft werden. Die christlichen Sekten haben immer behauptet, dass alle Menschen, wie unterschiedlich sie auch in Bildung und Intelligenz sein mögen, vor Gott gleich sind und dass die göttliche Wahrheit jedem zugänglich ist . Jesus hat sogar erklärt, es sei Gottes Wille, dass den Einfachen offenbart werde, was den Weisen verborgen ist. Nicht jeder ist in der Lage, die Geheimnisse der Dogmatik , Homiletik, Liturgie, Hermeneutik und Apologetik zu verstehen. Aber jeder ist in der Lage und sollte verstehen, was Jesus Christus zu den Millionen einfachen und unwissenden Menschen sagte, die gelebt haben und heute leben. Nun, was Jesus zu einfachen Menschen sagte, die sich die Kommentare von Paulus, Clemens, Chrysostomus und anderen nicht zunutze machen konnten, ist genau das, was ich nicht verstand und was ich, nachdem ich es nun verstanden habe, allen klar machen möchte.

Der Dieb am Kreuz glaubte an Christus und wurde gerettet. Wenn der Dieb, statt am Kreuz zu sterben, vom Kreuz herabgestiegen wäre und allen Menschen von seinem Glauben an Christus erzählt hätte, wäre das Ergebnis nicht von großem Nutzen gewesen? Wie der Dieb am Kreuz glaube ich an die Lehre Jesu, und dieser Glaube hat mich geheilt. Dies ist kein eitler Vergleich, sondern ein wahrheitsgetreuer Ausdruck meines geistigen Zustands; meine Seele, einst erfüllt von Verzweiflung am Leben und Angst vor dem Tod, ist jetzt voller Glück und Frieden.

Wie der Dieb wusste ich, dass mein vergangenes und mein gegenwärtiges Leben abscheulich war; ich sah, dass die Mehrheit der Menschen um mich herum ein unwürdiges Leben führte. Ich wusste wie der Dieb, dass ich elend war und litt, dass alle um mich herum litten und elend waren; und ich sah nichts als den Tod vor mir, der mich aus diesem Zustand retten konnte. Wie der Dieb an sein Kreuz genagelt wurde, so wurde ich von einer unbegreiflichen Macht an ein Leben voller Leiden und Bösem genagelt. Und wie der Dieb nach den Leiden eines törichten Lebens die schrecklichen Schatten des Todes vor sich sah, so eröffnete sich mir derselbe Ausblick.

Bei all dem fühlte ich mich wie der Dieb. Es gab jedoch einen Unterschied in unseren Umständen; er war im Sterben, und ich – ich lebte noch. Der sterbende Dieb glaubte vielleicht, seine Erlösung jenseits des Grabes zu finden, während ich das Leben und sein Geheimnis diesseits des Grabes vor mir hatte. Ich verstand nichts von diesem Leben; es kam mir schrecklich vor, und dann – verstand ich die Worte Jesu, und Leben und Tod hörten auf, böse zu sein; statt Verzweiflung verspürte ich Freude und Glück, die der Tod nicht nehmen konnte.

Wird es dann irgendjemand beleidigt sein, wenn ich die Geschichte erzähle, wie es dazu kam?

LEWIS TOLSTOI.

MOSKAU , 22. Januar 1884.

KAPITEL I.

WERDE ICH an anderer Stelle in zwei umfangreichen Abhandlungen erklären. Diese Werke sind eine Kritik der dogmatischen Theologie und eine neue Übersetzung der vier Evangelien, gefolgt von einer Konkordanz. In diesen Schriften versuche ich methodisch alles zu entwirren, was dazu neigt, die Wahrheit vor den Menschen zu verbergen; ich übersetze die vier Evangelien neu, Vers für Vers, und füge sie in einer neuen Konkordanz zusammen. Die Arbeit hat sechs Jahre gedauert. Jedes Jahr, jeden Monat entdecke ich neue Bedeutungen, die die Grundidee bestätigen; ich korrigiere die Fehler, die sich eingeschlichen haben, und gebe dem, was ich bereits geschrieben habe, den letzten Schliff. Mein Leben, dessen letztes Ende nicht mehr fern ist, wird zweifellos enden, bevor ich meine Arbeit beendet habe; aber ich bin überzeugt, dass die Arbeit von großem Nutzen sein wird; deshalb werde ich alles tun, was ich kann, um sie zu vollenden.

Ich beschäftige mich jetzt nicht mit dieser äußeren Arbeit an der Theologie und den Evangelien, sondern mit einer inneren Arbeit ganz anderer Art. Ich habe es jetzt mit nichts Systematischem oder Methodischem zu tun, nur mit jenem plötzlichen Licht, das mir die Lehre des Evangeliums in all ihrer schlichten Schönheit zeigte.

Der Vorgang war ähnlich dem, den jemand erlebt, der nach einem falschen Modell eine Statue aus zerbrochenen Marmorstücken wieder zusammensetzen will und mit einem der widerspenstigsten Fragmente in der Hand die Hoffnungslosigkeit seines Ideals erkennt; dann beginnt er von vorne und stellt beim Betrachten der Umrisse der einzelnen Fragmente fest, dass statt der früheren Unstimmigkeiten alle gut zusammenpassen und ein einheitliches Ganzes bilden. Genau das ist mir passiert, und das möchte ich erzählen. Ich möchte erzählen, wie ich den Schlüssel zur wahren Bedeutung der Lehre Jesu fand und wie durch diese Bedeutung der Zweifel völlig aus meiner Seele vertrieben wurde. Die Entdeckung geschah auf diese Weise.

Seit meiner Kindheit, seit ich das Neue Testament zu lesen begann, hat mich vor allem der Teil der Lehre Jesu berührt, der Liebe, Demut, Selbstverleugnung und die Pflicht, Böses mit Gutem zu vergelten, einschärft. Dies war für mich immer die Substanz des Christentums; mein Herz erkannte seine Wahrheit trotz Skepsis und Verzweiflung, und aus diesem Grund unterwarf ich mich einer Religion, zu der sich eine Vielzahl von Arbeitern bekennt, die darin die Lösung des Lebens finden – der Religion, die von der Orthodoxen Kirche gelehrt wird. Aber als ich mich der Kirche unterwarf, erkannte ich bald, dass ich in ihrem Glaubensbekenntnis keine Bestätigung des Wesens des Christentums finden würde; was für mich wesentlich war, schien im Dogma der Kirche bloßes Beiwerk zu sein. Was für mich die wichtigste Lehre Jesu war, wurde von der Kirche nicht so angesehen. Zweifellos (dachte ich) sieht die Kirche im Christentum neben seiner inneren Bedeutung der Liebe, Demut und Selbstverleugnung auch eine äußere, dogmatische Bedeutung, die, so fremd und sogar abstoßend sie mir auch sein mag, an sich nicht böse oder verderblich ist. Je mehr ich mich jedoch der Lehre der Kirche unterwarf, desto deutlicher erkannte ich in diesem speziellen Punkt etwas von größerer Bedeutung, als mir zunächst bewusst gewesen war. Am abstoßendsten fand ich die Fremdartigkeit ihrer Dogmen und die Billigung, ja Unterstützung, die sie Verfolgungen, der Todesstrafe und den von der allen Sekten gemeinsamen Unduldsamkeit angezettelten Kriegen gab. Mein Glaube wurde aber vor allem durch die Gleichgültigkeit der Kirche gegenüber dem erschüttert, was mir in den Lehren Jesu wesentlich erschien, und durch ihre Vorliebe für das, was mir zweitrangig erschien. Ich fühlte, dass etwas nicht stimmte, konnte jedoch nicht erkennen, wo der Fehler lag, da die Lehre der Kirche nicht leugnete, was mir in der Lehre Jesu wesentlich erschien. dieses Wesentliche wurde vollständig anerkannt, jedoch nicht in einer Weise, die ihm den ersten Platz einräumte. Ich konnte der Kirche nicht vorwerfen, das Wesen der Lehre Jesu zu leugnen, aber es wurde auf eine Weise anerkannt, die mich nicht zufriedenstellte. Die Kirche gab mir nicht, was ich von ihr erwartete. Ich war vom Nihilismus zur Kirche übergegangen, einfach weil ich es für unmöglich hielt, ohne Religion zu leben, das heißt ohne eine Erkenntnis von Gut und Böse, die von den tierischen Instinkten abweicht. Ich hoffte, diese Erkenntnis im Christentum zu finden; aber das Christentum sah ich damals nur als eine vage spirituelle Tendenz, aus der es unmöglich war, klare und zwingende Regeln für die Lebensführung abzuleiten. Diese suchte ich und diese verlangte ich von der Kirche. Die Kirche bot mir Regeln, in denen ich nicht nur vergeblich die Ausübung des mir so teuren christlichen Lebens suchte, sondern die mich noch weiter davon abbrachten. Ich konnte kein Jünger der Kirche werden. Eine auf der christlichen Wahrheit basierende Existenz war für mich unabdingbar, und die Kirche bot mir nur Regeln, die völlig im Widerspruch zu der Wahrheit standen, die ich liebte. Die Regeln der Kirche, die Glaubensartikel, Dogmen, die Einhaltung des Abendmahls, Fasten und Gebete betrafen, waren für mich nicht notwendig und schienen nicht auf christlicher Wahrheit zu beruhen. Darüber hinaus schwächten und zerstörten die Regeln der Kirche manchmal die christliche Seelenhaltung, die allein meinem Leben Sinn gab.

Am meisten beunruhigte mich, dass das Elend der Menschheit, die Gewohnheit, übereinander zu urteilen, über Nationen und Religionen zu urteilen, und die Kriege und Massaker, die sich daraus ergaben, alles mit Billigung der Kirche weiterging. Die Lehre Jesu – „richte nicht, sei demütig, vergib Beleidigungen, verleugne dich selbst, liebe“ – diese Lehre wurde von der Kirche in Worten gepriesen, aber gleichzeitig billigte die Kirche Dinge, die mit dieser Lehre unvereinbar waren. War es möglich, dass die Lehre Jesu einen solchen Widerspruch zuließ? Das konnte ich nicht glauben.

Eine weitere erstaunliche Sache über die Kirche war, dass die Passagen, auf denen sie ihre Dogmen begründete, die dunkelsten waren. Andererseits waren die Passagen, aus denen die moralischen Gesetze stammten, die klarsten und präzisesten. Und doch wurden die Dogmen und die damit verbundenen Pflichten von der Kirche klar formuliert, während die Empfehlung, das moralische Gesetz zu befolgen, in den vagesten und mystischsten Begriffen formuliert wurde. War dies die Absicht Jesu? Nur die Evangelien konnten meine Zweifel zerstreuen. Ich las sie immer wieder.

Von allen anderen Teilen der Evangelien hatte die Bergpredigt für mich immer eine außerordentliche Bedeutung. Ich las sie jetzt häufiger als je zuvor. Nirgendwo spricht Jesus mit größerer Feierlichkeit, nirgends legt er moralische Regeln bestimmter und praktischer dar, noch erwecken diese Regeln in irgendeiner anderen Form leichter ein Echo im menschlichen Herzen; nirgends sonst wendet er sich an eine größere Menge des einfachen Volkes. Wenn es klare und präzise christliche Prinzipien gibt, sollte man sie hier finden. Ich suchte daher die Lösung meiner Zweifel in Matthäus 5, 6 und 7, die die Bergpredigt bilden. Diese Kapitel las ich sehr oft, jedes Mal mit der gleichen emotionalen Begeisterung, als ich zu den Versen kam, die den Hörer ermahnen, die andere Wange hinzuhalten, seinen Mantel herzugeben, mit der ganzen Welt in Frieden zu leben, seine Feinde zu lieben – aber jedes Mal mit der gleichen Enttäuschung. Die göttlichen Worte waren nicht klar. Sie ermahnten zu einer so absoluten Entsagung, dass sie das Leben, wie ich es verstand, völlig erstickte; auf alles zu verzichten, schien mir daher nicht unbedingt notwendig für die Erlösung zu sein. Und sobald dies keine absolute Bedingung mehr war, war es mit Klarheit und Präzision vorbei.

Ich habe nicht nur die Bergpredigt gelesen; ich habe alle Evangelien und alle theologischen Kommentare zu den Evangelien gelesen. Ich war nicht zufrieden mit den Aussagen der Theologen, dass die Bergpredigt nur ein Hinweis auf den Grad der Vollkommenheit sei, nach dem der Mensch streben sollte; dass der Mensch, niedergedrückt von der Sünde, ein solches Ideal nicht erreichen könne und dass die Erlösung der Menschheit im Glauben, im Gebet und in der Gnade liege. Ich konnte die Wahrheit dieser Aussagen nicht zugeben. Es erschien mir seltsam, dass Jesus so klare und bewundernswerte Regeln aufstellte, die für jedermann verständlich waren, und dennoch die Unfähigkeit des Menschen erkannte, seine Lehre in die Praxis umzusetzen.

Als ich diese Grundsätze las, durchdrang mich die freudige Gewissheit, dass ich noch in derselben Stunde, noch in diesem Augenblick beginnen könnte, sie in die Tat umzusetzen . Der brennende Wunsch, den ich verspürte, veranlasste mich, es zu versuchen, aber die Lehre der Kirche klang in meinen Ohren: „Der *Mensch ist schwach und kann dies nicht erreichen* .“ Meine Kraft verließ mich bald. Von allen Seiten hörte ich: „Du musst glauben und beten.“ Aber mein wankender Glaube behinderte das Gebet. Wieder hörte ich: „Du musst beten, und Gott wird dir Glauben geben. Dieser Glaube wird Gebete inspirieren, die wiederum Glauben hervorrufen, der weitere Gebete inspirieren wird, und so weiter, bis ins Unendliche.“ Vernunft und Erfahrung überzeugten mich gleichermaßen, dass solche Methoden nutzlos waren. Es schien mir, dass der einzig wahre Weg für mich darin bestand, zu versuchen, der Lehre Jesu zu folgen.

Und so stand ich nach all dieser fruchtlosen Suche und sorgfältigen Meditation über alles, was für und gegen die Göttlichkeit der Lehre Jesu geschrieben worden war, nach all diesem Zweifel und Leiden, wieder vor der geheimnisvollen Botschaft des Evangeliums. Ich konnte weder die Bedeutungen finden, die andere fanden, noch konnte ich entdecken, was ich suchte. Erst nachdem ich die Interpretationen der weisen Kritiker und Theologen gemäß den Worten Jesu verworfen hatte: „ *Wenn ihr nicht werdet wie die Kinder, so werdet ihr nicht ins Himmelreich kommen* “ (Matthäus 18,3), – erst dann verstand ich plötzlich, was vorher so bedeutungslos gewesen war. Ich verstand nicht durch exegetische Phantasien oder tiefgründige und raffinierte Textkombinationen; ich verstand alles, weil ich alle Kommentare aus meinem Kopf verbannte. Dies war die Passage, die mir den Schlüssel zum Ganzen gab:

„ *Ihr habt gehört, dass gesagt ist: Auge um Auge, Zahn um Zahn. Ich aber sage euch: Leistet dem Bösen keinen Widerstand.* “ (Matthäus 5, 38-39)

Eines Tages wurde mir die genaue und einfache Bedeutung dieser Worte klar; ich verstand, dass Jesus nicht mehr und nicht weniger meinte, als das, was er sagte. Was ich sah, war nichts Neues; nur der Schleier, der die Wahrheit vor mir verborgen hatte, fiel weg, und die Wahrheit wurde in ihrer ganzen Größe enthüllt.

„ *Ihr habt gehört, dass gesagt ist: Auge um Auge, Zahn um Zahn. Ich aber sage euch: Leistet dem Bösen keinen Widerstand.* “

Diese Worte erschienen mir plötzlich, als hätte ich sie nie zuvor gelesen. Immer, wenn ich diese Stelle las, hatte ich seltsamerweise bestimmte Worte vergessen: „ *Ich aber sage euch: Widersteht nicht dem Bösen* .“ Für mich war es immer so gewesen, als hätten die gerade zitierten Worte nie existiert oder nie eine bestimmte Bedeutung gehabt. Später, als ich mit vielen Christen sprach, die mit dem Evangelium vertraut waren, bemerkte ich häufig dieselbe Blindheit in Bezug auf diese Worte. Niemand erinnerte sich an sie, und oft nahmen Christen, wenn sie über diese Stelle sprachen, das Evangelium zur Hand, um selbst zu sehen, ob die Worte wirklich da standen. Durch eine ähnliche Vernachlässigung dieser Worte hatte ich die folgenden Worte nicht verstanden:

„ Wenn dich aber jemand auf deine rechte Wange schlägt, dann biete ihm auch die andere dar " usw. (Matthäus 5,39 *ff.*)

Diese Worte schienen mir immer Langmut und Entbehrungen zu fordern, die der menschlichen Natur zuwiderlaufen. Sie berührten mich; ich fühlte, dass es edel wäre, ihnen zu folgen, aber ich fühlte auch, dass ich nicht die Kraft hatte, sie in die Tat umzusetzen. Ich sagte mir: „Wenn ich die andere Wange hinhalte, werde ich einen weiteren Schlag bekommen; wenn ich nachgebe, wird mir alles genommen, was ich habe. Das Leben wäre eine Unmöglichkeit. Da mir das Leben gegeben ist, warum sollte ich es mir selbst vorenthalten? Jesus kann nicht so viel verlangen." So argumentierte ich und war überzeugt, dass Jesus, als er Langmut und Entbehrungen verherrlichte, übertriebene Ausdrücke verwendete, denen es an Klarheit und Präzision mangelte; aber als ich die Worte „Widersteht *nicht dem Bösen* " verstand, sah ich, dass Jesus nicht übertrieben hatte, dass er nicht Leiden für Leiden verlangte, sondern dass er mit großer Klarheit und Präzision genau das formuliert hatte, was er sagen wollte.

„ Widersteht nicht dem Bösen ", wohl wissend, dass ihr auf jene stoßen werdet, die euch, nachdem sie euch auf die eine Wange geschlagen haben, ohne Widerstand zu erfahren, auf die andere schlagen werden; die euch, nachdem sie euch den Mantel weggenommen haben, auch den Mantel wegnehmen werden; die, nachdem sie von eurer Arbeit profitiert haben, euch zwingen werden, noch mehr zu arbeiten, ohne dafür belohnt zu werden. Und dennoch, selbst wenn euch all dies widerfährt, *„ widersteht nicht dem Bösen* "; tut denen Gutes, die euch verletzen. Als ich diese Worte so verstand, wie sie geschrieben sind, wurde mir alles klar, was mir unklar gewesen war, und was übertrieben schien, erkannte ich als vollkommen vernünftig. Zum ersten Mal begriff ich die zentrale Idee der Worte *„ Widersteht nicht dem Bösen* "; ich sah, dass das, was folgte, nur eine Weiterentwicklung dieses Gebotes war; ich sah, dass Jesus uns nicht ermahnte, die andere Wange hinzuhalten, damit wir Leiden ertragen könnten, sondern dass seine Ermahnung lautete: *„ Widersteht nicht dem Bösen* " und dass er später erklärte, dass Leiden die mögliche Folge der Ausübung dieser Maxime sei.

Ein Vater befiehlt seinem Sohn, wenn er eine weite Reise antritt, nicht auf dem Weg zu verweilen; er sagt ihm nicht, er solle die Nächte ohne Obdach verbringen, auf Nahrung verzichten und sich Regen und Kälte aussetzen. Er sagt: „Geh deinen Weg und verweile nicht, auch wenn du nass oder kalt wirst .“ Jesus sagt also nicht: „Halte die andere Wange hin und leide.“ Er sagt: „ *Widerstehe dem Bösen nicht* “; egal, was passiert: „ *Widerstehe nicht* .“

dieser Worte „ *Widerstehe nicht dem Bösen* “ verstand, waren sie für mich der Schlüssel zu allem anderen. Dann war ich erstaunt, dass ich so klare und präzise Worte nicht verstanden hatte.

„ *Ihr habt gehört, dass gesagt ist: Auge um Auge, Zahn um Zahn. Ich aber sage euch: Leistet dem Bösen keinen Widerstand.* “

Welchen Schaden auch immer die Bösen dir zufügen mögen, trage ihn, gib alles, was du hast, aber leiste keinen Widerstand. Könnte etwas klarer, eindeutiger, verständlicher sein als das? Ich brauchte nur die einfache und genaue Bedeutung dieser Worte zu begreifen, so wie sie gesprochen wurden, und schon wurde mir die ganze Lehre Jesu klar, nicht nur wie sie in der Bergpredigt, sondern in den gesamten Evangelien dargelegt wurde; was widersprüchlich schien, war nun in Harmonie; vor allem war das, was überflüssig schien, nun unverzichtbar. Jeder Teil fügte sich in harmonischen Einklang und füllte seinen richtigen Platz aus, wie die Fragmente einer zerbrochenen Statue, wenn sie in Harmonie mit dem Entwurf des Bildhauers angeordnet werden. In der Bergpredigt und im gesamten Evangelium fand ich überall Bestätigung derselben Lehre: „ *Widerstehe dem Bösen nicht* .“

In der Bergpredigt und an vielen anderen Stellen stellt Jesus seine Jünger, die sich an die Regel des Nichtwiderstands gegen das Böse halten, als solche dar, die die andere Wange hinhalten, ihren Mantel abgeben, verfolgt, misshandelt und in Not geraten sind. Überall sagt Jesus, dass derjenige, der sein Kreuz nicht auf sich nimmt, der nicht auf weltliche Vorteile verzichtet, der nicht bereit ist, alle Konsequenzen des Gebots „ *Widersteht nicht dem Bösen* “ zu tragen, nicht sein Jünger werden kann.

Zu seinen Jüngern sagt Jesus: „Entscheidet euch, arm zu sein; ertragt alles, ohne dem Bösen Widerstand zu leisten, auch wenn ihr euch dadurch Verfolgung, Leid und Tod zuzieht.“

Er war bereit, lieber zu sterben, als dem Bösen zu widerstehen, und tadelte den Groll des Petrus. Im Tod ermahnte er seine Anhänger, keinen Widerstand zu leisten und seiner Lehre stets treu zu bleiben. Die ersten Jünger befolgten diese Regel und verbrachten ihr Leben in Elend und Verfolgung, ohne Böses mit Bösem zu vergelten.

Es scheint also, dass Jesus genau das meinte, was er sagte. Wir können die Umsetzung einer solchen Regel als sehr schwierig bezeichnen; wir können leugnen, dass derjenige, der sie befolgt, glücklich wird; wir können mit den Ungläubigen sagen, dass Jesus ein Träumer war, ein Idealist, der undurchführbare Grundsätze vertrat; aber es ist unmöglich, nicht zuzugeben, dass er auf eine Weise zum Ausdruck brachte, die zugleich klar und präzise war, was er sagen wollte; nämlich, dass der Mensch gemäß seiner Lehre dem Bösen keinen Widerstand leisten darf und dass folglich jeder, der seine Lehre annimmt, dem Bösen keinen Widerstand leisten wird. Und doch werden weder Gläubige noch Ungläubige diese einfache und klare Interpretation der Worte Jesu anerkennen.

KAPITEL II.

ALS ich die Worte „ *Widersteht nicht dem Bösen* " klar begriff, änderte sich meine Auffassung der Lehre Jesu völlig; und ich war erstaunt, nicht, dass ich sie vorher nicht verstanden hatte, sondern dass ich sie so seltsam missverstanden hatte. Ich wusste, wie wir alle wissen, dass die wahre Bedeutung der Lehre Jesu in der Aufforderung zur Nächstenliebe enthalten war. Wenn wir sagen: „ *Haltet die andere Wange hin* " oder „ *Liebt eure Feinde* ", drücken wir das wahre Wesen des Christentums aus. All das wusste ich seit meiner Kindheit; aber warum hatte ich diese einfachen Worte nicht richtig verstanden? Warum hatte ich immer nach einer tieferen Bedeutung gesucht?

„ *Widersteht nicht dem Bösen* " bedeutet, niemals Widerstand zu leisten, niemals Gewalt entgegenzutreten; oder, mit anderen Worten, niemals etwas zu tun, das dem Gesetz der Liebe zuwiderläuft. Wenn jemand diese Neigung ausnutzt und euch beleidigt, dann ertragt die Beleidigung und greift vor allem nicht zur Gewalt. Dies sagte Jesus in so klaren und einfachen Worten, dass es unmöglich wäre, den Gedanken klarer auszudrücken. Wie kam es dann, dass ich, obwohl ich glaubte oder zu glauben versuchte, dass dies die Worte Gottes seien, immer noch die Unmöglichkeit behauptete, ihnen zu gehorchen? Wenn mein Herr zu mir sagt: „Geh, hacke Holz", und ich antworte: „Das übersteigt meine Kräfte", dann sage ich eines von zwei Dingen: Entweder glaube ich nicht, was mein Herr sagt, oder ich möchte seinen Befehlen nicht gehorchen. Soll ich dann von Gottes Befehl sagen, dass ich ihm ohne die Hilfe einer übernatürlichen Macht nicht gehorchen könnte? Soll ich das sagen, ohne selbst die geringste Anstrengung unternommen zu haben, zu gehorchen? Uns wird gesagt, dass Gott auf die Erde herabstieg, um die Menschheit zu retten; dass die Erlösung durch die zweite Person der Dreifaltigkeit sichergestellt wurde, die für die Menschen litt und sie dadurch von der Sünde erlöste und ihnen die Kirche als Heiligtum für die Weitergabe der Gnade an alle Gläubigen gab; aber abgesehen davon gab der Erlöser den Menschen eine Lehre und das Beispiel seines eigenen Lebens für ihre Erlösung. Wie könnte ich also sagen, dass die Lebensregeln, die Jesus so klar und einfach für jedermann formuliert hat – wie könnte ich sagen, dass diese Regeln schwer zu befolgen seien, dass es unmöglich sei, sie ohne die Hilfe einer übernatürlichen Macht zu befolgen? Jesus sah keine solche Unmöglichkeit; er erklärte deutlich, dass diejenigen, die nicht gehorchten, nicht in das Reich Gottes gelangen könnten. Nirgendwo sagte er, dass Gehorsam schwierig sein würde; im Gegenteil, er sagte mit vielen Worten: „ *Mein Joch ist sanft und meine Last ist leicht* " (Matthäus 11,30). Und Johannes, der Evangelist, sagt: „ *Seine Gebote sind nicht schwer* " (1. Johannes 5,3). Da Gott die Ausübung seines Gesetzes als leicht bezeichnete und er selbst es in menschlicher Gestalt praktizierte , wie auch seine Jünger, wie konnte ich es wagen, von der Unmöglichkeit des Gehorsams ohne die Hilfe einer übernatürlichen Macht zu sprechen?

Wenn jemand seine ganze Energie darauf verwendet, ein Gesetz umzuwerfen, was könnte er dann mit mehr Nachdruck sagen, als dass das Gesetz seinem Wesen nach undurchführbar ist und dass der Schöpfer des Gesetzes wusste, dass es ohne die Hilfe einer übernatürlichen Macht undurchführbar und unerreichbar ist? Doch genau das hatte ich über das Gebot „ *Widersteht nicht dem Bösen* " gedacht. Ich versuchte herauszufinden, wie ich auf die Idee gekommen war, dass Jesu Gesetz göttlich war, aber nicht befolgt werden konnte; und als ich meine Vergangenheit Revue passieren ließ, erkannte ich, dass mir diese Idee nicht in ihrer ganzen Rohheit mitgeteilt worden war (dann hätte sie mich abgestoßen), sondern dass sie mir unmerklich von Kindheit an eingeflößt worden war und mich mein ganzes späteres Leben nur in meinem Irrtum bestärkt hatte.

Von Kindheit an hatte man mir beigebracht, dass Jesus Gott war und dass seine Lehre göttlich war, aber gleichzeitig hatte man mich gelehrt, die Institutionen, die mich vor Gewalt und Bösem schützten, als heilig zu respektieren. Man hatte mir beigebracht, dem Bösen zu widerstehen, dass es demütigend war, sich dem Bösen zu unterwerfen, und dass Widerstand dagegen lobenswert war. Man hatte mir beigebracht, zu richten und zu bestrafen. Dann hatte man mir das Soldatenhandwerk beigebracht, das heißt, dem Bösen durch Mord zu widerstehen; die Armee, zu der ich gehörte, hieß „ Christophile Armee" und wurde mit einem christlichen Segen ausgesandt. Von Kindheit an bis zum Erwachsenenalter lernte ich, Dinge zu verehren, die im direkten Widerspruch zum Gesetz Jesu standen – einem Angreifer mit seinen eigenen Waffen zu begegnen, mich mit Gewalt für alle Vergehen gegen meine Person, meine Familie oder meine Rasse zu rächen. Nicht nur wurde ich dafür nicht getadelt; ich lernte, es als überhaupt nicht im Widerspruch zum Gesetz Jesu zu betrachten. Alles, was mich umgab, meine persönliche Sicherheit und die meiner Familie und meines Eigentums, hing damals von einem Gesetz ab, das Jesus tadelte, dem Gesetz „Zahn um Zahn". Meine geistlichen Lehrer lehrten mich, dass das Gesetz Jesu göttlich, aber aufgrund menschlicher Schwäche unmöglich in die Praxis umzusetzen sei und dass nur die Gnade Jesu Christi uns helfen könne, seinen Vorschriften zu folgen. Und diese Unterweisung stimmte mit dem überein, was ich in weltlichen Institutionen und von der sozialen Organisation um mich herum erhielt. Ich war so sehr von dieser Vorstellung der Undurchführbarkeit der göttlichen Lehre besessen, und sie harmonierte so gut mit meinen Wünschen, dass ich ihre Falschheit erst beim Erwachen erkannte. Ich sah nicht, wie unmöglich es war, Jesus und seine Lehre „ *Widerstehe dem Bösen nicht* " zu bekennen und gleichzeitig bewusst bei der Organisation von Eigentum, Gerichten, Regierungen und Armeen mitzuhelfen; zur Errichtung einer politischen Ordnung beizutragen, die der Lehre Jesu völlig widerspricht, und gleichzeitig zu Jesus zu beten, er möge uns helfen, seinen Geboten zu gehorchen, unsere Sünden zu vergeben und uns zu helfen, dem Bösen nicht zu widerstehen. Ich sah nicht, was mir heute völlig klar ist, wie viel einfacher es wäre, eine Lebensweise zu organisieren, die dem Gesetz Jesu entspricht, und dann für Tribunale, Massaker, Kriege und alle anderen Dinge zu beten, die für unser Glück unverzichtbar sind.

So verstand ich die Quelle des Irrtums, in den ich geraten war. Ich hatte Jesus mit meinen Lippen bekannt, aber mein Herz war noch weit von ihm entfernt. Das Gebot „ *Widersteht nicht dem Bösen* " ist der zentrale Punkt der Lehre Jesu; es ist keine bloße verbale Bestätigung; es ist eine Regel, deren Befolgung obligatorisch ist. Es ist wahrlich der Schlüssel zum ganzen Geheimnis; aber der Schlüssel muss bis auf den Grund des Schlosses gesteckt werden. Wenn wir es als ein Gebot betrachten, das unmöglich auszuführen ist, geht der Wert der gesamten Lehre verloren. Warum sollte eine Lehre nicht undurchführbar erscheinen, wenn wir ihren grundlegenden Satz unterdrückt haben? Es ist nicht verwunderlich, dass Ungläubige sie als völlig absurd betrachten. Wenn wir erklären, dass man ein Christ sein kann, ohne das Gebot „ *Widersteht nicht dem Bösen* " zu befolgen, lassen wir einfach das Bindeglied weg, das die Kraft der Lehre Jesu in die Tat umsetzt.

Vor einiger Zeit las ich mit einem jüdischen Rabbi das fünfte Kapitel des Matthäusevangeliums auf Hebräisch. Bei fast jedem Vers sagte der Rabbi: „Das steht in der Bibel" oder „Das steht im Talmud", und er zeigte mir in der Bibel und im Talmud Sätze, die den Aussagen der Bergpredigt sehr ähnlich waren. Als wir zu den Worten „ *Widersteht nicht dem Bösen* " kamen, sagte der Rabbi nicht: „Das steht im Talmud", sondern er fragte mich lächelnd: „Befolgen die Christen dieses Gebot? Halten sie die andere Wange hin?" Ich hatte nichts zu erwidern, insbesondere da die Christen zu dieser Zeit, weit davon entfernt, die andere Wange hinzuhalten, den Juden beide Wangen schlugen. Ich fragte ihn, ob es in der Bibel oder im Talmud etwas Ähnliches gäbe. „Nein", antwortete er, „da steht nichts dergleichen; aber sagen Sie mir: Befolgen die Christen dieses Gesetz?" Es war nur eine andere Art zu sagen, dass die Existenz eines Gebotes in der christlichen Lehre, das niemand befolgte und das die Christen selbst als undurchführbar betrachteten, einfach ein Eingeständnis der Torheit und Nichtigkeit dieses Gesetzes ist. Ich konnte dem Rabbi nichts erwidern.

Jetzt, da ich die genaue Bedeutung der Lehre verstehe, erkenne ich deutlich die seltsam widersprüchliche Lage, in die ich gebracht wurde. Nachdem ich die Göttlichkeit Jesu und seiner Lehre anerkannt und gleichzeitig ein Leben geführt hatte, das dieser Lehre völlig zuwiderlief, was blieb mir übrig, als die Lehre als undurchführbar anzusehen? In Worten hatte ich die Lehre Jesu als heilig anerkannt; in Taten hatte ich mich zu einer Lehre bekannt, die überhaupt nicht christlich war, und ich hatte die antichristlichen Bräuche erkannt und verehrt, die mein Leben von allen Seiten behinderten. Die beständige Botschaft des Alten Testaments ist, dass das hebräische Volk Unglück erlitt, weil es an falsche Götter glaubte und Jehova verleugnete. Samuel (I. 8.-12.) beschuldigt das Volk, zu seinen anderen Abtrünnigkeiten die Wahl eines Mannes hinzuzufügen, auf den es sich für seine Erlösung verließ, anstatt auf Jehova, der ihr wahrer König war. „Wendet euch nicht dem *tohu zu* , den eitlen Dingen", sagt Samuel zum Volk (I. 12. 21); „Gehet nicht nach eitlen Dingen, die weder Nutzen bringen noch retten; denn sie sind *tohu* , sind eitel." „Fürchtet Jehova und dient ihm ... Wenn ihr aber weiterhin übel handelt, werdet ihr aufgerieben werden, ihr und euer König" (I. xii. 24, 25). Und so war es auch bei mir: Der Glaube an *tohu* , an eitle Dinge, an leere Götzen, hatte die Wahrheit vor mir verborgen. Quer über den Weg, der zur Wahrheit führte, erhob sich *tohu* , der Götze der eitlen Dinge, vor mir und schnitt mir das Licht ab, und ich hatte nicht die Kraft, ihn niederzuschlagen.

An einem bestimmten Tag um diese Zeit ging ich in Moskau zum Borowizki-Tor, wo ein alter, lahmer Bettler mit einem schmutzigen Tuch um den Kopf stand. Ich holte meine Börse hervor, um ein Almosen zu geben, aber im selben Moment sah ich einen jungen Soldaten mit schnellen Schritten aus dem Kreml kommen, mit hoch erhobenem Kopf und rotem Gesicht, der die staatlichen Insignien militärischer Würde trug. Als der Bettler den Soldaten bemerkte, sprang er erschrocken auf und rannte mit aller Kraft in Richtung Alexandergarten. Der Soldat blieb nach einem vergeblichen Versuch, den Flüchtling einzuholen, stehen und schrie eine Verwünschung auf den armen Kerl, der sich entgegen den Vorschriften unter dem Tor niedergelassen hatte. Ich wartete auf den Soldaten. Als er auf mich zukam, fragte ich ihn, ob er lesen könne.

"Ja warum fragst du?"

"Haben Sie das Neue Testament gelesen?"

"Ja."

„Und erinnern Sie sich an die Worte: ‚Wenn dein Feind Hunger hat, gib ihm zu essen ...'?"

Ich wiederholte die Passage. Er erinnerte sich daran und hörte mir bis zum Ende zu. Ich sah, dass er sich unwohl fühlte. Zwei Vorübergehende blieben stehen und hörten zu. Der Soldat schien beunruhigt darüber zu sein, dass er verurteilt werden sollte, weil er seine Pflicht getan hatte, indem er Leute von einem Ort vertrieb, an dem ihnen der Aufenthalt verboten war. Er dachte, er sei schuld und suchte nach einer Entschuldigung. Plötzlich leuchteten seine Augen auf; er sah mich über die Schulter an, als ob er im Begriff wäre, wegzugehen.

„Und wissen Sie etwas über die Militärvorschriften?", fragte er.

"Nein ich sagte.

„In diesem Fall haben Sie mir nichts zu sagen", erwiderte er mit triumphierendem Kopfschütteln, hob seinen Federbusch erneut und marschierte zu seinem Posten. Er war der einzige Mensch, den ich je getroffen habe, der mit unnachgiebiger Logik die Frage gelöst hatte, die mir in sozialen Beziehungen ewig begegnete und die sich jedem Menschen, der sich Christ nennt, ständig stellt.

KAPITEL III.

WIR irren uns, wenn wir sagen, die christliche Lehre befasse sich nur mit der Rettung des Einzelnen und habe nichts mit Staatsfragen zu tun. Eine solche Behauptung ist einfach die dreiste Bestätigung einer Unwahrheit, die bei ernsthafter Prüfung von selbst in sich zusammenfällt. Es ist gut (so sagte ich); ich werde dem Bösen nicht widerstehen; ich werde im Privatleben die andere Wange hinhalten; aber da kommt der Feind, oder hier ist eine unterdrückte Nation, und ich bin aufgerufen, meinen Teil im Kampf gegen das Böse zu leisten, hinauszugehen und zu töten. Ich muss die Frage entscheiden, ob ich Gott oder *Tohu dienen* , in den Krieg ziehen oder nicht ziehen soll. Vielleicht bin ich ein Bauer; ich werde zum Bürgermeister eines Dorfes, zum Richter, zum Geschworenen ernannt; ich bin verpflichtet, den Amtseid zu leisten, zu richten, zu verurteilen. Was soll ich tun? Wieder muss ich zwischen dem göttlichen Gesetz und dem menschlichen Gesetz wählen. Vielleicht bin ich ein Mönch, der in einem Kloster lebt; die benachbarten Bauern betreten unsere Weide, und ich bin dazu bestimmt, dem Bösen zu widerstehen, für Gerechtigkeit gegen die Übeltäter zu plädieren. Wieder muss ich mich entscheiden. Es ist ein Dilemma, dem kein Mensch entkommen kann.

Ich spreche nicht von jenen, die ihr ganzes Leben dem Widerstand gegen das Böse widmen, wie Militärbehörden, Richter oder Gouverneure. Niemand ist so undurchsichtig, dass er nicht gezwungen wäre, in seiner Beziehung zum Staat zwischen dem Dienst Gottes und dem Dienst des *tohu* zu wählen. Meine Existenz, verflochten mit der des Staates und der vom Staat organisierten sozialen Existenz, verlangt von mir eine antichristliche Tätigkeit, die den Geboten Jesu direkt zuwiderläuft. Tatsächlich stellt sich mit der Wehrpflicht und der Pflicht zur Geschworenentätigkeit jedermann dieses erbarmungslose Dilemma. Jedermann ist gezwungen, zu Mordwaffen zu greifen; und selbst wenn er nicht so weit kommt, zu morden, müssen seine Waffen bereit sein, sein Karabiner geladen und sein Schwert scharf, damit er sich zum Mord bereit erklären kann. Jedermann ist gezwungen, in den Dienst der Gerichte zu treten, um an der Urteilsverkündung und der Verhängung des Urteilsspruchs teilzunehmen; das heißt, das Gebot Jesu „ *Widersteht nicht dem Bösen* " in Taten wie in Worten zu missachten.

Das Soldatenproblem, das Evangelium oder die Militärvorschriften, das göttliche Gesetz oder das menschliche Gesetz, steht der Menschheit heute genauso bevor wie zur Zeit Samuels. Es wurde Jesus und seinen Jüngern aufgezwungen; es wird in der heutigen Zeit allen aufgezwungen, die Christen sein wollen; und es wurde mir aufgezwungen.

Das Gesetz Jesu mit seiner Lehre von Liebe, Demut und Selbstverleugnung berührte mein Herz tiefer als je zuvor. Aber überall, in den Annalen der

Geschichte, in den Ereignissen, die um mich herum geschahen, in meinem persönlichen Leben, sah ich, dass das Gesetz auf eine Weise bekämpft wurde, die mein Gefühl, mein Gewissen und meine Vernunft abstoßend fand und meine rohen Instinkte ermutigte. Ich fühlte, dass ich, wenn ich das Gesetz Jesu annahm, allein sein würde; ich würde viele unglückliche Stunden verbringen; ich würde verfolgt und geplagt werden, wie Jesus gesagt hatte. Aber wenn ich das menschliche Gesetz annahm, würde jeder zustimmen; ich würde in Frieden und Sicherheit sein und alle Mittel der Zivilisation zur Verfügung haben, um mein Gewissen zu beruhigen. Wie Jesus sagte, würde ich lachen und fröhlich sein. All das fühlte ich, und so analysierte ich die Bedeutung der Lehre Jesu nicht, sondern versuchte, sie so zu verstehen, dass sie mein Leben als Tier nicht beeinträchtigte. Das heißt, ich wollte sie überhaupt nicht verstehen. Diese Entschlossenheit, sie nicht zu verstehen, führte mich in Wahnvorstellungen, die mich jetzt verblüffen. Als Beispiel möchte ich mein früheres Verständnis dieser Worte erklären:

„ Richtet nicht, damit ihr nicht gerichtet werdet. “ (Matthäus 7,1)

„ Richtet nicht, dann werdet ihr nicht gerichtet; verurteilt nicht, dann werdet ihr nicht verurteilt werden. “ (Lukas 6, 37)

Die Gerichte, bei denen ich diente und die die Sicherheit meines Eigentums und meiner Person gewährleisteten, schienen Institutionen zu sein, die so zweifellos heilig und so vollkommen im Einklang mit dem göttlichen Gesetz standen, dass es mir nie in den Sinn gekommen war, dass die Worte, die ich zitiert habe, eine andere Bedeutung haben könnten als die Anweisung, nicht schlecht über den Nächsten zu reden. Mir kam nie in den Sinn, dass Jesus in diesen Worten von den Gerichten des menschlichen Gesetzes und der menschlichen Gerechtigkeit sprach. Erst als ich die wahre Bedeutung der Worte *„ Widersteht nicht dem Bösen “* verstand, kam die Frage nach Jesu Rat in Bezug auf Tribunale auf. Als ich begriff, dass Jesus sie anprangern würde, fragte ich mich: Ist das nicht die wahre Bedeutung: Richte nicht nur nicht über deinen Nächsten, rede nicht schlecht über ihn, sondern richte nicht über ihn vor Gerichten, richte nicht über ihn vor irgendeinem der Tribunale, die du eingesetzt hast? Nun, bei Lukas (6, 37-49) folgen diese Worte unmittelbar der Lehre, die uns ermahnt, dem Bösen nicht zu widerstehen und unseren Feinden Gutes zu tun. Und nach der Aufforderung: *„ Seid barmherzig, wie auch euer Vater barmherzig ist “*, sagt Jesus: *„ Richtet nicht, dann werdet ihr nicht gerichtet werden; verurteilt nicht, dann werdet ihr nicht verurteilt werden .“* *„ Richtet nicht “*; heißt das nicht: „Setzt keine Gerichte ein, um euren Nächsten zu richten?“ Ich brauchte mir dies nur kühn vor Augen zu führen, als sich Herz und Verstand zu einer bejahenden Antwort vereinten.

Um zu zeigen, wie weit ich vorher von der wahren Auslegung entfernt war, werde ich eine alberne Scherzrede gestehen, für die ich noch immer erröte.

Als ich zu der Zeit, als ich gläubig geworden war, das Neue Testament als göttliches Buch las, pflegte ich zu meinen Freunden, die Richter oder Anwälte waren, zu sagen: „Und ihr richtet noch immer, obwohl es heißt: ‚Richtet nicht, dann werdet ihr nicht gerichtet werden'?" Ich war so sicher, dass diese Worte keine andere Bedeutung haben konnten als eine Verurteilung der üblen Nachrede, dass ich die schreckliche Gotteslästerung, die ich damit beging, nicht begriff. Ich war so fest davon überzeugt, dass diese Worte nicht das bedeuteten, was sie bedeuteten, dass ich sie in ihrer wahren Bedeutung in Form einer Scherzrede zitierte.

Ich werde im Detail erzählen, wie alle Zweifel hinsichtlich der wahren Bedeutung dieser Worte aus meinem Kopf verschwunden sind und wie ich erkannte, dass sie bedeuten, dass Jesus die Einrichtung menschlicher Tribunale jeglicher Art verurteilt ; dass er dies so gemeint hat und sich nicht anders hätte ausdrücken können. Als ich das Gebot „ *Widersteht nicht dem Bösen* " in seinem eigentlichen Sinn verstand, fiel mir als erstes auf, dass Tribunale, statt diesem Gesetz zu entsprechen, ihm und der gesamten Lehre direkt entgegengesetzt sind; und dass Jesus sie deshalb verurteilt hätte, wenn er überhaupt an Tribunale gedacht hätte.

Jesus sagte: „ *Widersteht nicht dem Bösen* "; das einzige Ziel von Tribunalen ist, dem Bösen zu widerstehen. Jesus ermahnte uns, Böses mit Gutem zu vergelten; Tribunale vergelten Böses mit Bösem. Jesus sagte, wir dürften keinen Unterschied zwischen denen machen, die Gutes tun, und denen, die Böses tun; Tribunale tun nichts anderes. Jesus sagte: „Vergebt, vergebt nicht einmal oder siebenmal, sondern ohne Ende; liebt eure Feinde, tut Gutes denen, die euch hassen – aber Tribunale vergeben nicht, sie bestrafen; sie vergelten nicht Gutes, sondern Böses denen, die sie als Feinde der Gesellschaft betrachten." Es scheint also, dass Jesus juristische Institutionen verurteilte. Vielleicht (sagte ich) hatte Jesus nie etwas mit Gerichtshöfen zu tun und dachte deshalb nicht an sie. Aber ich sah, dass eine solche Theorie nicht haltbar war. Jesus war von seiner Kindheit bis zu seinem Tod mit den Tribunalen des Herodes, des Sanhedrin und der Hohepriester beschäftigt. Ich sah, dass Jesus Gerichtshöfe für falsch gehalten haben musste. Er sagte seinen Jüngern, dass sie vor die Richter gezerrt würden, und gab ihnen Ratschläge, wie sie sich verhalten sollten. Er sagte von sich selbst, dass er von einem Gericht verurteilt werden würde, und er zeigte, wie man sich Richtern gegenüber verhalten sollte. Jesus muss also an die Justizinstitutionen gedacht haben, die ihn und seine Jünger verurteilten; die Millionen von Menschen verurteilt haben und weiterhin verurteilen.

Jesus sah das Unrecht und stellte sich ihm. Als das Urteil gegen die Ehebrecherin vollstreckt werden sollte, verneinte er entschieden die Möglichkeit menschlicher Gerechtigkeit und wies nach, dass der Mensch nicht der Richter sein könne, da er selbst schuldig sei. Und diese Idee hat er viele Male dargelegt, etwa wenn er erklärt, dass jemand mit einem Balken im Auge den Splitter im Auge eines anderen nicht sehen kann oder dass ein Blinder einen Blinden nicht führen kann. Er wies sogar auf die Folgen solcher Missverständnisse hin: Der Jünger würde über seinem Meister stehen.

Vielleicht hätte Jesus jedoch, nachdem er die Unzulänglichkeit der menschlichen Gerechtigkeit angeprangert hatte, wie sie im Fall der Ehebrecherin oder im Gleichnis vom Splitter und Balken zum Ausdruck kam, vielleicht doch einen Appell an die Gerechtigkeit der Menschen zugelassen, wenn dies zum Schutz vor dem Bösen notwendig war. Doch ich sah bald, dass dies unzulässig war. In der Bergpredigt sagt er zu der Menge:

„ Und wenn dich jemand vor Gericht bringen und dir den Mantel nehmen will, dem lass auch den Mantel. " (Matthäus 5,40)

Noch einmal : Vielleicht sprach Jesus nur von der persönlichen Haltung, die ein Mensch einnehmen sollte, wenn er vor Gericht gestellt wird, und verurteilte die Gerechtigkeit nicht, sondern gab zu, dass es in einer christlichen Gesellschaft Individuen geben muss, die andere in angemessener Weise beurteilen. Aber ich sah, dass auch diese Ansicht unzulässig war. Wenn Jesus betete, bat er alle Menschen ohne Ausnahme, anderen zu vergeben, damit ihnen ihre eigenen Sünden vergeben würden. Diesen Gedanken bringt er oft zum Ausdruck. Wer seine Gabe mit Gebet zum Altar bringt, muss zuerst Vergebung gewähren. Wie könnte also ein Mensch richten und verurteilen, wenn seine Religion ihm befahl, alle Sünden ohne Einschränkung zu vergeben? So sah ich, dass gemäß der Lehre Jesu kein christlicher Richter ein Verurteilungsurteil fällen konnte.

Aber könnte uns die Beziehung zwischen den Worten *„ Richtet nicht, dann werdet ihr nicht gerichtet werden "* und den vorhergehenden oder nachfolgenden Passagen nicht zu dem Schluss führen, dass Jesus mit *„ Richtet nicht "* keinerlei Bezug auf gerichtliche Institutionen hatte? Nein, das kann nicht sein; im Gegenteil, aus der Beziehung der Sätze geht klar hervor, dass Jesus mit *„ Richtet nicht "* tatsächlich von gerichtlichen Institutionen sprach. Laut Matthäus und Lukas lautete sein Gebot, dem Bösen nicht zu widerstehen, bevor er sagte: *„ Richtet nicht, verurteilt nicht "*. Und davor wiederholte er, wie uns Matthäus erzählt, das alte Strafgesetz der Juden: *„ Auge um Auge, Zahn um Zahn "*. Nach diesem Verweis auf das alte Strafgesetz fügte er hinzu: *„ Ich aber sage euch, dass ihr dem Bösen nicht widerstehen sollt "* und danach: *„ Richtet nicht "*. Jesus bezog sich also direkt auf das menschliche Strafgesetz und tadelte es mit den Worten *„ Richtet nicht "*. Darüber hinaus sagte er laut Lukas nicht nur: *„ Richtet nicht "*, sondern auch: *„ Verurteilt nicht "*. Es war nicht ohne Absicht, dass er dieses fast synonyme Wort hinzufügte; es zeigt deutlich, welche Bedeutung dem anderen zugeschrieben werden sollte. Wenn er hätte sagen wollen: „Richtet nicht über euren Nächsten", hätte er „Nächsten" gesagt; aber er fügte die Worte hinzu, die übersetzt werden mit „ *Verurteilt nicht* ", und vervollständigte dann den Satz: „ *Und ihr werdet nicht verurteilt werden; vergebt, und euch wird vergeben werden* ." Aber einige mögen immer noch darauf bestehen, dass Jesus sich, als er sich auf diese Weise ausdrückte, überhaupt nicht auf die Gerichte bezog und dass ich meine eigenen Gedanken in seine Lehren hineingelesen habe. Lassen wir die Apostel uns sagen, was sie von Gerichtshöfen hielten und ob sie sie anerkannten und billigten. Der Apostel Jakobus sagt (4. 11, 12):

„ *Redet nicht schlecht übereinander, Brüder. Wer schlecht über seinen Bruder redet und seinen Bruder richtet , redet schlecht über das Gesetz und richtet das Gesetz. Wenn du aber das Gesetz richtest, bist du nicht ein Täter des Gesetzes, sondern ein Richter. Es gibt einen Gesetzgeber, der retten und zerstören kann. Wer bist du, der einen anderen richtet ?* "

Das mit „böse reden" übersetzte Wort ist das Verb καταλα λἐω , das „gegen jemanden reden, jemanden anklagen" bedeutet; das ist seine wahre Bedeutung, wie jeder selbst herausfinden kann, wenn er ein Wörterbuch aufschlägt. In der Übersetzung lesen wir: „ *Wer schlecht über seinen Bruder redet , ... redet schlecht über das Gesetz* ." Warum das?, ist die Frage, die unwillkürlich aufkommt. Ich kann schlecht über meinen Bruder reden, aber ich rede damit nicht schlecht über das Gesetz. Wenn ich jedoch meinen Bruder *anklage* , wenn ich ihn vor Gericht bringe, ist es klar, dass ich damit das Gesetz Jesu der Unzulänglichkeit beschuldige: Ich klage das Gesetz an und richte es. Es ist also klar, dass ich das Gesetz nicht ausübe , sondern dass ich mich zum Richter des Gesetzes mache. „ *Nicht um zu richten, sondern um zu retten* ", ist die Erklärung Jesu. Wie soll ich dann, der ich nicht retten kann, zum Richter werden und strafen? Die gesamte Passage bezieht sich auf die menschliche Gerechtigkeit und leugnet ihre Autorität. Der ganze Brief ist von demselben Gedanken durchdrungen. Im zweiten Kapitel lesen wir:

„ *Denn über den, der keine Barmherzigkeit getan hat, wird ein Gericht ohne Barmherzigkeit kommen; die Barmherzigkeit aber ist höher als das Gericht.* " [2] (Jak. 2, 13).

(Der letzte Satz wurde so übersetzt, dass er besagt, dass das Gericht mit dem Christentum vereinbar ist, aber barmherzig sein sollte.)

Jakobus ermahnt seine Brüder, keine Rücksicht auf die Person zu nehmen. Wenn ihr Rücksicht auf den Stand der Person habt, seid ihr der Sünde schuldig; ihr seid wie die unzuverlässigen Richter der Tribunale. Ihr betrachtet den Bettler als den Abschaum der Gesellschaft, während der Reiche so betrachtet werden sollte. Er ist es, der euch unterdrückt und euch vor die Richterstühle zieht. Wenn ihr nach dem Gesetz der Nächstenliebe lebt, nach dem Gesetz der Barmherzigkeit (das Jakobus „ *das Gesetz der Freiheit*

" nennt, um es von allen anderen zu unterscheiden) – wenn ihr nach diesem Gesetz lebt, ist es gut. Aber wenn ihr Rücksicht auf die Person habt, übertretet ihr das Gesetz der Barmherzigkeit. Dann (zweifellos in Anbetracht des Falles der Frau, die beim Ehebruch ertappt wurde und die, als sie vor Jesus gebracht wurde, nach dem Gesetz hingerichtet werden sollte), sagt Jakobus zweifellos in Anbetracht dieses Falles, dass derjenige, der die ehebrecherische Frau tötet, selbst des Mordes schuldig wäre und damit das ewige Gesetz übertreten würde; denn dasselbe Gesetz verbietet sowohl Ehebruch als auch Mord.

„ So redet und so handelt wie die, welche durch das Gesetz der Freiheit gerichtet werden sollen. Denn über den, der keine Barmherzigkeit gezeigt hat, wird ein Gericht ohne Barmherzigkeit kommen; die Barmherzigkeit aber ist höher als das Gericht. “ (Jak. 2, 12-13.)

Könnte man diese Idee klarer und präziser ausdrücken? Respekt vor Personen ist verboten, ebenso wie jedes Urteil, das Menschen als gut oder schlecht einstuft. Menschliches Urteilsvermögen wird für zwangsläufig mangelhaft erklärt und ein solches Urteilsvermögen wird als kriminell angeprangert, wenn es für ein Verbrechen verurteilt. Das Urteilsvermögen wird durch das ewige Gesetz, das Gesetz der Barmherzigkeit, ausgelöscht.

Ich schlage die Briefe des Paulus auf, der Opfer von Gerichtshöfen geworden war, und lese im Brief an die Römer die Ermahnungen des Apostels vor den Lastern und Irrtümern derer, an die seine Worte gerichtet sind. Unter anderem spricht er von Gerichtshöfen:

„ Obwohl sie Gottes Urteil kennen, dass die, welche solches tun, des Todes würdig sind, tun sie es nicht allein selbst, sondern haben auch Gefallen an denen, die es tun. “ (Röm. 1 , 32.)

„ Darum bist du, o Mensch, nicht zu entschuldigen, wer immer du auch bist, der da richtet ; denn worin du den anderen richtest , verdammst du dich selbst; denn du, der du richtest, tut dasselbe. “ (Röm. ii. 1.)

„ Oder verachtest du den Reichtum seiner Güte, Geduld und Langmut, ohne zu wissen, dass Gottes Güte dich zur Buße leitet ? “ (Röm. 2,4)

Dies war die Meinung der Apostel in Bezug auf Tribunale, und wir wissen, dass menschliche Gerechtigkeit zu den Prüfungen und Leiden gehörte, die sie mit Standhaftigkeit und Ergebenheit in den Willen Gottes erduldeten. Wenn wir an die Situation der frühen Christen denken, die von Ungläubigen umgeben waren, können wir verstehen, dass eine Ablehnung des Rechts, verfolgte Christen vor den Tribunalen zu richten, nicht in Betracht gezogen wurde. Die Apostel sprachen nur beiläufig davon als von einem Übel und leugneten seine Autorität bei jeder Gelegenheit.

Ich untersuchte die Lehren der frühen Kirchenväter und fand, dass sie darin übereinstimmten, dass niemand zu richten oder zu verurteilen verpflichtet war und alle dazu angehalten wurden, die Strafen der Gerechtigkeit zu ertragen. Die Märtyrer erklärten durch ihre Taten, dass sie derselben Meinung waren. Ich sah, dass das Christentum vor Konstantin Tribunale nur als ein Übel betrachtete, das mit Geduld zu ertragen war; aber keinem frühen Christen wäre es je in den Sinn gekommen, dass er an der Verwaltung der Gerichtshöfe teilnehmen könnte. Es ist daher klar, dass Jesu Worte „ *Richtet nicht, verurteilt nicht* " von seinen ersten Jüngern so verstanden wurden, wie sie heute in ihrer direkten und wörtlichen Bedeutung verstanden werden sollten: Richtet nicht in Gerichtshöfen, nehmt nicht an ihnen teil.

All dies schien meine Überzeugung absolut zu bestätigen, dass sich die Worte „ *Richtet nicht, verurteilt nicht* " auf die Gerechtigkeit von Gerichten bezogen. Doch die Bedeutung von „Sprich nicht schlecht über deinen Nächsten" ist so fest etabliert, und Gerichte stellen ihre Urteile in allen christlichen Gesellschaften mit so viel Zuversicht und Kühnheit zur Schau, sogar mit Unterstützung der Kirche, dass ich noch lange an der Weisheit meiner Interpretation zweifelte. Wenn die Menschen die Worte auf diese Weise verstanden haben (dachte ich) und christliche Gerichte eingerichtet haben, müssen sie dafür sicherlich einen Grund haben; es muss einen guten Grund geben, diese Worte als eine Verurteilung des Übelredens zu betrachten, und es gibt sicherlich eine Grundlage irgendeiner Art für die Einrichtung christlicher Gerichte; vielleicht bin ich am Ende doch im Unrecht.

Ich wandte mich den Kommentaren der Kirche zu. Seit dem fünften Jahrhundert fand ich die unabänderliche Interpretation: „Beschuldige deinen Nächsten nicht", das heißt, vermeide es, übel zu reden. Als die Worte ausschließlich in diesem Sinne verstanden wurden, entstand eine Schwierigkeit: Wie kann man sich des Urteils enthalten? Da es unmöglich ist, das Böse nicht zu verurteilen, diskutierten alle Kommentatoren die Frage: Was ist tadelnswert und was nicht? Einige, wie Chrysostomus und Theophylakt , sagten, dass der Satz, soweit es Diener der Kirche betreffe, nicht als Verbot der Kritik ausgelegt werden könne, da die Apostel selbst Kritiker gewesen seien. Andere sagten, dass Jesus sich zweifellos auf die Juden bezog, die ihren Nächsten Verfehlungen vorwarfen und selbst schwerer Sünden schuldig waren.

Richtet nicht " beeinflusst wurden . Hat Jesus Gerichtshöfe genehmigt oder nicht? Auf diese sehr natürliche Frage fand ich keine Antwort – als wäre es selbstverständlich, dass ein Christ von dem Moment an, in dem er auf dem Richterstuhl Platz nimmt, seinen Nächsten nicht nur richten, sondern auch zum Tode verurteilen kann.

Ich wandte mich anderen Schriftstellern zu, griechischen, katholischen, protestantischen, der Tübinger Schule und der historischen Schule. Überall, selbst von den liberalsten Kommentatoren, wurden die betreffenden Worte als Warnung gegen üble Nachrede interpretiert.

Aber warum werden diese Worte entgegen dem Geist der gesamten Lehre Jesu so eng ausgelegt, dass Gerichtshöfe von dem Gebot „ *Richtet nicht* “ ausgeschlossen sind? Warum die Annahme, dass Jesus, als er das vergleichsweise leichte Vergehen, schlecht über den Nächsten zu reden, verbot, nicht das überlegtere Urteil verbot, das zur Bestrafung des Verurteilten führt, und es nicht einmal in Betracht zog? Auf all das erhielt ich keine Antwort; nicht einmal eine Anspielung auf die geringste Möglichkeit, dass die Worte „richten“ als Hinweis auf einen Gerichtshof verwendet werden könnten, auf die Tribunale, unter deren Strafen so viele Millionen Menschen zu leiden hatten.

Wenn es um die Worte „ *Richtet nicht, verurteilt nicht* “ geht, wird die Grausamkeit der Gerichtsbarkeit verschwiegen oder sogar gelobt. Die Kommentatoren erklären alle, dass Gerichtshöfe in christlichen Gesellschaften notwendig sind und in keiner Weise dem Gesetz Jesu zuwiderlaufen.

Als ich dies erkannte, begann ich an der Aufrichtigkeit der Kommentatoren zu zweifeln; und ich tat, was ich von Anfang an hätte tun sollen: Ich wandte mich den Textübersetzungen der Wörter zu, die wir mit „richten“ und „verurteilen“ wiedergeben. Im Original lauten diese Wörter κρίνω und κατα δικάζω . Die fehlerhafte Übersetzung von καταλα λέω im Jakobusbrief , das mit „übel reden“ wiedergegeben wird, verstärkte meine Zweifel hinsichtlich der richtigen Übersetzung der anderen. Als ich verschiedene Versionen der Evangelien durchsah, fand ich, dass κατα δικάζω in der Vulgata mit „ *verdammen* “, „verurteilen“ wiedergegeben wird; im slawischen Text entspricht die Wiedergabe der der Vulgata; Luther verwendet „ *verdammen* “, „übel reden“. Diese unterschiedlichen Wiedergaben verstärkten meine Zweifel und ich war gezwungen, erneut nach der Bedeutung von κρίνω zu fragen , wie es von den beiden Evangelisten verwendet wurde, und nach der Bedeutung von κατα δικάζω , wie es von Lukas verwendet wurde, der, wie uns Gelehrte sagen, sehr korrektes Griechisch schrieb.

Wie sollte ein Mann diese Worte übersetzen, der nichts vom evangelischen Glaubensbekenntnis wusste und nur die Sätze vor sich hatte, in denen sie verwendet wurden?

Als ich im Wörterbuch nachschlug, fand ich heraus, dass das Wort κρίνω mehrere verschiedene Bedeutungen hat, darunter „vor Gericht verurteilen“ und sogar „zum Tode verurteilen“, aber in keinem Fall bedeutete es „böse reden“. Ich konsultierte ein Wörterbuch des neutestamentlichen Griechisch und fand heraus, dass es oft im Sinne von „vor Gericht verurteilen" verwendet wird, manchmal im Sinne von „wählen", nie im Sinne von „böse reden". Daraus schloss ich, dass das Wort κρίνω auf verschiedene Weise übersetzt werden kann, aber dass die Übersetzung „böse reden" die gezwungenste und weit hergeholteste ist.

Ich suchte nach dem Wort κατα δικάζω , das auf κρίνω folgt , offensichtlich um den Sinn genauer zu definieren, in dem Letzteres zu verstehen ist. Ich suchte im Wörterbuch nach κατα δικάζω und fand heraus, dass es keine andere Bedeutung hat als „im Gericht verurteilen" oder „des Todes würdig richten". Ich fand heraus, dass das Wort viermal im Neuen Testament verwendet wird, jedes Mal in der Bedeutung „im Urteil verurteilen, des Todes würdig richten". In Jakobus (Vers 6) lesen wir: „ *Ihr habt den Gerechten verurteilt und getötet* ." Das mit „verurteilt" wiedergegebene Wort ist dasselbe κατα δικάζω und wird in Bezug auf Jesus verwendet, der von einem Gericht zum Tode verurteilt wurde. Das Wort wird weder im Neuen Testament noch in anderen Schriften in griechischer Sprache in einer anderen Bedeutung verwendet.

Was ist also zu all dem zu sagen? Ist meine Schlussfolgerung eine törichte? Ist nicht jeder, der das Schicksal der Menschheit betrachtet, voller Entsetzen angesichts der Leiden, die der Menschheit durch die Durchsetzung von Strafgesetzen zugefügt werden – eine Geißel sowohl für die Verurteilenden als auch für die Verurteilten –, von den Massakern Dschingis Khans über die der Französischen Revolution bis hin zu den Hinrichtungen unserer Zeit? Derjenige wäre in der Tat ohne Mitgefühl, der sich des Entsetzens und der Abscheus nicht nur beim Anblick von Menschen enthalten könnte, die von ihresgleichen so behandelt werden, sondern auch bei der bloßen Erzählung des Todes durch die Knute, die Guillotine oder den Galgen.

Das Evangelium, dessen jedes Wort für Sie heilig ist, erklärt klar und deutlich: „Ihr habt von jeher ein Strafgesetz: Auge um Auge, Zahn um Zahn; aber ein neues Gesetz ist euch gegeben, dass ihr dem Bösen keinen Widerstand leisten sollt. Befolgt dieses Gesetz, vergeltet nicht Böses mit Bösem, sondern tut allen Gutes , vergebt allen unter allen Umständen." Weiter folgt die Anweisung: „ *Richtet nicht* ", und damit diese Worte nicht missverstanden werden, fügte Jesus hinzu: „ *Verurteilt nicht* ; verurteilt nicht die Verbrechen anderer in Gerechtigkeit."

„Keine Todesurteile mehr", sagte eine innere Stimme – „keine Todesurteile mehr", sagte die Stimme der Wissenschaft; „das Böse kann das Böse nicht unterdrücken." Das Wort Gottes, an das ich glaubte, sagte mir dasselbe. Und als ich beim Lesen der Lehre auf die Worte stieß: „ *Verurteilt nicht, dann werdet ihr nicht verurteilt; vergebt, dann wird euch vergeben* ", konnte ich sie einfach so verstehen, dass ich mich nicht dem Klatsch und der üblen Nachrede hingeben und weiterhin Gerichte als christliche Institution und mich selbst als christlichen Richter betrachten sollte?

Ich war überwältigt von Entsetzen angesichts der Schwere des Fehlers, den ich begangen hatte.

KAPITEL IV.

JETZT VERSTAND ICH die Worte Jesu: „ *Ihr habt gehört, dass gesagt ist: Auge um Auge, Zahn um Zahn. Ich aber sage euch: Leistet dem Bösen keinen Widerstand.* " Jesus meinte: „Ihr dachtet, ihr handeltet vernünftig, wenn ihr euch mit Gewalt gegen das Böse verteidigt, Auge um Auge ausreißt, mit Strafgerichten, Friedenshütern und Heeren gegen das Böse kämpft. Ich aber sage euch: Verzichtet auf Gewalt, habt nichts mit Gewalt zu tun, tut niemandem etwas zuleide, auch nicht eurem Feind." Jetzt verstand ich, dass Jesus uns mit den Worten „Leistet dem Bösen *keinen Widerstand* " nicht nur sagte, was die Einhaltung dieser Regel zur Folge hätte, sondern auch eine neue Grundlage für die Gesellschaft schuf, die seiner Lehre entsprach und der sozialen Grundlage entgegengesetzt war, die durch das Gesetz des Moses, das römische Recht und die verschiedenen heute geltenden Gesetze geschaffen wurde. Er formulierte ein neues Gesetz, dessen Wirkung es sein würde, die Menschheit von ihrem selbstverschuldeten Leid zu befreien. Seine Erklärung lautete: „Sie glauben, dass Ihre Gesetze Kriminelle bessern; in Wirklichkeit schaffen sie nur noch mehr Kriminelle. Es gibt nur einen Weg, das Böse zu unterdrücken, und der besteht darin, Böses mit Gutem zu vergelten, ohne Ansehen der Person. Tausende von Jahren haben Sie die andere Methode ausprobiert; jetzt versuchen Sie es mit meiner, versuchen Sie es mit dem Gegenteil."

Seltsamerweise habe ich in letzter Zeit mit verschiedenen Leuten über dieses Gebot Jesu gesprochen: „ *Widerstehe nicht dem Bösen* " und habe selten jemanden gefunden, der meiner Meinung war! Zwei Klassen von Menschen würden niemals, auch nicht implizit, die wörtliche Auslegung des Gesetzes akzeptieren. Diese Menschen befanden sich an den äußersten Polen der sozialen Skala: die konservativen christlichen Patrioten, die die Unfehlbarkeit der Kirche verteidigten, und die atheistischen Revolutionäre. Keine dieser beiden Klassen war bereit, auf das Recht zu verzichten, dem, was sie als böse betrachteten, mit Gewalt zu widerstehen. Und die Weisesten und Intelligentesten unter ihnen wollten die einfache und offensichtliche Wahrheit nicht anerkennen, dass, wenn wir einmal das Recht eines Menschen zugestehen, dem, was er als böse betrachtet, mit Gewalt zu widerstehen, jeder andere Mensch ebenso das Recht hat, dem, was er als böse betrachtet, mit Gewalt zu widerstehen.

Vor kurzem hatte ich einen interessanten Briefwechsel zwischen einem orthodoxen Slawophilen und einem christlichen Revolutionär in den Händen. Der eine befürwortete Gewalt als Befürworter eines Krieges zur Befreiung der in der Knechtschaft lebenden slawischen Brüder; der andere als Befürworter einer Revolution im Namen unserer Brüder, der unterdrückten russischen Bauernschaft. Beide riefen zur Gewalt auf und jeder von ihnen stützte sich auf die Lehre Jesu. Die Lehre Jesu wird auf hundert verschiedene Arten verstanden; aber leider nie auf die einfache und direkte Weise, die mit der unvermeidlichen Bedeutung der Worte Jesu harmoniert.

Unser gesamtes soziales Gefüge basiert auf Prinzipien, die Jesus missbilligte. Wir wollen seine Lehre nicht in ihrer einfachen und direkten Auslegung verstehen und versichern uns und anderen dennoch, dass wir seiner Lehre folgen, oder dass seine Lehre für uns nicht zielführend ist. Gläubige bekennen, dass Christus als Gott, die zweite Person der Dreifaltigkeit, auf die Erde herabgestiegen ist, um den Menschen durch sein Beispiel zu lehren, wie sie leben sollen. Sie führen die aufwendigsten Zeremonien durch, um die Sakramente zu empfangen, Tempel zu bauen, Missionare auszusenden, Priesterschaften zu gründen, Pfarrgemeinden zu verwalten und Rituale durchzuführen. Dabei vergessen sie jedoch ein kleines Detail: die Ausübung der Gebote Jesu. Ungläubige versuchen auf jede erdenkliche Weise, ihr Leben unabhängig von der Lehre Jesu zu gestalten, da sie *a priori entschieden* haben, dass diese Lehre nichts bedeutet. Doch jeder von ihnen weigert sich, seine Lehren in die Praxis umzusetzen. Und das Schlimmste daran ist, dass sowohl Gläubige als auch Ungläubige ohne jeden Versuch, sie in die Praxis umzusetzen, *a priori entscheiden* , dass dies unmöglich ist.

Jesus sagte einfach und klar, dass das Gesetz des Widerstands gegen das Böse durch Gewalt, das zur Grundlage der Gesellschaft gemacht wurde, falsch und der Natur des Menschen zuwider ist; und er gab eine andere Grundlage, nämlich das Gesetz des Nicht-Widerstands gegen das Böse, ein Gesetz, das gemäß seiner Lehre den Menschen vom Unrecht befreien würde. „Ihr glaubt" (sagt er im Wesentlichen), „dass eure Gesetze, die auf Gewalt zurückgreifen, das Böse korrigieren; überhaupt nicht; sie verstärken es nur. Tausende von Jahren habt ihr versucht, das Böse durch das Böse zu vernichten, und ihr habt es nicht vernichtet; ihr habt es nur verstärkt. Tut, was ich euch gebiete, folgt meinem Beispiel, und ihr werdet wissen, dass meine Lehre wahr ist." Nicht nur in Worten, sondern auch durch seine Taten, durch seinen Tod, legte Jesus seine Lehre dar: „Widersteht nicht *dem Bösen* ."

Gläubige hören sich das alles an. Sie hören es in ihren Kirchen, überzeugt, dass die Worte göttlich sind; sie verehren Jesus als Gott und sagen dann: „All das ist bewundernswert, aber es ist unmöglich; so wie die Gesellschaft jetzt organisiert ist, würde es unsere ganze Existenz durcheinanderbringen, und wir wären gezwungen, die Bräuche aufzugeben, die uns so lieb sind. Wir glauben das alles, aber nur in diesem Sinne: Dass es das Ideal ist, dem die Menschheit entgegenstreben sollte; das Ideal, das durch Gebet und durch den Glauben an die Sakramente, an die Erlösung und an die Auferstehung der Toten erreicht werden soll."

Die anderen, die Ungläubigen, die Freidenker, die die Lehre Jesu kommentieren, die Religionshistoriker, die Strausses , die Renans , - ganz durchdrungen von den Lehren der Kirche, die sagt, dass die Lehre Jesu nur schwer mit unseren Vorstellungen vom Leben übereinstimmt -, erzählen uns im Ernst, dass die Lehre Jesu die Lehre eines Visionärs ist, der Trost schwacher Gemüter; dass sie in den Fischerhütten von Galiläa sehr gut gepredigt wurde; dass sie für uns aber nur der süße Traum eines Menschen ist, den Renan den " charmanten Doktor ."

Ihrer Meinung nach konnte Jesus nicht die Höhen der Weisheit und Kultur erreichen, die unsere Zivilisation erreicht hat. Wäre er intellektuell auf gleicher Ebene mit seinen modernen Kritikern gewesen, hätte er nie seinen charmanten Unsinn über die Vögel des Himmels, das Hinhalten der anderen Wange und das Nicht-Sorgen für den nächsten Tag von sich gegeben. Diese historischen Kritiker beurteilen den Wert des Christentums anhand dessen, was sie von ihm in seiner gegenwärtigen Form sehen. Das Christentum unserer Zeit und Zivilisation billigt die Gesellschaft, wie sie heute ist, mit ihren Gefängniszellen, ihren Fabriken, ihren Schandhäusern, ihren Parlamenten; aber die Lehre Jesu, die der modernen Gesellschaft entgegengesetzt ist, besteht nur aus leeren Worten. Die historischen Kritiker sehen dies und unterziehen die Lehre, anders als die sogenannten Gläubigen, ohne Grund, sie zu verheimlichen, einer sorgfältigen Analyse; sie widerlegen sie systematisch und beweisen, dass das Christentum aus nichts als chimärenhaften Ideen besteht.

Es scheint, dass man, bevor man sich über die Lehre Jesu entscheidet, verstehen muss, worin sie besteht; und um zu entscheiden, ob seine Lehre vernünftig ist oder nicht, sollte man sich zunächst klarmachen, dass er genau das gesagt hat, was er gesagt hat. Und genau das tun wir nicht, was die kirchlichen Kommentatoren nicht tun, was die Freidenker nicht tun – und wir wissen sehr wohl, warum. Wir wissen ganz genau, dass die Lehre Jesu sich gegen alle menschlichen Irrtümer richtet und sie anprangert, alle *tohu* , alle leeren Götzen, die wir aus der Kategorie der Irrtümer auszunehmen versuchen, indem wir sie „Kirche", „Staat", „Kultur", „Wissenschaft", „Kunst", „Zivilisation" nennen. Aber Jesus sprach genau von all diesen, von diesen und allen anderen *tohu* . Nicht nur Jesus, sondern alle hebräischen Propheten, Johannes der Täufer, alle wahren Weisen der Welt prangerten Kirche und Staat und Kultur und Zivilisation ihrer Zeit als Quellen des Verderbens des Menschen an.

Stellen Sie sich einen Architekten vor, der zu einem Hausbesitzer sagt: „Ihr Haus ist zu nichts zu gebrauchen; Sie müssen es wieder aufbauen", und dann beschreibt, wie die Stützen geschnitten und befestigt werden sollen. Der Hausbesitzer schenkt den Worten „Ihr Haus ist zu nichts zu gebrauchen" kein Gehör und hört erst respektvoll zu, wenn der Architekt beginnt, die Anordnung der Räume zu besprechen. In diesem Fall werden ihm offensichtlich alle nachfolgenden Ratschläge des Architekten undurchführbar erscheinen; weniger respektvolle Hausbesitzer würden sie als unsinnig betrachten. Aber genau so behandeln wir die Lehre Jesu. Ich gebe dieses Beispiel, weil mir kein besseres einfällt. Ich erinnere mich jetzt, dass Jesus bei der Vermittlung seiner Lehre denselben Vergleich anwandte. „ *Zerstört diesen Tempel* ", sagte er, „ *und in drei Tagen werde ich ihn wieder aufbauen* ." Dafür haben sie ihn ans Kreuz geschlagen, und dafür kreuzigen sie jetzt seine Lehre.

Das Mindeste, was man von denen verlangen kann, die über eine Lehre urteilen, ist, dass sie sie mit demselben Verständnis beurteilen, mit dem sie dargelegt wurde. Jesus verstand seine Lehre nicht als ein vages und fernes Ideal, das unmöglich zu erreichen ist, nicht als eine Sammlung phantastischer und poetischer Träumereien, mit denen man die einfachen Bewohner an den Ufern des Sees Genezareth bezaubern wollte; für ihn war seine Lehre eine Lehre des Handelns, der Taten, die zur Rettung der Menschheit führen sollten. Dies zeigte er in der Art und Weise, wie er seine Lehre anwandte. Der Gekreuzigte, der in Seelenqualen aufschrie und für seine Lehre starb, war kein Träumer; er war ein Mann der Tat. Diejenigen, die für seine Lehre gestorben sind und immer noch sterben, sind keine Träumer. Nein; diese Lehre ist keine Schimäre!

Alle Lehren, die die Wahrheit offenbaren, sind für Blinde Schimäre. Wir können sagen, wie viele Leute es tun (ich gehöre dazu), dass die Lehre Jesu Schimäre ist, weil sie der menschlichen Natur widerspricht. Wir sagen, es sei widernatürlich, die andere Wange hinzuhalten, wenn man geschlagen wurde, alles herzugeben, was man besitzt, nicht für sich selbst, sondern für andere zu schuften. Wir sagen, es sei natürlich, dass ein Mensch seine Person, seine Familie, sein Eigentum verteidigt; das heißt, es liegt in der Natur des Menschen, ums Dasein zu kämpfen. Ein Gelehrter hat wissenschaftlich bewiesen, dass die heiligste Pflicht des Menschen darin besteht, seine Rechte zu verteidigen, das heißt zu kämpfen.

Doch sobald wir uns von der Idee lösen, dass die bestehende, vom Menschen geschaffene Organisation die beste und heiligste ist, sobald wir dies tun, richtet sich der Einwand, dass die Lehre Jesu der menschlichen Natur widerspricht, sofort gegen denjenigen, der ihn vorbringt. Niemand wird leugnen, dass nicht nur das Töten oder Foltern eines Menschen, sondern auch das Foltern eines Hundes, das Töten eines Huhns oder eines Kalbs

Leiden verursacht, das von der menschlichen Natur verabscheut wird. (Ich kenne Bauern, die aufgehört haben, Fleisch zu essen, nur weil sie Tiere schlachten mussten.) Und doch ist unsere Existenz so organisiert, dass jeder persönliche Genuss mit menschlichem Leiden erkauft wird, was der menschlichen Natur zuwiderläuft.

Wir müssen nur den komplizierten Mechanismus unserer Institutionen, die auf Zwang beruhen, genau untersuchen, um zu erkennen, dass Zwang und Gewalt der menschlichen Natur zuwiderlaufen. Der Richter, der nach dem Gesetzbuch verurteilt hat, ist nicht bereit, den Verbrecher mit seinen eigenen Händen aufzuhängen; kein Beamter würde einen Dorfbewohner von seiner weinenden Familie trennen und ins Gefängnis werfen; der General oder der Soldat würde, wenn er nicht durch Disziplin und Dienst abgehärtet ist, nicht hundert Türken oder Deutsche erschlagen oder ein Dorf zerstören, und würde, wenn er es vermeiden könnte, keinen einzigen Menschen töten. Und doch werden all diese Dinge getan, dank der Verwaltungsmaschinerie, die die Verantwortung für Missetaten so verteilt, dass niemand das Gefühl hat, sie seien gegen die Natur verstoßen.

Einige machen die Gesetze, andere führen sie aus; einige erziehen die Menschen durch Disziplin zu automatischem Gehorsam; und diese letzteren wiederum werden zu Zwangsinstrumenten und töten ihresgleichen, ohne zu wissen, warum oder zu welchem Zweck. Aber wenn sich ein Mensch für einen Moment aus diesem komplizierten Netzwerk befreit, wird er sofort erkennen, dass Zwang seiner Natur zuwiderläuft. Unterlassen wir die Behauptung, dass organisierte Gewalt, die wir zu unserem eigenen Vorteil einsetzen, ein göttliches, unveränderliches Gesetz ist, und wir werden klar erkennen, was am ehesten mit der menschlichen Natur im Einklang steht: die Lehre der Gewalt oder die Lehre Jesu.

Was ist das Gesetz der Natur? Ist es das Wissen, dass meine Sicherheit und die meiner Familie, alle meine Vergnügungen und Freuden auf Kosten von Elend, Entbehrung und Leiden Tausender von Menschen erkauft werden — durch den Schrecken des Galgens, durch das Unglück Tausender, die in Gefängnismauern ersticken, durch die Angst, die Millionen von Soldaten und Wächtern der Zivilisation einflößen, die aus ihren Häusern gerissen und von Disziplin besessen sind, um unsere Freuden mit geladenen Revolvern vor möglichen Einmischungen der Hungernden zu schützen? Ist es das Erkaufen jedes Stück Brots, das ich mir und meinen Kindern in den Mund stecke, durch die zahllosen Entbehrungen, die notwendig sind, um meinen Überfluss zu erlangen? Oder ist es die Gewissheit, dass mein Stück Brot nur mir gehört, wenn ich weiß, dass jeder andere einen Anteil hat und dass niemand verhungert, während ich esse?

Man muss nur verstehen, dass dank unserer sozialen Organisation jede unserer Freuden, jede Minute unserer geschätzten Ruhe durch die Leiden und Entbehrungen Tausender unserer Mitmenschen erreicht wird – man muss dies nur verstehen, um zu wissen, was der menschlichen Natur entspricht; nicht nur unserer animalischen Natur, sondern der animalischen und spirituellen Natur, die den Menschen ausmacht. Wenn wir die Lehre Jesu einmal in all ihren Zusammenhängen und mit all ihren Konsequenzen verstanden haben, werden wir überzeugt sein, dass seine Lehre nicht der menschlichen Natur widerspricht, sondern dass ihr einziges Ziel darin besteht, das chimärische Gesetz des Kampfes gegen das Böse durch Gewalt zu ersetzen – das selbst das Gesetz ist, das der menschlichen Natur widerspricht und so viele Übel hervorbringt.

Wollen Sie etwa sagen, die Lehre Jesu „ *Widerstehe dem Bösen nicht* " sei vergeblich? Was sollen wir dann vom Leben derer halten, die nicht von Liebe und Mitgefühl für ihre Artgenossen erfüllt sind – von denen, die die Bestrafung ihrer Mitmenschen auf dem Scheiterhaufen, mit der Knute, dem Rad, der Streckbank, Ketten, Zwangsarbeit, dem Galgen, Kerkern, Gefängnissen für Frauen und Kinder, den Hekatomben des Krieges vorbereiten oder periodische Revolutionen herbeiführen; von denen, die diese Gräueltaten in die Tat umsetzen; von denen, die aus diesen Katastrophen Nutzen ziehen oder Vergeltungsmaßnahmen vorbereiten – sind solche Leben nicht vergeblich?

Wir müssen nur die Lehre Jesu verstehen, um davon überzeugt zu sein, dass eine Existenz – nicht die vernünftige Existenz, die der Menschheit Glück bringt, sondern die Existenz, die die Menschen zu ihrem eigenen Schaden organisiert haben – Eitelkeit ist, die wildeste und schrecklichste aller Eitelkeiten, ein wahrer Delirium der Torheit, zu dem wir, wenn wir uns einmal davon erholt haben, nicht mehr zurückkehren.

Gott stieg auf die Erde herab, wurde Mensch, um Adams Sünde zu sühnen, und (so wurde uns gelehrt) sagte er viele geheimnisvolle und mystische Dinge, die schwer zu verstehen sind und die man nur mit Hilfe von Glauben und Gnade verstehen kann – und plötzlich erweisen sich die Worte Gottes als einfach, klar und vernünftig! Gott sagte: „Tu nichts Böses, und das Böse wird aufhören zu existieren." War die Offenbarung Gottes wirklich so einfach – nichts weiter als das? Es scheint, dass jeder sie verstehen könnte, so einfach ist sie!

Der Prophet Elia, ein Flüchtling vor den Menschen, suchte Zuflucht in einer Höhle und ihm wurde gesagt, dass Gott ihm erscheinen würde. Da kam ein starker Wind auf, der den Wald verwüstete; Elia dachte, der Herr sei gekommen, aber der Herr war nicht im Wind. Nach dem Wind kamen Donner und Blitz, aber Gott war nicht da. Dann kam das Erdbeben: Die

Erde spuckte Feuer, die Felsen zersplitterten, der Berg wurde bis auf seine Grundfesten zerrissen; Elia suchte den Herrn, aber der Herr war nicht im Erdbeben. Dann, in der darauf folgenden Ruhe, wehte eine sanfte Brise zum Propheten, die die Frische der Felder mit sich brachte; und Elia wusste, dass Gott da war. Es ist eine großartige Illustration der Worte: „ *Widersteht nicht dem Bösen* .“

Diese Worte sind sehr einfach, aber sie sind dennoch Ausdruck eines göttlichen und menschlichen Gesetzes. Wenn es in der Geschichte eine fortschreitende Bewegung zur Unterdrückung des Bösen gegeben hat, dann ist sie den Menschen zu verdanken, die die Lehre Jesu verstanden haben — die das Böse erduldeten und dem Bösen nicht mit Gewalt widerstanden. Der Fortschritt der Menschheit in Richtung Gerechtigkeit ist nicht den Tyrannen, sondern den Märtyrern zu verdanken. So wie Feuer das Feuer nicht löschen kann, so kann das Böse das Böse nicht unterdrücken. Nur das Gute, das dem Bösen entgegentritt und seiner Ansteckung widersteht, kann das Böse besiegen. Und in der inneren Welt der menschlichen Seele ist das Gesetz so absolut wie es für die Hörer in Galiläa war, absoluter, klarer, unveränderlicher. Die Menschen können sich davon abwenden, sie können seine Wahrheit vor anderen verbergen, aber der Fortschritt der Menschheit in Richtung Gerechtigkeit kann nur auf diese Weise erreicht werden. Jeder Schritt muss von dem Gebot geleitet werden: „ *Widersteht dem Bösen nicht* .“ Ein Jünger Jesu kann heute trotz Unglück und Bedrohung mit größerer Zuversicht als die Jünger in Galiläa sagen: „Und doch ist es nicht die Gewalt, sondern das Gute, das das Böse besiegt.“ Wenn der Fortschritt langsam ist, dann liegt das daran, dass die Lehre Jesu (die durch ihre Klarheit, Einfachheit und Weisheit so unweigerlich die menschliche Natur anspricht) und dass die Lehre Jesu hinter einer völlig anderen Lehre, die fälschlicherweise nach seinem Namen benannt ist, vor der Mehrheit der Menschheit geschickt verborgen wurde.

KAPITEL V.

DIE wahre Bedeutung der Lehre Jesu wurde mir offenbart; alles bestätigte ihre Wahrheit. Aber lange Zeit konnte ich mich nicht an die seltsame Tatsache gewöhnen, dass ich sie nach den achtzehn Jahrhunderten, in denen Millionen von Menschen das Gesetz Jesu bekannt hatten, nach den achtzehn Jahrhunderten, in denen Tausende von Menschen ihr Leben dem Studium dieses Gesetzes geweiht hatten, für mich neu entdeckt hatte. Aber so seltsam es auch schien, so war es auch. Jesu Gesetz „ *Widerstehe nicht dem Bösen* “ war für mich völlig neu, etwas, wovon ich vorher nie eine Vorstellung gehabt hatte. Ich fragte mich, wie das sein konnte; ich musste sicherlich eine falsche Vorstellung von der Lehre Jesu gehabt haben, um ein solches Missverständnis zu verursachen. Und ich hatte zweifellos eine falsche Vorstellung davon. Als ich begann, das Evangelium zu lesen, war ich nicht in der Lage eines Menschen, der, ohne etwas von der Lehre Jesu gehört zu haben, zum ersten Mal damit bekannt wird; im Gegenteil, ich hatte eine vorgefasste Theorie darüber, wie ich sie verstehen sollte. Jesus erschien mir nicht als ein Prophet, der das göttliche Gesetz offenbarte, sondern als jemand, der das absolute göttliche Gesetz, das ich bereits kannte, fortführte und erweiterte. Denn ich hatte sehr konkrete und komplexe Vorstellungen von Gott, dem Schöpfer der Welt und des Menschen, und von den Geboten Gottes, die den Menschen durch Moses gegeben wurden.

Als ich zu den Worten kam: „ *Ihr habt gehört, dass gesagt ist: Auge um Auge, Zahn um Zahn. Ich aber sage euch: Leistet keinen Widerstand gegen das Böse* “ – die Worte „ *Auge um Auge, Zahn um Zahn* “ drückten das Gesetz aus, das Gott Moses gegeben hatte; die Worte „ *Ich aber sage euch: Leistet keinen Widerstand gegen das Böse* “ drückten das neue Gesetz aus, das eine Negierung des ersten war. Wenn ich Jesu Worte einfach in ihrem wahren Sinn gesehen hätte und nicht als Teil der theologischen Theorie, die ich an der Brust meiner Mutter aufgesogen hatte, hätte ich sofort verstanden, dass Jesus das alte Gesetz aufhob und durch ein neues Gesetz ersetzte. Aber man hatte mich gelehrt, dass Jesus das Gesetz Moses nicht aufhob, sondern es im Gegenteil bis auf das kleinste Jota bestätigte und vervollständigte. Die Verse 17-20 des fünften Kapitels des Matthäusevangeliums beeindruckten mich beim Lesen des Evangeliums immer durch ihre Unklarheit und stürzten mich in Zweifel. Ich kannte das Alte Testament, insbesondere die letzten Bücher des Moses, sehr gut und erinnerte mich an bestimmte Passagen, in denen detaillierte Lehren, die oft absurd und sogar grausam in ihrer Bedeutung sind, mit den Worten „Und der Herr sprach zu Moses“ eingeleitet werden. Es schien mir sehr merkwürdig, dass Jesus all diese Gebote bestätigte; ich konnte nicht verstehen, warum er das tat. Aber ich ließ die Frage ungelöst und akzeptierte voller Vertrauen die Erklärungen, die mir in meiner Kindheit eingeschärft worden waren – dass die beiden Gesetze gleichermaßen vom Heiligen Geist inspiriert waren, dass sie vollkommen übereinstimmten und dass Jesus das Gesetz des Moses bestätigte, während er es vervollständigte und erweiterte. Ich beschäftigte mich nicht mit der Erklärung des Prozesses dieser Erweiterung, mit der Lösung der Widersprüche, die im gesamten Evangelium in den Versen 17-20 des fünften Kapitels mit den Worten „ *Ich aber sage euch* " sichtbar werden.

Nachdem ich nun die klare und einfache Bedeutung der Lehre Jesu verstanden hatte, war mir auch klar, dass die beiden Gesetze einander direkt entgegengesetzt sind und niemals in Einklang gebracht werden können. Statt das eine durch das andere zu ergänzen, müssen wir uns zwangsläufig zwischen den beiden entscheiden. Und auch, dass die allgemeine Erklärung der Verse Matthäus 5, 17-20, deren Unklarheit mir so imponiert hatte, falsch sein musste.

Als ich nun die Verse, die mir vorher unklar erschienen waren, noch einmal las, war ich erstaunt über die klare und einfache Bedeutung, die sich mir plötzlich offenbarte. Diese Bedeutung wurde nicht durch irgendeine Kombination und Umstellung offenbart, sondern allein durch die Ablehnung der künstlichen Erklärungen, mit denen die Worte belastet waren. Laut Matthäus sagte Jesus (Verse 17-18):

„ *Ihr sollt nicht meinen, ich sei gekommen, das Gesetz oder die Propheten* (die Prophetenlehre) *aufzulösen. Ich bin nicht gekommen, aufzulösen, sondern zu erfüllen. Denn wahrlich, ich sage euch: Bis Himmel und Erde vergehen, wird nicht ein Jota oder ein Strichlein vom Gesetz vergehen, bis alles erfüllt ist.* "

Und in Vers 20 fügte er hinzu:

„ *Denn ich sage euch: Wenn eure Gerechtigkeit nicht größer ist als die der Schriftgelehrten und Pharisäer, werdet ihr nicht ins Himmelreich kommen.* "

Ich bin nicht gekommen (sagte Jesus), um das ewige Gesetz aufzuheben, dessen Erfüllung eure prophetischen Bücher voraussagen. Ich bin gekommen, um euch die Erfüllung des ewigen Gesetzes zu lehren; nicht des Gesetzes, das eure Schriftgelehrten und Pharisäer das göttliche Gesetz nennen, sondern jenes ewigen Gesetzes, das unveränderlicher ist als die Erde und der Himmel.

Ich habe den Gedanken mit anderen Worten ausgedrückt, um die Gedanken meiner Leser von der traditionellen Fehlinterpretation zu lösen. Hätte es diese Fehlinterpretation nie gegeben, könnte der in den Versen zum Ausdruck gebrachte Gedanke nicht besser oder eindeutiger wiedergegeben werden.

Die Ansicht, dass Jesus das alte Gesetz nicht aufgehoben hat, ergibt sich aus der willkürlichen Schlussfolgerung, dass „Gesetz" in dieser Passage das geschriebene Gesetz und nicht das ewige Gesetz bedeutet, wobei der Bezug auf das Jota – Jota und Tüpfelchen – möglicherweise die Grundlage für eine solche Meinung liefert. Aber wenn Jesus vom geschriebenen Gesetz gesprochen hätte, hätte er den Ausdruck „das Gesetz und die Propheten" verwendet, den er immer verwendete, wenn er vom geschriebenen Gesetz sprach; hier jedoch verwendet er einen anderen Ausdruck – „das Gesetz *oder* die Propheten". Wenn Jesus das geschriebene Gesetz gemeint hätte, hätte er in den folgenden Versen, die den Gedanken fortsetzen, den Ausdruck „das Gesetz und die Propheten" verwendet; aber er sagt kurz „das Gesetz". Darüber hinaus verwendete Jesus laut Lukas dieselbe Ausdrucksweise, und der Kontext macht die Bedeutung unvermeidlich. Laut Lukas sagte Jesus zu den Pharisäern, die die Gerechtigkeit ihres geschriebenen Gesetzes annahmen:

„ Ihr seid es, die sich vor den Menschen rechtfertigen; aber Gott kennt eure Herzen; denn was hoch ist bei den Menschen, das ist ein Greuel vor Gott. Das Gesetz und die Propheten reichen bis zu Johannes; von da an wird das Reich Gottes gepredigt, und jeder drängt hinein. Und es ist leichter, dass Himmel und Erde vergehen, als dass ein einziges Strichlein des Gesetzes fällt. " (Lukas 16, 15-17.)

Mit den Worten: *„ Das Gesetz und die Propheten galten bis auf Johannes "* hob Jesus das geschriebene Gesetz auf; mit den Worten: *„ Und es ist leichter, dass Himmel und Erde vergehen, als dass ein einziges Strichlein des Gesetzes fällt "* bestätigte Jesus das ewige Gesetz. In der ersten zitierten Passage sagte er „das Gesetz *und* die Propheten", das heißt das geschriebene Gesetz; in der zweiten sagte er einfach „das Gesetz", also das ewige Gesetz. Es ist also klar, dass das ewige Gesetz dem geschriebenen Gesetz entgegengesetzt ist, [3] genau wie im Kontext des Matthäusevangeliums, wo das ewige Gesetz durch die Phrase „das Gesetz *oder* die Propheten" definiert wird .

Die Geschichte der Textvarianten dieser Verse ist durchaus bemerkenswert. Die meisten Texte enthalten einfach „das Gesetz" ohne den Zusatz „und die Propheten", wodurch eine falsche Interpretation im Sinne des geschriebenen Gesetzes vermieden wird. In anderen Texten, insbesondere dem von Tischendorf, und in den kanonischen Versionen wird das Wort „Propheten" nicht mit der Konjunktion „und", sondern mit der Konjunktion „oder" verwendet – „das Gesetz *oder* die Propheten" – was ebenfalls jede Frage des geschriebenen Gesetzes ausschließt und als eigentliche Bedeutung das ewige Gesetz angibt. In mehreren anderen Versionen, die von der Kirche nicht gebilligt werden, wird das Wort „Propheten" mit der Konjunktion „und" und nicht mit „oder" verwendet; und in diesen Versionen folgt auf jede Wiederholung der Worte „das Gesetz" die Phrase „und die Propheten", was darauf hinweisen würde, dass Jesus nur vom geschriebenen Gesetz sprach.

Die Geschichte der Kommentare zu der betreffenden Passage stimmt mit der der Varianten überein. Die einzige klare Bedeutung ist die von Lukas autorisierte, nämlich dass Jesus vom ewigen Gesetz sprach. Doch unter den Abschreibern des Evangeliums gab es einige, die wünschten, dass das geschriebene Gesetz des Moses weiterhin als verbindlich angesehen werden sollte. Sie fügten daher den Worten „das Gesetz" die Wendung „und die Propheten" hinzu und veränderten damit die Auslegung des Textes.

Andere Christen, die die Autorität der Bücher Mose nicht in gleichem Maße anerkannten, ließen die hinzugefügte Phrase weg und ersetzten das Partikel καί, „und", durch ἤ , „oder". Mit dieser Ersetzung wurde die Passage in den Kanon aufgenommen. Trotz der eindeutigen Klarheit des Textes in dieser Form beharrten die Kommentatoren jedoch auf der Interpretation, die durch die im Kanon abgelehnte Phrase unterstützt wurde. Die Passage rief unzählige Kommentare hervor, die von der wahren Bedeutung abweichen, je weniger die Kommentatoren der einfachen und offensichtlichen Bedeutung der Lehre Jesu treu bleiben. Die meisten von ihnen erkennen die vom kanonischen Text abgelehnte Lesart an.

Um absolut überzeugt zu sein, dass Jesus nur vom ewigen Gesetz sprach, brauchen wir nur die wahre Bedeutung des Wortes zu untersuchen, das zu so vielen falschen Interpretationen geführt hat. Das Wort „Gesetz" (griechisch νόμος , hebräisch תּוֹרָה· ·, *Torah*) hat in allen Sprachen zwei Hauptbedeutungen: zum einen Gesetz im abstrakten Sinn, unabhängig von Formeln , und zum anderen die geschriebenen Verordnungen, die die Menschen allgemein als Gesetz anerkennen. Im Griechischen der Paulusbriefe wird der Unterschied durch die Verwendung des Artikels angezeigt. Ohne Artikel verwendet Paulus νόμος am häufigsten im Sinn des göttlichen ewigen Gesetzes. Die alten Hebräer, wie auch in den Büchern Jesajas und der anderen Propheten, verwenden תּוֹרָה· ·, *Torah* , immer im Sinn einer ewigen Offenbarung, einer göttlichen Intuition. Erst in der Zeit Esdras und später im Talmud wurde „Tora" im gleichen Sinn verwendet wie heute das Wort „Bibel" – mit dem Unterschied, dass wir zwar Wörter haben, um zwischen der Bibel und dem göttlichen Gesetz zu unterscheiden, die Juden jedoch dasselbe Wort verwendeten, um beide Bedeutungen auszudrücken.

Und so spricht Jesus manchmal vom Gesetz als dem göttlichen Gesetz (des Jesaja und der anderen Propheten), in welchem Fall er es bestätigt; und manchmal im Sinne des geschriebenen Gesetzes des Pentateuch, in welchem Fall er es ablehnt. Um den Unterschied deutlich zu machen, fügt er immer, wenn er vom geschriebenen Gesetz spricht, „und den Propheten" hinzu oder stellt das Wort „dein" voran – „dein Gesetz".

Wenn er sagt: „ *Alles nun, was ihr wollt, dass euch die Leute tun sollen, das tut ihnen auch! Das ist das Gesetz und die Propheten.* " (Matthäus 7,12) spricht er vom geschriebenen Gesetz. Das gesamte geschriebene Gesetz, sagt er, kann auf diesen Ausdruck des ewigen Gesetzes reduziert werden, und mit diesen Worten hob er das ewige Gesetz auf. Wenn er sagt: *„ Das Gesetz und die Propheten galten bis Johannes. "* (Lukas 16,16) spricht er vom geschriebenen Gesetz und hebt es auf. Wenn er sagt: *„ Hat euch nicht Mose das Gesetz gegeben, und dennoch hält keiner von euch das Gesetz "* (Joh. 7,19), *„ Es steht auch in eurem Gesetz geschrieben "* (Joh. 8,17), *„ damit das Wort erfüllt würde, das in ihrem Gesetz geschrieben steht "* (Joh. 15,25), spricht er vom geschriebenen Gesetz, dem Gesetz, dessen Autorität er leugnete, dem Gesetz, das ihn zum Tode verurteilte: *„ Die Juden antworteten ihm: Wir haben ein Gesetz, und nach unserem Gesetz muss er sterben "* (Joh. 19,7). Es ist klar, dass dieses jüdische Gesetz, das die Verurteilung zum Tode autorisierte, nicht das Gesetz Jesu war. Aber wenn Jesus sagt: „Ich bin nicht gekommen, das Gesetz aufzuheben, sondern euch die Erfüllung des Gesetzes zu lehren; denn nichts an diesem Gesetz soll geändert werden, sondern alles soll erfüllt werden", dann spricht er nicht vom geschriebenen Gesetz, sondern vom göttlichen und ewigen Gesetz.

Geben Sie zu, dass dies alles nur ein formaler Beweis ist; geben Sie zu, dass ich Kontexte und Varianten sorgfältig kombiniert und alles ausgeschlossen habe, was meiner Theorie widerspricht; geben Sie zu, dass die Kommentatoren der Kirche klar und überzeugend sagen, dass Jesus tatsächlich das Gesetz des Moses nicht aufgehoben, sondern aufrechterhalten hat – geben Sie Folgendes zu: Dann stellt sich die Frage: Was waren die Lehren Jesu?

Der Kirche zufolge lehrte er, dass er die zweite Person der Dreifaltigkeit, der Sohn Gottes, sei und dass er in die Welt gekommen sei, um durch seinen Tod für Adams Sünde zu büßen. Wer jedoch die Evangelien gelesen hat, weiß, dass Jesus nichts dergleichen lehrte oder zumindest nur sehr vage über diese Themen sprach. Die Passagen, in denen Jesus bestätigt, dass er die zweite Person der Dreifaltigkeit ist und dass er für die Sünden der Menschheit büßen sollte, bilden einen sehr unbedeutenden und sehr dunklen Teil der Evangelien. Worin besteht dann der Rest der Lehre Jesu? Es lässt sich nicht leugnen – denn alle Christen haben die Tatsache anerkannt – dass die Lehre Jesu im Wesentlichen darauf abzielt, das Leben der Menschen zu regeln und ihnen beizubringen, wie sie im Hinblick aufeinander leben sollten. Aber um zu erkennen, dass Jesus den Menschen eine neue Lebensweise lehrte, müssen wir eine Vorstellung von den Bedingungen der Menschen haben, an die sich seine Lehren richteten.

Wenn wir die soziale Entwicklung der Russen, Engländer, Chinesen, Inder oder selbst der Rassen der Inselwilden untersuchen, stellen wir fest, dass jedes Volk ausnahmslos bestimmte praktische Regeln oder Gesetze hat, die seine Existenz bestimmen. Wenn also jemand ein neues Gesetz einführen möchte, muss er gleichzeitig das alte abschaffen. Dies wäre bei jeder Rasse oder Nation unvermeidlich. Gesetze, die wir gewohnt sind, als fast heilig zu betrachten, würden mit Sicherheit abgeschafft. Bei uns könnte es vielleicht passieren, dass ein Reformer, der ein neues Gesetz lehrt, nur unsere Zivilgesetze, das offizielle Gesetzbuch und unsere Verwaltungsbräuche abschafft, ohne das anzutasten, was wir als unsere göttlichen Gesetze betrachten, obwohl es schwer vorstellbar ist, dass dies der Fall sein könnte. Aber beim jüdischen Volk, das nur ein Gesetz hatte, und dieses als göttlich anerkannte – ein Gesetz, das das Leben bis ins kleinste Detail umfasste – was könnte ein Reformer erreichen, wenn er im Voraus erklärte, dass das bestehende Gesetz unantastbar sei?

Geben Sie zu, dass dieses Argument nicht schlüssig ist, und versuchen Sie, die Worte Jesu als Bestätigung des gesamten mosaischen Gesetzes zu interpretieren. Wer waren dann die Pharisäer, die Schriftgelehrten, die Gesetzeslehrer, die Jesus während seines gesamten Wirkens anprangerte? Wer waren diejenigen, die die Lehre Jesu ablehnten und ihn, ihre Hohepriester an der Spitze, kreuzigten? Wenn Jesus das Gesetz Moses guthieß, wo waren dann die treuen Anhänger dieses Gesetzes, die es aufrichtig praktizierten und dadurch Jesu Zustimmung erlangten? Ist es möglich, dass es keinen solchen gab? Die Pharisäer, so wird uns gesagt, bildeten eine Sekte. Wo waren dann die Gerechten?

Im Johannesevangelium werden die Feinde Jesu direkt als „die Juden" bezeichnet. Sie sind gegen die Lehre Jesu; sie sind feindlich gesinnt, weil sie Juden sind. Aber es sind nicht nur die Pharisäer und Sadduzäer, die in den Evangelien als Feinde Jesu erscheinen: Wir finden auch Erwähnung von den Gesetzeslehrern, den Wächtern des Gesetzes Moses, den Schriftgelehrten, den Gesetzesauslegern, den Ältesten, jenen, die immer als Vertreter der Weisheit des Volkes betrachtet werden. Jesus sagte: „ *Ich bin nicht gekommen, die Gerechten zu rufen, sondern die Sünder zur Buße* ", um ihren Lebenswandel zu ändern (μετάνοι α). Aber wo waren die Gerechten? War Nikodemus der einzige? Er wird als guter, aber fehlgeleiteter Mann dargestellt.

Wir sind so sehr an die merkwürdige Meinung gewöhnt, dass Jesus von den Pharisäern und einer Reihe jüdischer Ladenbesitzer gekreuzigt wurde, dass wir nie auf die Idee kommen zu fragen: „Wo waren die wahren Juden, die guten Juden, die Juden, die das Gesetz praktizierten?" Wenn wir diese Frage einmal gestellt haben, wird alles vollkommen klar. Jesus, ob er nun Gott oder Mensch war, brachte seine Lehre einem Volk, das Regeln besaß, die das göttliche Gesetz genannt wurden und die sein ganzes Leben regierten. Wie konnte Jesus es vermeiden, dieses Gesetz zu verurteilen?

Jeder Prophet, jeder Religionsgründer stößt bei der Offenbarung des göttlichen Gesetzes an die Menschen unweigerlich auf Institutionen, die als durch die Gesetze Gottes aufrechterhalten angesehen werden. Er kann daher eine doppelte Verwendung des Wortes „Gesetz" nicht vermeiden, das ausdrückt, was seine Zuhörer fälschlicherweise als das Gesetz Gottes („dein Gesetz") betrachten, und das Gesetz, das er verkünden will, das wahre Gesetz, das göttliche und ewige Gesetz. Ein Reformer kann die Verwendung des Wortes nicht nur nicht auf diese Weise vermeiden; oft möchte er es auch nicht vermeiden, sondern vermischt die beiden Ideen absichtlich und weist so darauf hin, dass in dem Gesetz, zu dem sich diejenigen bekennen, die er bekehren möchte, noch einige ewige Wahrheiten enthalten sind. Jeder Reformer nimmt diese Wahrheiten, die seinen Zuhörern so gut bekannt sind , als Grundlage seiner Lehre. Genau das tat Jesus, als er sich an die Juden wandte, von denen die beiden Gesetze vage als „Tora" zusammengefasst wurden. Jesus erkannte, dass das mosaische Gesetz und noch mehr die prophetischen Bücher, insbesondere die Schriften Jesajas, dessen Worte er ständig zitiert, göttliche und ewige Wahrheiten enthielten, die mit dem ewigen Gesetz in Einklang standen, und diese nahm er als Grundlage seiner eigenen Lehre. Auf diese Methode bezog sich Jesus oft; so sagte er: „ *Was steht im Gesetz geschrieben? Wie liest du?* " (Lukas 10, 26). Das heißt, man kann ewige Wahrheit im Gesetz finden, wenn man es richtig liest. Und mehr als einmal bestätigt er, dass die Gebote des mosaischen Gesetzes, den Herrn und seinen Nächsten zu lieben, auch Gebote des ewigen Gesetzes sind. Am Ende der Gleichnisse, mit denen Jesus seinen Jüngern die Bedeutung seiner Lehre erklärte, sprach er Worte aus, die sich auf alles Vorhergehende beziehen:

„ *Darum gleicht jeder Schriftgelehrte, der im Himmelreich* (in der Wahrheit) unterwiesen *ist, einem Hausherrn, der aus seinem Schatz* (ohne Unterschied) *Neues und Altes hervorholt* . " (Matthäus 13,52.)

Die Kirche versteht diese Worte so, wie sie von Irenäus verstanden wurden ; doch gleichzeitig schreibt sie ihnen, entgegen der wahren Bedeutung, willkürlich die Bedeutung zu, dass alles Alte heilig sei. Die offenkundige Bedeutung ist diese: Wer das Gute sucht, nimmt nicht nur das Neue, sondern auch das Alte; und weil etwas alt ist, lehnt er es nicht deshalb ab. Mit diesen Worten wollte Jesus sagen, dass er das Ewige des alten Gesetzes nicht leugnete. Aber als sie mit ihm über das ganze Gesetz sprachen oder über die Formalitäten, die das alte Gesetz verlangte, war seine Antwort, dass neuer Wein nicht in alte Schläuche gefüllt werden sollte. Jesus konnte nicht das ganze Gesetz bekräftigen; ebenso wenig konnte er die gesamten Lehren des Gesetzes und der Propheten leugnen – das Gesetz, das sagt: „ *Liebe deinen Nächsten wie dich selbst* ", die Propheten, deren Worte oft dazu dienten, seine eigenen Gedanken auszudrücken. Und doch wird uns anstelle dieser klaren und einfachen Erklärung der Worte Jesu eine vage Interpretation angeboten, die unnötige Widersprüche einführt, die Lehre Jesu zunichte macht und die Lehre des Moses in all ihrer wilden Grausamkeit wiederherstellt.

Kommentatoren der Kirche, insbesondere jene, die seit dem fünften Jahrhundert geschrieben haben, sagen uns, dass Jesus das geschriebene Gesetz nicht abgeschafft hat; im Gegenteil, er hat es bestätigt. Aber auf welche Weise? Wie ist es möglich, dass das Gesetz Jesu mit dem Gesetz Moses harmoniert? Auf diese Fragen erhalten wir keine Antwort. Die Kommentatoren bedienen sich alle einer Wortklauberei, wonach Jesus das Gesetz Moses erfüllt hat und dass die Worte der Propheten in seiner Person erfüllt wurden; dass Jesus das Gesetz als unser Mittler durch unseren Glauben an ihn erfüllt hat. Und die wesentliche Frage für jeden Gläubigen – Wie lassen sich zwei widersprüchliche Gesetze harmonisieren, die beide das Leben der Menschen regeln sollen? – bleibt ohne den geringsten Erklärungsversuch. Somit bleibt der Widerspruch zwischen dem Vers, in dem es heißt, Jesus sei nicht gekommen, um das Gesetz aufzuheben, sondern um es zu erfüllen, und Jesu Aussage „ *Ihr habt gehört, dass gesagt ist: Auge um Auge ... Ich aber sage euch* " – der Widerspruch zwischen der Lehre Jesu und dem eigentlichen Geist der mosaischen Lehre – ohne jede Milderung bestehen.

Wer sich für diese Frage interessiert, sollte die kirchlichen Kommentare zu dieser Stelle von der Zeit Chrysostomus bis in unsere Tage durchsehen. Nach Durchsicht der umfangreichen Erklärungen wird er nicht nur davon überzeugt sein, dass es keinerlei Lösung für den Widerspruch gibt, sondern dass an seiner Stelle ein neuer, künstlicher Widerspruch entsteht. Sehen wir uns an, was Chrysostomus denjenigen antwortet, die das Gesetz des Moses ablehnen:

„Er hat dieses Gesetz nicht erlassen, damit wir uns gegenseitig die Augen ausschlagen, sondern damit die Furcht vor dem Leid anderer uns davon abhält, ihnen so etwas anzutun. So wie er den Leuten von Ninive mit dem Untergang drohte, nicht, damit er sie vernichten könnte (denn wäre das sein Wille gewesen, hätte er schweigen sollen), sondern damit er sie durch Furcht bessern und so seinen Zorn besänftigen könnte: so hat er auch eine Strafe für diejenigen verordnet, die mutwillig die Augen anderer angreifen , damit, wenn gute Grundsätze sie dazu bewegen, von solcher Grausamkeit nicht abzusehen, die Furcht sie davon abhält, das Augenlicht ihrer Nächsten zu verletzen.

"Und wenn dies Grausamkeit ist, dann ist es auch Grausamkeit, wenn der Mörder zurückgehalten und der Ehebrecher in Schach gehalten wird. Aber das sind die Worte unvernünftiger Menschen und solcher, die bis zum Wahnsinn verrückt sind. Denn ich bin weit davon entfernt zu sagen, dass dies aus Grausamkeit geschieht, ich sollte vielmehr sagen, dass das Gegenteil davon nach menschlicher Auffassung ungesetzlich wäre. Und da du sagst : ‚Weil er befohlen hat , *Auge um Auge* auszureißen , deshalb ist er grausam', sage ich, dass er, wenn er dieses Gebot nicht gegeben hätte, nach dem Urteil der meisten Menschen das zu sein scheinen würde, was du von ihm sagst ."

Chrysostomus erkannte das Gesetz klar an. *Auge um Auge* , als etwas Göttliches, und das Gegenteil dieses Gesetzes, nämlich die Lehre Jesu, *Leiste dem Bösen keinen Widerstand* , als eine Missetat. „Denn lasst uns annehmen", sagt Chrysostomus weiter:

„Denn nehmen wir einmal an, dieses Gesetz wäre gänzlich abgeschafft worden und niemand fürchtete die darauf folgende Strafe, sondern allen Bösen wäre die Freiheit gegeben worden, in aller Sicherheit ihren eigenen Neigungen gegenüber Ehebrechern, Mördern, Meineidigen und Vatermördern zu folgen; wäre dann nicht alles auf den Kopf gestellt worden? Wären nicht Städte, Marktplätze und Häuser, Meer und Land und die ganze Welt mit zahllosen Verschmutzungen und Morden erfüllt gewesen? Jeder sieht es. Denn wenn unsere bösen Neigungen kaum unter Kontrolle gehalten werden, wenn es Gesetze, Angst und Drohungen gibt; wenn selbst diese Sicherheit weggenommen würde, was hindert dann die Menschen daran, sich für das Laster zu entscheiden? Und welches Ausmaß an Unheil würde dann nicht über das gesamte menschliche Leben hereinbrechen ?

"Umso mehr, da Grausamkeit nicht nur darin liegt, den Bösen zu erlauben, zu tun, was sie wollen, sondern auch in etwas ganz Ähnlichem: jemanden zu übersehen und unbeachtet zu lassen, der nichts Unrechtes getan hat, aber ohne Grund oder Ursache schlecht leidet. Denn sagen Sie mir: Wenn jemand böse Männer aus allen Richtungen zusammenbringen und sie mit Schwertern bewaffnen und ihnen befehlen würde, durch die ganze Stadt zu ziehen und alle abzuschlachten, die ihnen in den Weg kommen, könnte es dann etwas geben, das einem wilden Tier ähnlicher wäre als er? Und was, wenn andere diejenigen, die dieser Mann bewaffnet hat, fesseln und mit äußerster Strenge einsperren und diejenigen, die kurz davor sind, abgeschlachtet zu werden, aus den Händen der Gesetzlosen reißen würden; könnte etwas menschlicher sein als dies?"

Chrysostomus sagt nicht, wie diese anderen nach Meinung der Bösen einzuschätzen wären. Und was wäre, wenn diese anderen selbst böse wären und die Unschuldigen ins Gefängnis werfen würden? Chrysostomus fährt fort:

"Nun denn, ich fordere dich auf, diese Beispiele auch auf das Gesetz zu übertragen; denn wer befiehlt, *Auge um Auge auszureißen* , hat die Furcht wie eine starke Kette auf die Seelen der Bösen gelegt und ähnelt so dem, der diese Mörder im Gefängnis festhält; wohingegen derjenige, der keine Strafe für sie festlegt, sie durch eine solche Sicherheit praktisch bewaffnet und die Rolle jenes anderen spielt, der ihnen die Schwerter in die Hände gab und sie über

die ganze Stadt losließ." ("Predigten über das Evangelium des Matthäus",
xvi.)

Wenn Chrysostomus das Gesetz Jesu verstanden hätte, hätte er gesagt: „Wer
ist es, der einem anderen die Augen ausschlägt? Wer ist es, der Menschen ins
Gefängnis wirft?" Wenn Gott, der das Gesetz erließ, dies tut, dann besteht
kein Widerspruch; aber es sind die Menschen, die die Gebote ausführen, und
der Sohn Gottes hat den Menschen gesagt, dass sie sich der Gewalt enthalten
müssen. Gott befahl, zuzuschlagen, und der Sohn Gottes befahl, nicht
zuzuschlagen. Wir müssen das eine oder das andere Gebot annehmen; und
Chrysostomus akzeptierte wie der Rest der Kirche das Gebot des Moses und
verneinte das Gebot Christi, dessen Lehre er dennoch zu glauben behauptet.

Jesus schaffte das mosaische Gesetz ab und setzte an seine Stelle sein eigenes
Gesetz. Für jemanden, der wirklich an Jesus glaubt, gibt es nicht den
geringsten Widerspruch; er wird dem Gesetz des Moses keine Beachtung
schenken, sondern das Gesetz Jesu praktizieren , an das er glaubt. Für
jemanden, der an das Gesetz des Moses glaubt, gibt es keinen Widerspruch.
Die Juden betrachteten die Worte Jesu als Torheit und glaubten an das
Gesetz des Moses. Der Widerspruch besteht nur für diejenigen, die dem
Gesetz des Moses unter dem Deckmantel des Gesetzes Jesu folgen würden
– für diejenigen, die Jesus als Heuchler, als Schlangenbrut anprangerte.

Anstatt das eine oder das andere der beiden Gesetze, das Gesetz des Moses
oder das Jesu, als göttliche Wahrheit anzuerkennen, erkennen wir die
göttliche Qualität beider an. Aber wenn es um die Handlungen des
alltäglichen Lebens geht, lehnen wir das Gesetz Jesu ab und folgen dem des
Moses. Und diese falsche Interpretation enthüllt, wenn wir ihre Bedeutung
erkennen, die Quelle jenes schrecklichen Dramas, das den Kampf zwischen
Böse und Gut, zwischen Dunkelheit und Licht dokumentiert.

Dem jüdischen Volk, das an die unzähligen formellen Vorschriften gewöhnt
war, die von den Leviten in der Rubrik der göttlichen Gesetze eingeführt
worden waren, und denen jeweils die Worte vorangestellt waren: „Und der
Herr sprach zu Moses" – dem jüdischen Volk erschien Jesus. Er fand alles
bis ins kleinste Detail durch Regeln vorgeschrieben; nicht nur die Beziehung
des Menschen zu Gott, sondern auch seine Opfer, seine Feste, sein Fasten,
seine sozialen, bürgerlichen und familiären Pflichten, die Einzelheiten
persönlicher Gewohnheiten, Beschneidung, Reinigung des Körpers, der
Haushaltsgeräte, der Kleidung – all dies wurde durch Gesetze geregelt, die
als Gebote Gottes und damit als göttlich anerkannt wurden.

Wenn man von der Frage der göttlichen Mission Jesu absieht, was könnte
ein Prophet oder Reformer tun, der seine eigenen Lehren unter einem Volk
etablieren wollte, das so in Formalismus versunken war – was anderes, als
das Gesetz abzuschaffen, durch das all diese Einzelheiten geregelt wurden?

Jesus wählte aus dem, was die Menschen als das Gesetz Gottes betrachteten, die Teile aus, die wirklich göttlich waren; er akzeptierte auch, was seinem Zweck diente, lehnte den Rest ab und errichtete auf dieser Grundlage das ewige Gesetz. Es war nicht notwendig, alles abzuschaffen, aber unvermeidlich, vieles abzuschaffen, was als verbindlich angesehen wurde. Dies tat Jesus und wurde beschuldigt, das göttliche Gesetz zerstört zu haben; dafür wurde er verurteilt und hingerichtet. Aber seine Lehre wurde von seinen Jüngern geschätzt, überdauerte die Jahrhunderte und wird an andere Völker weitergegeben. Unter diesen Bedingungen wird sie wieder unter heterogenen Dogmen, obskuren Kommentaren und künstlichen Erklärungen verborgen. Bemitleidenswerte menschliche Sophismen ersetzen die göttliche Offenbarung. Anstelle der Formel „Und der Herr sprach zu Moses" setzen wir „So spricht der Heilige Geist". Und wieder verbirgt der Formalismus die Wahrheit. Am erstaunlichsten ist, dass die Lehre Jesu mit dem geschriebenen Gesetz vermischt wird, dessen Autorität er leugnen musste. Diese *Thora* , dieses geschriebene Gesetz, soll vom Heiligen Geist, dem Geist der Wahrheit, inspiriert worden sein; und so gerät Jesus in die Falle seiner eigenen Offenbarung – seine Lehre wird zunichte gemacht.

Deshalb kam es nach achtzehnhundert Jahren so seltsam, dass ich die Bedeutung der Lehre Jesu als etwas Neues entdeckte. Aber nein, ich habe sie nicht entdeckt. Ich tat einfach, was alle tun müssen, die nach Gott und seinem Gesetz suchen: Ich suchte nach dem ewigen Gesetz inmitten der widersprüchlichen Elemente, die die Menschen mit diesem Namen bezeichnen.

KAPITEL VI.

ALS ich das Gesetz Jesu als das Gesetz Jesu verstand und nicht als das Gesetz Jesu und des Moses, als ich das Gebot dieses Gesetzes verstand, das das Gesetz des Moses absolut aufhob, da fügten sich die für mich zuvor so dunklen, weitschweifigen und widersprüchlichen Evangelien zu einem harmonischen Ganzen zusammen, dessen bis dahin unverständliche Lehre ich in einfachen, klaren und für jeden Wahrheitssucher zugänglichen Worten formuliert fand. [4]

In den Evangelien werden wir aufgefordert, über die Gebote Jesu und die Notwendigkeit ihrer Befolgung nachzudenken . Alle Theologen diskutieren die Gebote Jesu. Aber was sind diese Gebote? Ich wusste es vorher nicht. Ich dachte, das Gebot Jesu sei, Gott und seinen Nächsten wie sich selbst zu lieben. Ich sah nicht ein, dass dies kein neues Gebot Jesu sein konnte, da es von ihnen schon früher im Deuteronomium und Levitikus gegeben wurde. Die Worte:

„ Wer nun eines dieser kleinsten Gebote auflöst und die Leute so lehrt, der wird der Kleinste heißen im Himmelreich; wer sie aber tut und lehrt, der wird groß heißen im Himmelreich " (Matthäus 5,19) – diese Worte, so glaubte ich, beziehen sich auf das mosaische Gesetz. Aber es war mir nie in den Sinn gekommen, dass Jesus klar und präzise neue Gesetze aufgestellt hatte. Ich sah nicht, dass Jesus in der Passage, in der er erklärt: *„ Ihr habt gehört, dass gesagt ist ... Ich aber sage euch "*, eine Reihe sehr bestimmter Gebote formulierte – fünf völlig neue, wobei die beiden Verweise auf das alte Gesetz gegen Ehebruch als einer zählten. Ich hatte von den Seligpreisungen Jesu und ihrer Zahl gehört; ihre Erklärung und Aufzählung war Teil meiner Religionsunterweisung gewesen; aber von den Geboten Jesu hatte ich nie gehört. Zu meinem großen Erstaunen entdeckte ich sie nun selbst. Im fünften Kapitel des Matthäusevangeliums fand ich diese Verse:

" Ihr habt gehört, dass zu den Alten gesagt ist: Du sollst nicht töten; wer aber tötet, der soll dem Gericht verfallen sein. Ich aber sage euch: Wer seinem Bruder ohne Grund zürnt, der soll dem Gericht verfallen sein; und wer zu seinem Bruder sagt: Du Narr !, der soll dem Hohen Rat verfallen sein; wer aber sagt: Du Narr!, der soll dem Feuer der Hölle verfallen sein . Wenn du nun deine Gabe zum Altar bringst und dich dort erinnerst , dass dein Bruder etwas gegen dich hat, so lass deine Gabe dort vor dem Altar und geh hin; versöhne dich zuerst mit deinem Bruder, und dann komm und opfere deine Gabe. Versöhne dich mit deinem Widersacher bald, während du noch mit ihm auf dem Weg bist, damit dich nicht der Widersacher dem Richter überantwortet und der Richter dich dem Gerichtsdiener überantwortet und du ins Gefängnis geworfen wirst. Wahrlich, ich sage dir: Du wirst von dort auf keinen Fall herauskommen, bis du die Schuld bezahlt hast. den letzten Pfennig. " (Matthäus v. 21-26.)

Als ich das Gebot „ *Widerstehe nicht dem Bösen* " verstand, schien es mir, dass diese Verse eine ebenso klare und verständliche Bedeutung haben müssten wie das gerade zitierte Gebot. Die Bedeutung, die ich dieser Passage früher zugeschrieben hatte, war, dass jeder Zorn gegen andere vermeiden, niemals beleidigende Worte äußern und mit allen Menschen ohne Ausnahme in Frieden leben sollte. Aber es gab im Text eine Wendung, die diese Bedeutung ausschloss: „Wer ohne *Grund auf seinen Bruder zornig ist* " – die Worte konnten also keine Ermahnung zu absolutem Frieden sein. Ich war sehr verwirrt und wandte mich an die Kommentatoren, die Theologen, um meine Zweifel zu beseitigen. Zu meiner Überraschung stellte ich fest, dass die Kommentatoren hauptsächlich damit beschäftigt waren, zu definieren, unter welchen Bedingungen Zorn zulässig war. Alle Kommentatoren der Kirche befassten sich mit der einschränkenden Wendung „ *ohne Grund* " und erklärten die Bedeutung so, dass man nicht ohne Grund beleidigt sein darf, dass man nicht beleidigend sein darf, dass Zorn aber nicht immer ungerecht ist; und um ihre Ansicht zu untermauern, führten sie Beispiele von Zorn seitens der Heiligen und Apostel an. Ich sah deutlich, dass die Kommentatoren, die Zorn „zur Ehre Gottes" als nicht verwerflich ansahen, obwohl er dem Geist des Evangeliums völlig zuwiderlief, ihr Argument auf die Wendung „ohne Grund" im 22. Vers stützten. Diese Worte verändern die Bedeutung der Passage völlig.

Nicht ohne Grund zornig sein? Jesus ermahnt uns, jedem zu vergeben, ohne Einschränkung oder Grenzen. Er vergab allen, die ihm Unrecht getan hatten, und tadelte Petrus, weil er wütend auf Malchus war , als dieser versuchte, seinen Meister zum Zeitpunkt des Verrats zu verteidigen, obwohl es, wenn überhaupt, so schien, als wäre Zorn gerechtfertigt gewesen. Und dennoch lehrte derselbe Jesus die Menschen offiziell, nicht „ohne Grund" zornig zu sein, und billigte damit Zorn aus einem Grund? Hat Jesus allen Menschen Frieden geboten und dann in den Ausdruck „ohne Grund" den Vorbehalt eingefügt, dass diese Regel nicht auf alle Fälle zutrifft; dass es Umstände gibt, unter denen man auf einen Bruder wütend sein kann, und den Kommentatoren damit das Recht gegeben, zu sagen, dass Zorn manchmal angebracht ist?

Aber wer soll entscheiden, wann Zorn angebracht ist und wann nicht? Ich bin noch nie einem zornigen Menschen begegnet, der nicht glaubte, dass sein Zorn gerechtfertigt sei. Jeder, der zornig ist, hält Zorn für legitim und nützlich. Offensichtlich zerstört die einschränkende Phrase „ohne Grund" die ganze Aussagekraft des Verses. Und doch waren die Worte im heiligen Text vorhanden, und ich konnte sie nicht auslöschen. Die Wirkung war dieselbe, als ob das Wort „gut" der Phrase hinzugefügt worden wäre. „Liebe deinen Nächsten" – liebe deinen guten Nächsten, den Nächsten, der mit dir einer Meinung ist!

Die gesamte Bedeutung der Passage wurde durch diesen Ausdruck „ohne Grund" verändert. Die Verse 23 und 24, die uns ermahnen, uns mit allen Menschen zu versöhnen, bevor wir um göttliche Hilfe bitten, verloren ebenfalls ihre direkte und gebieterische Bedeutung und erhielten durch den Einfluss der vorhergehenden Einschränkung eine bedingte Bedeutung. Es schien mir jedoch, dass Jesus allen Zorn, alle bösen Gefühle verbot, und dass er uns, damit sie nicht in unseren Herzen fortbestehen, ermahnte, uns vor dem Eintreten in die Gemeinschaft mit Gott zu fragen, ob es jemanden gäbe, der auf uns wütend sein könnte. Wenn dies der Fall wäre, ob dieser Zorn nun mit oder ohne Grund war, befahl er uns, uns zu versöhnen. Auf diese Weise hatte ich die Passage interpretiert; aber jetzt schien es den Kommentatoren zufolge, dass die Anweisung als bedingte Bestätigung verstanden werden müsse. Die Kommentatoren erklärten alle, dass wir versuchen sollten, mit allen in Frieden zu leben; Doch wenn dies unmöglich ist, fügten sie hinzu, wenn jemand, getrieben von bösen Instinkten, mit Ihnen in Feindschaft steht, versuchen Sie, sich im Geiste und in der Idee mit ihm zu versöhnen, und dann wird die Feindseligkeit anderer kein Hindernis für die göttliche Gemeinschaft sein.

Doch das war noch nicht alles. Die Worte: „Wer zu seinem Bruder sagt: Raka , der wird vor den Hohen Rat gestellt werden" schienen mir immer seltsam und absurd. Wenn es uns verboten ist, beleidigend zu sein, warum dann dieses Beispiel mit seinem gewöhnlichen und harmlosen Beinamen? Warum diese schreckliche Drohung gegen diejenigen, die so schwache Beleidigungen äußern wie das Wort *Raka* , das „Taugenichts" bedeutet? All das war mir unklar.

Ich war überzeugt, dass ich ein ähnliches Problem vor mir hatte wie das, das ich mit den Worten „ *Richtet nicht* " konfrontiert hatte. Ich fühlte, dass auch hier die einfache, großartige, präzise und praktische Bedeutung Jesu verborgen war und dass die Kommentatoren im Dunkeln tappten. Es schien mir, dass Jesus mit den Worten „ *Versöhne dich mit deinem Bruder* " nicht „Versöhne dich im Geiste" gemeint haben konnte – eine Erklärung, die, angenommen, sie wäre wahr, überhaupt nicht klar ist. Ich verstand, was Jesus meinte, als er mit den Worten des Propheten sagte: „ *Ich will Barmherzigkeit und nicht Opfer* ", das heißt, ich will, dass die Menschen einander lieben. Wenn Sie möchten, dass Ihre Taten Gott gefallen, dann befragen Sie Ihr Gewissen, bevor Sie beten; und wenn Sie feststellen, dass jemand wütend auf Sie ist, gehen Sie hin und schließen Sie Frieden mit ihm, und beten Sie dann, wie Sie möchten. Was sollte ich nach dieser klaren Interpretation unter dem Kommentar „Versöhne dich im Geiste" verstehen?

Ich sah, dass die einzige klare und direkte Bedeutung des Verses durch die Phrase „ohne Grund" zerstört wurde. Wenn ich diese eliminieren könnte, stünde einer klaren Interpretation nichts im Wege. Aber alle Kommentatoren waren sich einig, dass dies nicht der Fall sei; und der kanonische Text erlaubte die von mir abgelehnte Übersetzung. Ich konnte diese Worte nicht willkürlich fallen lassen, und doch würde alles klar werden, wenn man sie wegließe. Ich suchte daher nach einer Interpretation, die nicht im Widerspruch zum Sinn der gesamten Passage stünde.

Ich konsultierte das Wörterbuch. Im normalen Griechisch bedeutet das Wort ε ἰ κ ῇ „achtlos, rücksichtslos". Ich versuchte, einen Ausdruck zu finden, der den Sinn nicht zerstörte; aber die Worte „ohne Grund" hatten eindeutig die Bedeutung, die ihnen zugeschrieben wurde. Im Griechischen des Neuen Testaments ist die Bedeutung von ε ἰ κ ῇ genau dieselbe. Ich konsultierte die Konkordanzen. Das Wort kommt in den Evangelien nur einmal vor, nämlich in dieser Passage. Im ersten Brief an die Korinther, 15, 2, kommt es in genau derselben Bedeutung vor. Es ist unmöglich, es anders zu interpretieren, und wenn wir es akzeptieren, müssen wir zu dem Schluss kommen, dass Jesus in vagen Worten ein Gebot aussprach, das leicht so ausgelegt werden konnte, dass es keine Wirkung hatte. Dies zuzugeben, schien mir gleichbedeutend mit der Ablehnung des gesamten Evangeliums. Es blieb noch eine weitere Quelle – war das Wort in allen Manuskripten zu finden? Ich konsultierte Griesbach , der alle bekannten Varianten aufzeichnet, und entdeckte zu meiner Freude, dass die fragliche Passage nicht unveränderlich war und dass die Variation auf dem Wort ε ἰ κ ῇ beruhte . In den meisten Evangelientexten und den Zitaten der Kirchenväter kommt dieses Wort nicht vor. Ich konsultierte Tischendorf für die älteste Lesart: Das Wort ε ἰ κ ῇ erschien nicht.

Dieses Wort, das die Bedeutung der Lehre Jesu so zerstört, ist also eine Interpolation, die sich noch im fünften Jahrhundert nicht in die besten Kopien des Evangeliums eingeschlichen hatte. Einige Abschreiber fügten das Wort hinzu, andere billigten es und übernahmen seine Erklärung. Jesus hat dieses schreckliche Wort nicht ausgesprochen, konnte es nicht ausgesprochen haben, und die ursprüngliche Bedeutung der Passage, ihre einfache, direkte, eindrucksvolle Bedeutung, ist die wahre Interpretation.

Nachdem ich verstanden hatte, dass Jesus Zorn verbietet, gleich aus welchem Grund und ohne Unterschied der Person, hatte die Warnung vor der Verwendung der Wörter „ raca " und „Narr" eine Bedeutung, die sich von jedem Verbot der Äußerung beleidigender Beinamen deutlich unterschied. Das seltsame hebräische Wort „ *raca* ", das im griechischen Text nicht übersetzt wird, dient dazu, die Bedeutung zu enthüllen. „ *Raca*" bedeutet wörtlich „eitel, leer, das, was nicht existiert". Es wurde von den Hebräern häufig verwendet, um Ausschluss auszudrücken. Es wird in Richter 9,4 in der Mehrzahlform verwendet, im Sinne von „leer und eitel". Jesus verbietet uns, dieses Wort auf irgendjemanden anzuwenden, so wie er uns verbietet, das Wort „Narr" zu verwenden, das uns wie „ raca " von allen Verpflichtungen der Menschheit entbindet. Wir werden wütend, wir tun Menschen Böses an und dann sagen wir zu unserer Entschuldigung, dass das Objekt unseres Zorns eine leere Person ist, der Abschaum eines Menschen, ein Narr. Genau solche Worte verbietet uns Jesus, auf Menschen anzuwenden. Er ermahnt uns, auf niemanden zornig zu sein und unseren Zorn nicht damit zu entschuldigen, dass wir es mit einem eitlen Menschen zu tun haben, einem Menschen ohne Vernunft.

Und so fand ich in Matthäus V. 21-26 anstelle von belanglosen, vagen und unsicheren Phrasen, die willkürlicher Interpretation unterliegen, das erste Gebot Jesu: Lebe mit allen Menschen in Frieden. Betrachte Zorn unter keinen Umständen als gerechtfertigt. Betrachte einen Menschen niemals als wertlos oder als Narren. Unterdrücke nicht nur deinen Zorn, sondern betrachte auch den Zorn anderer dir gegenüber nicht als nutzlos. Wenn jemand zornig auf dich ist, auch ohne Grund, versöhne dich mit ihm, damit alle feindseligen Gefühle ausgelöscht werden. Vereinbare schnell die Dinge, die einen Groll gegen dich hegen, damit nicht Feindseligkeit zu deinem Nachteil überhand nimmt.

Nachdem das erste Gebot Jesu auf diese Weise aus der Dunkelheit befreit war, konnte ich auch das zweite verstehen, das ebenfalls mit einem Verweis auf das alte Gesetz beginnt:

„ Ihr habt gehört, dass zu den Alten gesagt ist: ‚Du sollst nicht ehebrechen.‘ Ich aber sage euch: Wer eine Frau auch nur lüstern ansieht , der hat in seinem Herzen schon Ehebruch mit ihr begangen. Und wenn dich dein rechtes Auge ärgert, so reiß es aus und wirf es von dir. Denn es ist besser für dich, dass eins deiner Glieder verloren geht, als dass dein ganzer Leib in die Hölle geworfen wird. Und wenn dich deine rechte Hand ärgert, so hau sie ab und wirf sie von dir. Denn es ist besser für dich, dass eins deiner Glieder verloren geht, als dass dein ganzer Leib in die Hölle geworfen wird. Es ist gesagt worden: [5] *Wer sich von seiner Frau scheidet, es sei denn wegen Unzucht, der macht , dass sie die Ehe bricht, und wer eine Geschiedene heiratet, der bricht die Ehe.* (Matthäus v. 27-32.)

Aus diesen Worten begriff ich, dass ein Mann nicht einmal in seiner Vorstellung zugeben sollte, dass er sich einer anderen Frau nähern könnte als der, mit der er einmal vereint war, und dass er sie niemals aufgeben dürfte, um eine andere zu nehmen, obwohl ihm das mosaische Gesetz dies erlaubte.

Im ersten Gebot riet uns Jesus, den Keim des Zorns auszulöschen, und veranschaulichte seine Bedeutung durch das Schicksal des Mannes, der den Richtern überstellt wird. Im zweiten Gebot erklärt Jesus, dass Ausschweifung aus der Neigung von Männern und Frauen entsteht, einander als Werkzeuge der Wollust zu betrachten. Aus diesem Grund sollten wir uns vor jeder Idee hüten, die sinnliches Verlangen erregt, und eine Frau, die wir einmal kennengelernt haben, unter keinem Vorwand verlassen, denn auf diese Weise verlassene Frauen werden von anderen Männern begehrt, und so wird die Ausschweifung in die Welt gebracht.

Die Weisheit dieses Gebotes hat mich tief beeindruckt. Es würde alle Übel in der Welt unterdrücken, die aus sexuellen Beziehungen resultieren. Überzeugt davon, dass Zügellosigkeit in sexuellen Beziehungen zu Streit führt, würden die Männer, die dieser Vorschrift gehorchen, jeden Anlass zur Wollust vermeiden und, da sie wissen, dass das Gesetz der Menschheit vorsieht, in Paaren zu leben, sich so vereinen und niemals das Band der Vereinigung zerstören. Alle Übel, die aus Zwietracht aufgrund sexueller Anziehung entstehen, würden unterdrückt, da weder Männer noch Frauen der sexuellen Beziehung beraubt wären.

Aber als ich die Bergpredigt las, beeindruckten mich die Worte „Ausgenommen Unzucht", die es einem Mann erlaubten, seine Frau im Falle der Untreue zu verstoßen, viel mehr. Die Form, in der dieser Gedanke zum Ausdruck kam, schien mir der Würde des Anlasses unwürdig, denn hier, Seite an Seite mit den tiefen Wahrheiten der Bergpredigt, tauchte, wie eine Anmerkung in einem Strafgesetzbuch, diese seltsame Ausnahme von der allgemeinen Regel auf; aber ich werde mich nicht mit der Frage der Form aufhalten; ich werde nur von der Ausnahme selbst sprechen, die so völlig im Widerspruch zu der Grundidee steht.

Ich befragte die Kommentatoren; alle, Chrysostomus und die anderen, selbst Exegese-Experten wie Reuss , erkannten die Bedeutung der Worte so an, dass Jesus die Scheidung im Falle der Untreue der Frau erlaubte, und dass in der Mahnung gegen die Scheidung im 19. Kapitel des Matthäusevangeliums dieselben Worte dieselbe Bedeutung hatten. Ich las den 32. Vers des fünften Kapitels immer wieder, und die Vernunft weigerte sich, diese Auslegung zu akzeptieren. Um meine Zweifel zu bestätigen, konsultierte ich die anderen Teile des Neuen Testaments und fand bei Matthäus (19), Markus (10), Lukas (16) und im ersten Brief des Paulus an die Korinther Bestätigungen der Lehre von der Unauflöslichkeit der Ehe. Bei Lukas (16,18) heißt es:

„ Wer seine Frau entlässt und eine andere heiratet , begeht Ehebruch; und wer eine Frau heiratet , die von ihrem Mann entlassen wurde, begeht Ehebruch. "

Auch bei Markus (10, 5-12) wird die Lehre ohne jede Ausnahme verkündet:

„ Wegen eurer Herzenshärte hat er [Moses] euch dieses Gebot geschrieben. Aber von Anfang der Schöpfung an hat Gott sie als Mann und Frau geschaffen. Darum wird ein Mann seinen Vater und seine Mutter verlassen und seiner Frau anhangen, und die zwei werden ein Fleisch sein. So sind sie dann nicht mehr zwei, sondern ein Fleisch. Was nun

Gott zusammengefügt hat, das soll der Mensch nicht scheiden. Und im Haus fragten ihn seine Jünger noch einmal danach. Und er sprach zu ihnen: Wer seine Frau entlässt und eine andere heiratet, der begeht Ehebruch ihr gegenüber. Und wenn eine Frau ihren Mann entlässt und einen anderen heiratet, begeht sie Ehebruch. "

Derselbe Gedanke kommt in Matthäus 19,4-9 zum Ausdruck. Paulus entwickelt im ersten Brief an die Korinther (7,1-11) systematisch die Idee, dass die einzige Möglichkeit, Ausschweifungen vorzubeugen, darin besteht, dass jeder Mann seine eigene Frau und jede Frau ihren eigenen Mann hat und dass sie den Sexualtrieb gegenseitig befriedigen. Dann sagt er ohne Umschweife: *„ Die Frau soll sich nicht von ihrem Mann scheiden. Wenn sie sich aber scheidet, soll sie unverheiratet bleiben oder sich mit ihrem Mann versöhnen. Und der Mann soll seine Frau nicht entlassen ."*

Laut Markus, Lukas und Paulus ist die Scheidung verboten. Sie wird durch die in zwei Evangelien wiederholte Behauptung verboten, dass Mann und Frau ein Fleisch sind, das Gott zusammengefügt hat. Sie wird durch die Lehre Jesu verboten, der uns ermahnt, jedem zu vergeben, ohne die ehebrecherische Frau auszunehmen. Sie wird durch den allgemeinen Sinn der gesamten Passage verboten, der erklärt, dass die Scheidung Ausschweifung provoziert, und aus diesem Grund ist die Scheidung von einer ehebrecherischen Frau verboten.

Worauf gründet sich also die Meinung, dass Scheidung im Falle von Untreue seitens der Frau zulässig ist? Auf den Worten, die mich in Matthäus V. 32 so beeindruckt hatten; die Worte, die jeder so auffasst, dass Jesus Scheidung im Falle von Ehebruch seitens der Frau erlaubt; die Worte, die in Matthäus XIX. 9, in einer Reihe von Kopien des Evangeliumstextes und von vielen Kirchenvätern wiederholt werden – die Worte „es sei denn, es liegt Ehebruch vor". Ich studierte diese Worte noch einmal sorgfältig. Lange Zeit konnte ich sie nicht verstehen. Es schien mir, dass es einen Übersetzungsfehler und eine fehlerhafte Auslegung geben musste; aber wo lag die Quelle des Fehlers? Ich konnte sie nicht finden; und doch war der Fehler selbst sehr deutlich.

Im Gegensatz zum mosaischen Gesetz, das besagt, dass ein Mann, wenn er Abneigung gegen seine Frau entwickelt, ihr einen Scheidebrief schreiben und sie aus seinem Haus schicken kann – im Gegensatz zu diesem Gesetz muss Jesus erklären: *„ Ich aber sage euch: Wer sich von seiner Frau scheidet, es sei denn wegen Unzucht, der macht , dass sie die Ehe bricht ."* Ich sah in diesen Worten nichts, was uns die Behauptung erlaubt hätte, dass Scheidung erlaubt oder verboten sei. Es wird gesagt, dass wer sich von seiner Frau scheidet, sie zum Ehebruch bringt, und dann wird eine Ausnahme hinsichtlich einer Frau gemacht, die des Ehebruchs schuldig ist. Diese Ausnahme, die die Schuld der ehelichen Untreue ganz auf die *Frau schiebt* , ist im Allgemeinen seltsam und unerwartet;

aber hier, in Bezug auf den Kontext, ist sie einfach absurd, denn selbst die sehr zweifelhafte Bedeutung, die ihr sonst zugeschrieben werden könnte, wird völlig zerstört. Wer seine Frau entlässt, setzt sie dem Verbrechen des Ehebruchs aus. Dennoch ist es einem Mann erlaubt, eine des Ehebruchs schuldige Frau zu entlassen, als ob eine des Ehebruchs schuldige Frau nach ihrer Entlassung keinen Ehebruch mehr begehen würde.

Aber das ist nicht alles; als ich diese Stelle aufmerksam untersuchte, stellte ich fest, dass ihr auch die grammatikalische Bedeutung fehlt. Die Worte lauten: „Wer seine Frau entlässt, außer wegen Ehebruchs, setzt sie der Begehung des Ehebruchs aus" – und damit ist der Satz vollständig. Es geht um den Ehemann, um denjenigen, der seine Frau entlässt und sie dadurch der Begehung des Verbrechens des Ehebruchs aussetzt; was ist dann die Bedeutung der einschränkenden Phrase „außer wegen Ehebruchs"? Wenn der Satz diese Form hätte: Wer seine Frau entlässt, ist des Ehebruchs schuldig, es sei denn, die Frau selbst war untreu – wäre er grammatikalisch korrekt. Aber so wie die Stelle jetzt steht, hat das Subjekt „wer auch immer" kein anderes Prädikat als das Wort „entblößt", mit dem die Phrase „außer wegen Ehebruchs" nicht verbunden werden kann. Was ist dann die Bedeutung dieser Phrase? Es ist klar, dass ein Ehemann, der seine Frau verlässt, sie der Gefahr des Ehebruchs aussetzt, egal ob die Frau Ehebruch begangen hat oder nicht .

Der Satz ist analog zu folgendem Satz: Wer seinem Sohn das Essen verweigert, setzt ihn nicht nur der Boshaftigkeit aus, sondern auch der Möglichkeit, grausam zu werden. Dieser Satz kann offensichtlich nicht bedeuten, dass ein Vater seinem Sohn das Essen verweigern darf, wenn dieser boshaft ist. Er kann nur bedeuten, dass ein Vater, der seinem Sohn das Essen verweigert, nicht nur boshaft gegenüber seinem Sohn ist, sondern seinen Sohn auch der Möglichkeit aussetzt, grausam zu werden. Und in gleicher Weise hätte der Satz des Evangeliums einen Sinn, wenn wir die Worte „der Fehler des Ehebruchs" durch Libertinismus, Ausschweifung oder eine ähnliche Phrase ersetzen könnten, die nicht eine Handlung, sondern eine Eigenschaft ausdrückt.

Und so fragte ich mich, ob hier nicht einfach gemeint war, dass derjenige, der seine Frau verstößt, sich nicht nur des Libertinismus schuldig macht (denn niemand verstößt seine Frau, außer um eine andere zu nehmen), sondern seine Frau auch der Begehung des Ehebruchs aussetzt? Wenn im Originaltext das mit „Ehebruch" oder „Unzucht" übersetzte Wort die Bedeutung von Libertinismus hätte, wäre die Bedeutung der Passage klar. Und dann machte ich dieselbe Erfahrung, die mir zuvor in ähnlichen Fällen widerfahren war. Der Text bestätigte meine Vermutungen und löschte meine Zweifel vollständig aus.

Das Erste, was mir beim Lesen des Textes auffiel, war, dass das Wort πορνεία, das gemeinsam mit μοιχᾶσθαι mit „Ehebruch" oder „Unzucht" übersetzt wird, ein völlig anderes Wort ist als letzteres. Aber vielleicht werden diese beiden Wörter in den Evangelien als Synonyme verwendet? Ich konsultierte das Wörterbuch und fand heraus, dass das Wort πορνεία, das auf Hebräisch *zanah*, auf Lateinisch *fornicatio*, auf Deutsch *hurerei* und auf Französisch *libertinage entspricht*, eine sehr genaue Bedeutung hat und dass es nie den Akt des Ehebruchs, *ehebruch*, wie Luther und die Deutschen nach ihm das Wort wiedergaben, bezeichnet hat und nie bezeichnen kann. Es bezeichnet einen Zustand der Verderbtheit – eine Eigenschaft und keine Tat – und kann nie richtig mit „Ehebruch" oder „Unzucht" übersetzt werden. Ich stellte außerdem fest, dass „Ehebruch" im gesamten Evangelium, auch in der betreffenden Passage, mit dem Wort μοιχεύω ausgedrückt wird. Ich musste nur die offensichtlich absichtlich falsche Übersetzung korrigieren, um die von den Kommentatoren dem Text zugeschriebene Bedeutung absolut unzulässig zu machen und die richtige grammatische Beziehung von πορνεία zum Subjekt des Satzes aufzuzeigen.

Eine des Griechischen vertraute Person würde es wie folgt auslegen: παρεκτὸς „außer, außerhalb", λόγου „die Sache, die Ursache", πορνείας „der Libertinität", ποιεῖ „verpflichtet", αὐτὴν „sie", μοιχᾶσθαι „eine Ehebrecherin zu sein" – welche Übersetzung wörtlich ergibt: Wer seine Frau verlässt, verpflichtet sie neben dem Vergehen der Libertinität auch, eine Ehebrecherin zu sein.

Die gleiche Bedeutung erhalten wir aus Matthäus 19,9. Wenn wir die nicht autorisierte Übersetzung von πορνεία korrigieren, indem wir „Unzucht" durch „Libertinismus" ersetzen, sehen wir sofort, dass der Ausdruck εἰμὴ ἐπὶ πορνείᾳ kann nicht auf „Ehefrau" angewendet werden. Und wie die Worte παρεκτὸς λόγου πορνείας konnte nichts anderes bedeuten als den Fehler der Libertinität seitens des Ehemannes, also die Worte εἰμὴ ἐπὶ πορνείᾳ im neunzehnten Kapitel kann nur dieselbe Bedeutung haben. Der Ausdruck εἰμὴ ἐπὶ πορνείᾳ bedeutet wörtlich „wenn dies nicht durch Libertinismus geschieht" (sich dem Libertinismus hingeben). Die Bedeutung wird dann klar. Jesus antwortet auf die Theorie der Pharisäer, dass ein Mann, der seine Frau verlässt, um eine andere zu heiraten, ohne die Absicht zu haben, sich dem Libertinismus hinzugeben, keinen Ehebruch begeht – Jesus antwortet auf diese Theorie, dass das Verlassen einer Frau, das heißt die Beendigung der sexuellen Beziehungen, selbst wenn dies nicht zum Zweck des Libertinismus geschieht, sondern um eine andere zu heiraten, nichtsdestotrotz Ehebruch ist. Damit kommen wir zur einfachen Bedeutung dieses Gebotes – einer Bedeutung, die mit der gesamten Lehre, mit den Worten, deren Ergänzung es ist, mit der Grammatik und mit der Logik übereinstimmt. Diese einfache und klare Interpretation, die so natürlich mit der Lehre und den Worten harmoniert, aus denen sie abgeleitet wurde, habe ich nach sorgfältigster und langwieriger Forschung entdeckt. Auf einer vorsätzlichen Änderung des Textes basierte eine Exegese, die die moralische, religiöse, logische und grammatikalische Bedeutung der Worte Jesu zerstörte.

Und so fand ich einmal mehr eine Bestätigung der schrecklichen Tatsache, dass die Bedeutung der Lehre Jesu einfach und klar ist, dass ihre Aussagen nachdrücklich und präzise sind, dass aber Kommentare zu der Lehre, die von dem Wunsch inspiriert sind, das bestehende Böse zu rechtfertigen, sie so verdunkelt haben, dass von demjenigen, der die Wahrheit wissen will, entschlossene Anstrengung verlangt wird. Wären die Evangelien in fragmentarischem Zustand zu uns gekommen, wäre es (so schien es mir) einfacher gewesen, die wahre Bedeutung des Textes wiederherzustellen, als diese Bedeutung jetzt unter den Ansammlungen trügerischer Kommentare zu finden, die anscheinend keinen anderen Zweck haben, als die Lehre zu verbergen, die sie eigentlich darlegen sollen. In Bezug auf die betreffende Passage ist es klar, dass dieser raffinierte Vorwand verwendet wurde, um die Scheidung eines byzantinischen Kaisers zu rechtfertigen und die Lehre zu verdunkeln, die die Beziehungen zwischen den Geschlechtern regelt. Wenn wir die Vorschläge der Kommentatoren zurückgewiesen haben, entkommen wir dem Nebel der Unsicherheit, und das zweite Gebot Jesu wird präzise und klar. „Hüten Sie sich vor Libertinismus. Jeder Mann, der das Recht hat, Geschlechtsverkehr zu haben, soll eine Frau haben, und jede Frau soll einen Mann haben, und unter keinem Vorwand soll diese Verbindung von einem der beiden verletzt werden."

Unmittelbar nach dem zweiten Gebot folgt ein weiterer Verweis auf das alte Gesetz, gefolgt vom dritten Gebot:

„ Ihr habt gehört, dass zu den Alten gesagt ist: , ^{Du} sollst keinen falschen Eid schwören, sondern dem Herrn deine Eide halten. Ich aber sage euch: Schwört überhaupt nicht, weder bei dem Himmel, denn er ist Gottes Thron, noch bei der Erde, denn sie ist der Schemel seiner Füße, noch bei Jerusalem, denn sie ist die Stadt des großen Königs. Auch bei deinem Haupt sollst du nicht schwören, denn du vermagst nicht ein einziges Haar weiß oder schwarz zu machen. Eure Reden aber seien: Ja, ja; nein, nein; denn was darüber hinausgeht, das kommt vom Bösen. " (Mt 5,33-37.)

Diese Passage hat mich immer beunruhigt, wenn ich sie gelesen habe. Sie beunruhigte mich nicht wegen ihrer Unklarheit, wie die Passage über die Scheidung, oder weil sie mit anderen Passagen in Konflikt stand, wie die Ermächtigung zum Zorn aus Gründen der Ursache, oder weil es schwierig war, zu gehorchen, wie im Fall des Gebotes, die andere Wange hinzuhalten; sie beunruhigte mich eher wegen ihrer Klarheit, Einfachheit und Praktikabilität. Neben Regeln, deren Bedeutung und Wichtigkeit ich zutiefst empfand, stand diese Aussage, die mir überflüssig, frivol, schwach und ohne Folgen für mich oder andere erschien. Ich schwor natürlich nicht, weder bei Jerusalem, noch beim Himmel, noch bei irgendetwas anderem, und es kostete mich nicht die geringste Anstrengung, dies zu unterlassen; andererseits schien es mir, dass es für niemanden von der geringsten Bedeutung sein konnte, ob ich schwor oder nicht. Und da ich eine Erklärung für diese Regel finden wollte, die mich gerade wegen ihrer Einfachheit beunruhigte, konsultierte ich die Kommentatoren. Sie waren mir in diesem Fall eine große Hilfe.

Die Kommentatoren sahen in diesen Worten alle eine Bestätigung des dritten Gebotes des Moses, nämlich nicht im Namen des Herrn zu schwören. Darüber hinaus erklärten sie jedoch, dass dieses Gebot Jesu gegen einen Eid nicht immer verbindlich sei und keinerlei Bezug auf den Eid habe, den die Bürger vor den Behörden ablegen müssen. Und sie brachten Bibelstellen zusammen, nicht um die direkte Bedeutung des Gebotes Jesu zu untermauern, sondern um zu beweisen, wann es befolgt werden sollte und wann nicht. Sie behaupteten, dass Jesus selbst den Eid vor Gericht gebilligt habe, indem er auf die Worte des Hohenpriesters antwortete: „ *Du hast gesagt : Ich beschwöre dich bei dem lebendigen Gott* .“ Der Apostel Paulus habe Gott als Zeugen für die Wahrheit seiner Worte angerufen, was offensichtlich einem Eid gleichkomme. Das Gesetz des Moses, das den Eid verbot, sei von Jesus nicht aufgehoben worden. Und Jesus habe nur falsche Eide verboten, die Eide der Pharisäer und Heuchler. Als ich diese Kommentare las, wurde mir klar, dass das Gebot ebenso unbedeutend wie oberflächlich und ebenso leicht umzusetzen war , wie ich angenommen hatte , sofern ich nicht den Treueeid gegenüber dem Staat von den von Jesus verbotenen Eiden ausnahm.

Und ich stellte mir die Frage: Enthält diese Passage eine Ermahnung, sich eines Eides zu enthalten, den die Kommentatoren der Kirche so eifrig rechtfertigen? Verbietet sie uns nicht, den Eid zu leisten, der für die Vereinigung von Menschen in politischen Gruppen und die Bildung einer Militärkaste unerlässlich ist? Der Soldat, dieses besondere Instrument der Gewalt, wird in Russland als *prissaiaga* (vereidigt) bezeichnet. Hätte ich den Soldaten im Borovitzky gefragt, Wenn er gefragt hätte, wie er den Widerspruch zwischen den Evangelien und den militärischen Vorschriften gelöst habe, hätte er geantwortet, dass er den Eid abgelegt habe, das heißt, dass er bei den Evangelien geschworen habe. Das ist die Antwort, die Soldaten immer geben. Der Eid ist für die Schrecken des Krieges und des bewaffneten Zwangs so unverzichtbar, dass er in Frankreich, wo das Christentum nicht beliebt ist, weiterhin in vollem Umfang gilt. Wenn Jesus nicht mit so vielen Worten gesagt hätte: „Schwöre keinen Eid“, müsste das Verbot eine Folge seiner Lehre sein. Er kam, um das Böse zu unterdrücken, und wenn er den Eid nicht verurteilte, ließ er ein schreckliches Übel unberührt. Man könnte vielleicht sagen, dass dieses Übel zu der Zeit, in der Jesus lebte, unbemerkt blieb; aber das ist nicht wahr. Epiktet und Seneca sprechen sich gegen das Schwören von Eiden aus. Eine ähnliche Regel ist in den Gesetzen des Mani niedergeschrieben. Die Juden zur Zeit Jesu machten Proselyten und zwangen sie, den Eid zu schwören. Wie konnte man sagen, dass Jesus dieses Übel nicht erkannte, als er es in klaren, direkten und ausführlichen Worten verbot? Er sagte: „ *Schwört überhaupt nicht* .“ Dieser Ausdruck ist so einfach, klar und absolut wie der Ausdruck: „ *Richtet nicht, verurteilt nicht* “ und bedarf ebenso wenig einer Erklärung. Darüber hinaus fügte er hinzu: „ *Eure Rede sei: Ja, ja; nein, nein; denn was darüber hinausgeht, ist vom Bösen* .“

Wenn der Gehorsam gegenüber der Lehre Jesu in der ständigen Befolgung des Willens Gottes besteht, wie kann dann ein Mensch schwören, den Willen eines anderen Menschen oder anderer Menschen zu befolgen? Der Wille Gottes kann nicht mit dem Willen des Menschen übereinstimmen. Und genau das sagte Jesus in Matthäus V. 36:

„ *Auch bei deinem Haupt sollst du nicht schwören; denn du vermagst nicht, ein einziges Haar weiß oder schwarz zu machen.* “

Und der Apostel Jakobus sagt in seinem Brief, Vers 12:

„ *Vor allem aber, meine Brüder, schwört nicht, weder beim Himmel noch bei der Erde, noch mit irgendeinem anderen Eid. Euer Ja sei ein Ja und euer Nein ein Nein, sonst fallt ihr ins Gericht.* “

Der Apostel erklärt uns deutlich, warum wir nicht schwören dürfen: Der Eid an sich mag unwichtig sein, aber durch ihn werden die Menschen verurteilt, und deshalb sollten wir überhaupt nicht schwören. Wie könnten wir die Worte Jesu und seines Apostels deutlicher zum Ausdruck bringen?

Meine Gedanken waren so verwirrt, dass ich mir lange die Frage stellte: Stimmen die Worte und die Bedeutung dieser Passage überein? Das scheint unmöglich. Aber nachdem ich die Kommentare aufmerksam gelesen hatte, sah ich, dass das Unmögliche zur Tatsache geworden war. Die Erklärungen der Kommentatoren stimmten mit denen überein, die sie zu den anderen Geboten Jesu gegeben hatten: Richte nicht, sei nicht zornig, zerstöre nicht die Ehe.

Wir haben eine soziale Ordnung geschaffen, die wir schätzen und als heilig betrachten. Jesus, den wir als Gott anerkennen, kommt und sagt uns, dass unsere soziale Organisation falsch ist. Wir erkennen ihn als Gott an, aber wir sind nicht bereit, unsere sozialen Institutionen aufzugeben. Was sollen wir also tun? Wenn möglich, fügen wir die Worte „ohne Grund“ hinzu, um das Gebot gegen Zorn aufzuheben; verstümmeln den Sinn eines anderen

Gesetzes, wie es dreiste Betrüger getan haben, indem sie das Gebot, das Scheidung absolut verbietet, durch eine Formulierung ersetzten, die Scheidung erlaubt; und wenn es keine Möglichkeit gibt, eine zweideutige Bedeutung abzuleiten, wie im Fall der Gebote „ *Richtet nicht, verdammet nicht* " und „ *Schwört überhaupt nicht* ", dann verletzen wir mit äußerster Unverfrorenheit offen die Regel, während wir versichern, dass wir sie befolgen.

Tatsächlich besteht das Haupthindernis für das Verständnis der Wahrheit, dass das Evangelium alle Arten von Eiden verbietet, darin, dass unsere pseudochristlichen Kommentatoren selbst mit beispielloser Dreistigkeit auf das Evangelium selbst schwören. Sie lassen die Menschen auf das Evangelium schwören, das heißt, sie tun genau das Gegenteil von dem, was das Evangelium gebietet. Warum kommt dem Mann, der einen Eid auf das Kreuz und das Evangelium schwören muss, nie in den Sinn, dass das Kreuz erst durch den Tod eines Menschen geheiligt wurde, der alle Eide verbot, und dass er, wenn er das heilige Buch küsst, vielleicht seine Lippen auf genau die Seite presst, auf der das klare und direkte Gebot steht: „ *Schwöre überhaupt nicht* "?

Aber ich machte mir hinsichtlich der Bedeutung der Passage in Matthäus V. 33-37 keine Sorgen mehr, als ich die klare Aussage des dritten Gebots fand, dass wir nicht schwören sollen, da alle Eide zu einem bösen Zweck auferlegt werden.

Nach dem dritten Gebot folgt der vierte Verweis auf das alte Gesetz und die Verkündung des vierten Gebots:

„ *Ihr habt gehört, dass gesagt ist: Auge um Auge, Zahn um Zahn. Ich aber sage euch: Leistet keinen Widerstand gegen das Böse, sondern wenn dich jemand auf deine rechte Wange schlägt, dann biete ihm auch die andere dar. Und wenn dich jemand vor Gericht bringen und dir den Rock nehmen will, dann lass ihm auch den Mantel. Und wenn dich jemand nötigt, eine Meile mit ihm zu gehen, dann geh zwei mit ihm. Gib dem, der dich bittet , und weise den nicht ab, der von dir borgen will.* " (Matthäus V. 38-42.)

Ich habe bereits von der direkten und genauen Bedeutung dieser Worte gesprochen; ich habe bereits gesagt, dass wir keinerlei Grund haben, eine allegorische Erklärung auf sie zu stützen. Die Kommentare, die von der Zeit Chrysostomus bis in unsere Tage dazu gemacht wurden, sind wirklich überraschend. Die Worte gefallen jedem und sie inspirieren alle möglichen tiefgründigen Überlegungen, außer einer, nämlich, dass diese Worte genau das ausdrücken, was Jesus sagen wollte. Die kirchlichen Kommentatoren, die von der Autorität dessen, den sie als Gott anerkennen, überhaupt nicht eingeschüchtert sind, verdrehen dreist die Bedeutung seiner Worte. Sie erzählen uns natürlich, dass diese Gebote, Beleidigungen zu ertragen und sich von Vergeltungsmaßnahmen zu enthalten, sich gegen den rachsüchtigen Charakter der Juden richten; Sie schließen nicht nur nicht alle allgemeinen Maßnahmen zur Unterdrückung des Bösen und zur Bestrafung der Übeltäter aus, sondern sie ermahnen jeden zu individuellen und persönlichen Anstrengungen, um die Gerechtigkeit aufrechtzuerhalten, Angreifer festzunehmen und die Bösen daran zu hindern, anderen Böses zuzufügen – denn sonst (sagen sie uns) würden diese geistigen Gebote des Erlösers , wie sie es unter den Juden wurden, zu totem Buchstaben und würden nur dazu dienen, das Böse zu verbreiten und die Tugend zu unterdrücken. Die Liebe des Christen sollte der Liebe Gottes nachempfunden sein; aber die göttliche Liebe begrenzt und tadelt das Böse nur, soweit es zur Ehre Gottes und zur Sicherheit seiner Diener erforderlich ist. Wenn sich das Böse ausbreitet, müssen wir dem Bösen Grenzen setzen und es bestrafen – das ist die Pflicht der Autoritäten. [7]

Christliche Gelehrte und Freidenker sind durch die Bedeutung dieser Worte Jesu nicht verlegen und zögern nicht, sie zu korrigieren. Sie sagen uns, die hier zum Ausdruck gebrachten Ansichten seien sehr edel, aber auf das Leben völlig unanwendbar; denn wenn wir das Gebot „ *Widerstehe nicht dem Bösen* " buchstabengetreu befolgten , würde unser gesamtes soziales Gefüge zerstört. Das ist es, was uns Renan, Strauss und alle liberalen Kommentatoren sagen. Wenn wir jedoch die Worte Jesu so auffassen, wie wir die Worte eines jeden anderen auffassen würden, der zu uns spricht, und zugeben, dass er genau das sagt, was er sagt, verschwinden all diese tiefgründigen Umschreibungen. Jesus sagt: „Euer soziales System ist absurd und falsch. Ich schlage euch ein anderes vor." Und dann äußert er die Lehren, die Matthäus berichtet (V. 38-42). Man sollte meinen, man müsste sie verstehen, bevor man sie korrigiert; aber genau das möchte niemand tun. Wir entscheiden im Voraus, dass die soziale Ordnung, die unsere Existenz kontrolliert und die durch diese Worte abgeschafft wird, das höhere Gesetz der Menschheit ist.

Ich für meinen Teil halte unsere Gesellschaftsordnung weder für weise noch für heilig; und deshalb habe ich dieses Gebot verstanden, während andere es nicht verstanden haben. Und als ich diese Worte so verstanden hatte, wie sie geschrieben stehen, war ich von ihrer Wahrheit, ihrer Klarheit und ihrer Präzision beeindruckt. Jesus sagte: „Ihr wollt das Böse durch Böses unterdrücken; das ist nicht vernünftig. Um das Böse abzuschaffen, vermeidet die Begehung des Bösen." Und dann zählt er Fälle auf, in denen wir die Gewohnheit haben, Böses mit Bösem zu vergelten, und sagt, dass wir das in diesen Fällen nicht tun sollten.

Dieses vierte Gebot habe ich als erstes verstanden und es hat mir die Bedeutung aller anderen offenbart. Dieses einfache, klare und praktische vierte Gebot lautet: „Wehre dich nicht dem Bösen mit Gewalt und vergelte

Gewalt nicht mit Gewalt. Wenn dich jemand schlägt, trage es. Wenn dich jemand um etwas bringen will, gib seinem Willen nach. Wenn dich jemand zur Arbeit zwingen will, arbeite. Wenn dich jemand dein Eigentum nehmen will, gib es auf seine Forderung hin auf."

Nach dem vierten Gebot finden wir einen fünften Verweis auf das alte Gesetz, gefolgt vom fünften Gebot:

„ Ihr habt gehört, dass gesagt ist: [8] *Du sollst deinen Nächsten lieben und deinen Feind hassen. Ich aber sage euch: Liebt eure Feinde, segnet, die euch verfluchen, tut Gutes denen, die euch hassen, und betet für die, die euch beleidigen und verfolgen, auf dass ihr Kinder eures Vaters im Himmel werdet; denn er Er lässt seine Sonne aufgehen über Böse und Gute und lässt regnen über Gerechte und Ungerechte. Denn wenn ihr die liebt, die euch lieben, welchen Lohn habt ihr dafür? Tun das nicht auch die Zöllner? Und wenn ihr nur eure Brüder grüßt, was tut ihr Besonderes? Tun das nicht auch die Zöllner? Darum sollt ihr vollkommen sein, wie euer Vater im Himmel vollkommen ist. "* (Matthäus v. 43-48.)

Diese Verse hatte ich früher als Fortsetzung, Erklärung, Bekräftigung, ich möchte fast sagen Übertreibung der Worte „ *Widersteht nicht dem Bösen* " betrachtet. Da ich aber in jeder der Passagen, die mit einem Verweis auf das alte Gesetz beginnen, eine einfache, präzise und praktische Bedeutung gefunden hatte, erwartete ich hier eine ähnliche Erfahrung. Nach jedem Verweis dieser Art war bisher ein Gebot gekommen, und jedes Gebot war wichtig und hatte eine eindeutige Bedeutung; so sollte es auch jetzt sein. Die Schlussworte der Passage, die von Lukas wiederholt werden, lauten, dass Gott keinen Unterschied zwischen Personen macht, sondern seine Gaben an alle verschwendet, und dass wir, seinen Geboten folgend, alle Menschen als gleich würdig erachten und allen Gutes tun sollten – diese Worte waren klar; sie schienen mir eine Bestätigung und Erklärung eines bestimmten Gesetzes zu sein – aber was war dieses Gesetz? Lange Zeit konnte ich es nicht verstehen.

Seine Feinde lieben? – das war unmöglich. Es war einer jener erhabenen Gedanken, die wir nur als Hinweis auf ein moralisches Ideal betrachten dürfen, das unmöglich zu erreichen ist. Es verlangte alles oder nichts. Wir könnten vielleicht davon absehen, unseren Feinden Schaden zuzufügen – aber sie zu lieben! – nein; Jesus befahl nicht das Unmögliche. Und außerdem gab es in den Worten, die sich auf das alte Gesetz bezogen: „ *Ihr habt gehört, dass gesagt wurde: Du sollst ... deine Feinde hassen* ", Anlass zum Zweifeln. An anderen Stellen zitierte Jesus wörtlich die Begriffe des mosaischen Gesetzes; aber hier zitiert er anscheinend Worte, die keine solche Autorität haben; er scheint das Gesetz des Moses zu verleumden.

Wie bei meinen früheren Zweifeln gaben mir die Kommentatoren auch diesmal keine Erklärung für die Schwierigkeit. Sie stimmten alle darin überein, dass die Worte „ *hasse deine Feinde* " nicht im mosaischen Gesetz vorkämen, machten aber keinen Vorschlag zur Bedeutung der nicht autorisierten Phrase. Sie sprachen von der Schwierigkeit, seine Feinde zu lieben, das heißt, böse Menschen (so korrigierten sie Jesu Worte); und sie sagten, dass es zwar unmöglich sei, unsere Feinde zu lieben, wir aber davon absehen könnten, ihnen Schaden zu wünschen und ihnen Schaden zuzufügen. Darüber hinaus unterstellten sie, dass wir unsere Feinde „überzeugen" könnten und sollten, das heißt, ihnen widerstehen; sie sprachen von den verschiedenen Graden der Feindesliebe, die wir erreichen könnten – und aus all dem kam die Schlussfolgerung, dass Jesus aus irgendeinem unerklärlichen Grund Worte zitierte, die dort nicht zu finden seien, als stamme er aus dem Gesetz Moses, und dann eine Reihe erhabener Phrasen von sich gab, die im Grunde undurchführbar und bedeutungslos sind.

Ich konnte dieser Schlussfolgerung nicht zustimmen. In dieser Passage, wie auch in den Passagen, die die ersten vier Gebote enthalten, muss es eine klare und präzise Bedeutung geben. Um diese Bedeutung zu finden, machte ich mich zunächst daran, den Sinn der Worte zu ergründen, die den ungenauen Verweis auf das alte Gesetz enthalten: „ *Ihr habt gehört, dass gesagt worden ist: Du sollst ... deinen Feind hassen* ." Jesus hatte einen Grund, an den Anfang jedes seiner Gebote bestimmte Teile des alten Gesetzes zu stellen, die als Antithesen seiner eigenen Lehre dienen sollten. Wenn wir nicht verstehen, was mit den Zitaten aus dem alten Gesetz gemeint ist, können wir nicht verstehen, was Jesus verbot. Die Kommentatoren sagen offen (es ist unmöglich, dies nicht zu sagen), dass Jesus in diesem Fall Worte verwendete, die nicht im mosaischen Gesetz zu finden sind, aber sie sagen uns nicht, warum er dies tat oder welche Bedeutung wir den so verwendeten Worten beimessen sollen.

Vor allem schien es mir notwendig zu wissen, was Jesus im Sinn hatte, als er diese Worte zitierte, die nicht im Gesetz zu finden sind. Ich fragte mich, was diese Worte bedeuten könnten. In allen anderen Verweisen dieser Art zitiert Jesus eine einzige Regel aus dem alten Gesetz: „Du sollst nicht töten" – „Du sollst nicht ehebrechen" – „Du sollst keinen falschen Eid schwören" – „Auge um Auge, Zahn um Zahn" – und zu jeder Regel legt er seine eigene Lehre dar. In dem betrachteten Beispiel zitiert er zwei gegensätzliche Regeln: „ *Ihr habt gehört, dass gesagt ist: Du sollst deinen Nächsten lieben und deinen Feind hassen* " – woraus sich ergibt, dass der Gegensatz zwischen diesen beiden Regeln des alten Gesetzes in Bezug auf den Nächsten und den Feind die Grundlage des neuen Gesetzes sein sollte. Um diesen Gegensatz klar zu verstehen, suchte ich nach der Bedeutung der Wörter „Nächster" und

„Feind", wie sie im Evangeliumstext verwendet werden. Nachdem ich Wörterbücher und Bibeltexte konsultiert hatte, war ich überzeugt, dass „Nächster" in der hebräischen Sprache ausnahmslos und ausschließlich einen Hebräer bedeutet. Die gleiche Bedeutung finden wir im Gleichnis vom Samariter im Evangelium. Aus der Frage des jüdischen Schriftgelehrten (Lukas 10, 29) „ *Und wer ist mein Nächster?* " geht klar hervor, dass er den Samariter nicht als solchen betrachtete. Das Wort „Nächster" wird in Apostelgeschichte 7, 27 mit der gleichen Bedeutung verwendet. „Nächster" bedeutet in der Sprache des Evangeliums einen Landsmann, eine Person derselben Nationalität. Und so muss die Antithese, die Jesus in dem Zitat „ *Liebe deinen Nächsten, hasse deinen Feind* " verwendet, in der Unterscheidung zwischen den Wörtern „Landsmann" und „Fremder" liegen. Ich suchte dann nach dem jüdischen Verständnis von „Feind" und fand meine Vermutung bestätigt. Das Wort „Feind" wird in den Evangelien fast immer nicht im Sinne eines persönlichen Feindes, sondern allgemein eines „feindlichen Volkes" verwendet (Lukas 1 , 71, 74; Matthäus 22, 44; Markus 12, 36; Lukas 20, 43 usw.). Die Verwendung des Wortes „Feind" in der Einzahl, in der Wendung „ *hasse deinen Feind* ", hat mich davon überzeugt, dass es „feindliches Volk" bedeutet. Im Alten Testament wird der Begriff „feindliches Volk" fast immer in der Einzahl ausgedrückt.

Als ich das verstand, verstand ich, warum Jesus, der zuvor die authentischen Worte des Gesetzes zitiert hatte, hier die Worte „ *hasse deinen Feind* " *zitiert hatte* . Wenn wir das Wort „Feind" im Sinne von „feindliches Volk" und „Nächster" im Sinne von „Landsmann" verstehen, ist die Schwierigkeit vollständig gelöst. Jesus sprach von der Art und Weise, wie Moses die Hebräer anwies, sich gegenüber „feindlichen Völkern" zu verhalten. Die verschiedenen Passagen, die in den verschiedenen Büchern des Alten Testaments verstreut sind und die Unterdrückung, das Abschlachten und die Ausrottung anderer Völker vorschreiben, fasste Jesus in einem Wort zusammen: „hassen" – führe Krieg gegen den Feind. Er sagte im Wesentlichen: „Ihr habt gehört, dass ihr eure eigenen Rassen lieben und Fremde hassen sollt; aber ich sage euch: Liebt jeden ohne Unterschied der Nationalität." Als ich diese Worte auf diese Weise verstanden hatte, erkannte ich sofort die Bedeutung des Satzes „ *Liebt eure Feinde* ". Es ist unmöglich, seine persönlichen Feinde zu lieben; aber es ist durchaus möglich, die Bürger einer fremden Nation genauso zu lieben wie die eigenen Landsleute. Und ich sah deutlich, dass Jesus mit den Worten: „ *Ihr habt gehört, dass gesagt ist: Du sollst deinen Nächsten lieben und deinen Feind hassen. Ich aber sage euch: Liebt eure Feinde* ", sagen wollte, dass die Menschen die Gewohnheit haben, ihre Landsleute als Nachbarn und Ausländer als Feinde anzusehen; und das tadelte er. Er meinte damit, dass das Gesetz des Moses einen Unterschied zwischen den Hebräern und den Fremden – den feindlichen Völkern – festlegte; aber er verbot einen solchen Unterschied. Und dann, gemäß Matthäus und Lukas, sagte er, nachdem er dieses Gebot gegeben hatte, dass bei Gott alle Menschen gleich sind, alle von derselben Sonne gewärmt werden, alle vom selben Regen profitieren. Gott macht keinen Unterschied zwischen den Völkern und überhäuft alle Menschen mit seinen Gaben; die Menschen sollten sich einander gegenüber genau gleich verhalten, ohne Unterschied der Nationalität, und nicht wie die Heiden, die sich in unterschiedliche Nationalitäten aufteilen.

So fand ich wieder einmal von allen Seiten die einfache, klare, wichtige und praktische Bedeutung der Worte Jesu bestätigt. Wieder einmal hatte ich anstelle eines obskuren Satzes eine klare, präzise, wichtige und praktische Regel gefunden: keinen Unterschied zwischen Landsleuten und Ausländern zu machen und sich aller Folgen eines solchen Unterschieds zu enthalten: Feindseligkeit gegenüber Ausländern, Kriege, jegliche Teilnahme am Krieg, jegliche Kriegsvorbereitungen; zu allen Menschen, gleich welcher Nationalität, dieselben Beziehungen herzustellen wie zu Landsleuten. All dies war so einfach und so klar, dass ich erstaunt war, es nicht von Anfang an erkannt zu haben.

Die Ursache meines Irrtums war dieselbe, die mich hinsichtlich der Passagen über Urteile und das Ablegen von Eiden verwirrt hatte. Es ist sehr schwer zu glauben, dass Gerichte, die von bekennenden Christen aufrechterhalten werden, gesegnet von denen, die sich als Hüter des Gesetzes Jesu betrachten, mit der christlichen Religion unvereinbar sein könnten; dass sie ihr sogar diametral entgegengesetzt sein könnten. Noch schwerer ist es zu glauben, dass der Eid, den wir von den Hütern des Gesetzes Jesu ablegen müssen, von diesem Gesetz direkt getadelt wird. Zuzugeben, dass alles im Leben, was als wesentlich und natürlich gilt, sowie das, was als das Edelste und Großartigste gilt – die Liebe zum Vaterland, seine Verteidigung , sein Ruhm, der Kampf mit seinen Feinden – zuzugeben, dass all dies nicht nur ein Verstoß gegen das Gesetz Jesu ist, sondern von Jesus direkt angeprangert wird – das, sage ich, ist schwer.

Unsere Existenz steht heute so sehr im Widerspruch zu den Lehren Jesu, dass wir ihre Bedeutung nur mit größter Mühe verstehen können. Wir sind so taub gegenüber den Lebensregeln, die er uns gegeben hat, gegenüber seinen Erklärungen – nicht nur, wenn er uns befiehlt, nicht zu töten, sondern auch, wenn er uns vor Zorn warnt, wenn er uns befiehlt, dem Bösen keinen Widerstand zu leisten, die andere Wange hinzuhalten, unsere Feinde zu lieben. Wir sind so daran gewöhnt, von einer speziell zum Morden organisierten Männertruppe als christlicher Armee zu sprechen. Wir sind so daran gewöhnt, an Christus zu beten, um den Sieg zu erringen, wir, die wir das Schwert, dieses Symbol des Mordes, zu einem beinahe heiligen Gegenstand gemacht haben (so dass ein Mann, der dieses Symbols, seines Schwertes, beraubt ist, ein entehrter Mann ist). Wir sind, sage ich, so daran gewöhnt, dass uns die Worte Jesu mit dem Krieg vereinbar erscheinen. Wir sagen: „Wenn er es verboten hätte, hätte er es deutlich gesagt." Wir vergessen, dass Jesus nicht voraussah, dass Menschen, die an seine Lehre von Demut, Liebe und Brüderlichkeit glaubten, sich jemals seelenruhig und vorsätzlich zum Mord an ihren Brüdern organisieren könnten.

Jesus sah dies nicht voraus und verbot deshalb einem Christen nicht, am Krieg teilzunehmen. Ein Vater, der seinen Sohn ermahnt, ehrlich zu leben, niemandem Unrecht zu tun und alles, was er hat, anderen zu geben, würde seinem Sohn nicht verbieten, Menschen auf der Straße zu töten. Keiner der Apostel, kein Jünger Jesu während der ersten Jahrhunderte des Christentums, erkannte die Notwendigkeit, einem Christen jene Art des Mordes zu verbieten, die wir Krieg nennen.

Hier ist zum Beispiel, was Origenes in seiner Antwort an Celsus sagt : [9] -

„Als nächstes fordert uns Celsus auf, ‚dem König mit all unserer Kraft zu helfen, mit ihm bei der Aufrechterhaltung der Gerechtigkeit zusammenzuarbeiten, für ihn zu kämpfen und, wenn er es verlangt, unter ihm zu kämpfen oder eine Armee mit ihm anzuführen.' Darauf antworten wir, dass wir, wenn die Umstände es erfordern, Königen helfen, und zwar sozusagen eine göttliche Hilfe, indem wir ‚die ganze Waffenrüstung Gottes anlegen'. Und dies tun wir im Gehorsam gegenüber der Anweisung des Apostels: „Ich ermahne daher, dass vor allem Bitten, Gebete, Fürbitten und Danksagungen für alle Menschen, für Könige und für alle, die in Macht sind, dargebracht werden"; und je mehr jemand in Frömmigkeit hervorsticht, desto wirksamer hilft er den Königen, sogar mehr als Soldaten, die in den Kampf ziehen und so viele Feinde wie möglich töten. Und jenen Feinden unseres Glaubens, die von uns verlangen, für das Gemeinwesen Waffen zu tragen und Menschen zu töten, können wir antworten : „Halten diejenigen, die Priester an bestimmten Schreinen sind, und diejenigen, die bestimmten Göttern dienen, wie ihr sie nennt, ihre Hände nicht frei von Blut, damit sie mit unbefleckten und von menschlichem Blut befreiten Händen euren Göttern die vorgeschriebenen Opfer darbringen können? Und selbst wenn Krieg herrscht, rekrutiert ihr die Priester nie in die Armee. Wenn das also ein lobenswerter Brauch ist, wie viel mehr ist es das, dass andere, während sie Wenn sie in die Schlacht ziehen, sollten auch sie als Priester und Diener Gottes kämpfen, ihre Hände rein halten und im Gebet zu Gott ringen für diejenigen, die für eine gerechte Sache kämpfen, und für den König, der gerecht regiert, damit alles, was sich denen widersetzt, die gerecht handeln, vernichtet wird!""

Und am Ende des Kapitels erklärt Origenes, dass Christen durch ihr friedliches Leben den Königen viel nützlicher sind als Soldaten:

„Und niemand kämpft besser für den König als wir. Wir kämpfen zwar nicht unter ihm, obwohl er es verlangt, aber wir kämpfen in seinem Namen und bilden eine besondere Armee – eine Armee der Frömmigkeit – indem wir Gott unsere Gebete darbringen."

Dies ist die Einstellung der Christen der ersten Jahrhunderte zum Krieg, und in dieser Sprache wandten sich ihre Führer an die Herrscher der Erde in einer Zeit, als Hunderte und Tausende von Märtyrern starben, weil sie sich zum Glauben an Jesus, den Christus, bekannten.

Und ist nun nicht die Frage geklärt, ob ein Christ in den Krieg ziehen darf oder nicht? Alle jungen Männer, die nach der Lehre der sogenannten christlichen Kirche erzogen wurden, sind verpflichtet, sich zu einem bestimmten Zeitpunkt im Herbst bei den Wehrpflichtämtern zu melden und unter der Anleitung ihrer geistlichen Führer bewusst der Religion Jesu abzuschwören. Vor nicht allzu langer Zeit verweigerte ein Bauer den Militärdienst mit der Begründung, er sei gegen das Evangelium. Die Kirchenlehrer erklärten dem Bauern seinen Irrtum; aber da der Bauer nicht an ihre Worte, sondern an die Worte Jesu glaubte, wurde er ins Gefängnis geworfen, wo er blieb, bis er bereit war, dem Gesetz Christi abzuschwören. Und all dies geschah, nachdem die Christen achtzehnhundert Jahre lang das klare, präzise und praktische Gebot ihres Meisters gehört hatten, das lehrt, Menschen anderer Nationalität nicht als Feinde zu betrachten, sondern alle Menschen als Brüder zu betrachten und mit ihnen die gleichen Beziehungen zu pflegen, die unter Landsleuten bestehen; nicht nur davon Abstand zu nehmen, diejenigen zu töten, die als Feinde bezeichnet werden, sondern sie zu lieben und sich um ihre Bedürfnisse zu kümmern.

Als ich diese einfachen und präzisen Gebote Jesu verstanden hatte, diese Gebote, die sich so schlecht für die raffinierten Verzerrungen der Kommentatoren eigneten, fragte ich mich, was passieren würde, wenn die ganze christliche Welt an sie glaubte, wenn sie nicht nur daran glaubte, sie zur Ehre Gottes zu lesen und zu singen, sondern auch daran, sie zum Wohle der Menschheit zu befolgen? Was passieren würde, wenn die Menschen an die Einhaltung dieser Gebote mindestens ebenso ernsthaft glaubten wie an die tägliche Andacht, den Besuch des Sonntagsgottesdienstes, das wöchentliche Fasten und das heilige Abendmahl? Was passieren würde, wenn der Glaube der Menschen an diese Gebote ebenso stark wäre wie ihr Glaube an die Forderungen der Kirche? Und dann sah ich in meiner Vorstellung eine christliche Gesellschaft, die nach diesen Geboten lebt und die jüngere Generation dazu erzieht, ihren Vorschriften zu folgen. Ich versuchte mir vorzustellen, was passieren würde, wenn wir unseren Kindern von klein auf nicht das beibringen, was wir ihnen heute beibringen – nämlich ihre persönliche Würde zu wahren und ihre Privilegien gegenüber den Übergriffen anderer zu verteidigen (was wir nie tun können, ohne andere zu erniedrigen oder zu beleidigen) –, sondern dass wir ihnen beibringen, dass kein Mensch ein Recht auf Privilegien hat und weder über noch unter jemand anderem stehen kann; dass nur derjenige sich erniedrigt und erniedrigt, der versucht, über andere zu herrschen; dass sich ein Mensch in keiner verachtenswerteren Lage befinden kann, als wenn er wütend auf einen anderen ist; dass das, was bei einem anderen dumm und verachtenswert erscheinen mag, kein Grund für Zorn oder Feindseligkeit ist. Ich versuchte mir vorzustellen, was passieren würde, wenn wir unsere heutige Gesellschaftsordnung mit ihren Theatern, Romanzen und üppigen Methoden zur Stimulierung sinnlicher Begierden nicht preisen würden, sondern unseren Kindern durch Lehren und Beispiele beibringen würden, dass die Lektüre lasziver Romanzen und der Besuch von Theatern und Bällen die vulgärsten aller Zeitvertreibe sind und dass es nichts Groteskeres und Erniedrigenderes gibt, als seine Zeit mit dem Sammeln und Zurechtrücken persönlicher Prachtstücke zu verbringen, um seinen Körper zu einem Prunkobjekt zu machen. Ich versuchte, mir einen gesellschaftlichen Zustand vorzustellen, in dem wir nicht die Libertinität junger Männer vor der Ehe erlauben und gutheißen, nicht die Trennung von Mann und Frau als natürlich und wünschenswert betrachten, nicht den Frauen das gesetzliche Recht einräumen, als Prostituierte zu arbeiten , und nicht die Scheidung dulden und billigen – in dem wir stattdessen durch Wort und Tat lehren, dass der Zustand des Zölibats, das einsame Leben eines Mannes, der dafür angemessen ausgestattet ist und der sexuellen Beziehung nicht abgeschworen hat, ein abscheuliches und schändliches Unrecht ist, und dass das Verlassen der Frau durch den Mann oder des Mannes durch die Frau für einen anderen eine widernatürliche, bestialische und unmenschliche Tat ist.

Anstatt es als natürlich zu betrachten, dass unsere gesamte Existenz durch Zwang kontrolliert wird, dass jede unserer Vergnügungen mit Gewalt ermöglicht und aufrechterhalten wird, dass jeder von uns von der Kindheit bis ins hohe Alter abwechselnd Opfer und Henker ist – stattdessen versuchte ich mir die Folgen vorzustellen, wenn wir uns bemühten, der Welt durch Lehren und Beispiele die Überzeugung einzuflößen, dass Rache ein der Menschheit unwürdiges Gefühl ist, dass Gewalt nicht nur erniedrigend ist, sondern uns auch jede Fähigkeit zum Glücklichsein raubt, dass die wahren Freuden des Lebens nicht jene sind, die mit Gewalt aufrechterhalten werden, und dass unsere größte Rücksicht nicht denen gelten sollte, die Reichtümer zum Schaden anderer anhäufen, sondern denen, die anderen am besten dienen und geben, was sie haben, um das Leid ihrer Art zu lindern. Anstatt das Ablegen eines Eides und die Bereitstellung unserer selbst und unseres Lebens für einen anderen als rechtmäßige und lobenswerte Tat zu betrachten – versuchte ich mir die Folgen vorzustellen, wenn wir lehren würden, dass nur der aufgeklärte Wille des Menschen heilig ist – und wenn sich ein Mensch jemandem zur Verfügung stellt und durch Eid irgendetwas verspricht, verleugnet er seine vernünftige Menschlichkeit und verletzt sein heiligstes Recht. Ich versuchte mir die Folgen vorzustellen, wenn uns statt des nationalen Hasses, der uns unter dem Namen „Patriotismus" eingeflößt wird, statt des Ruhms, der mit der Art des Mordens verbunden ist, die wir Krieg nennen, im Gegenteil Schrecken und Verachtung für alle Mittel – militärische, diplomatische und politische – beigebracht würde, die dazu dienen, die Menschen zu spalten; wenn uns beigebracht würde, die Aufteilung der Menschen in politische Staaten und eine Vielfalt von Gesetzen und Grenzen als Zeichen der Barbarei anzusehen und dass das Massaker an anderen ein höchst schreckliches Vergehen ist, das nur von einem verdorbenen und fehlgeleiteten Menschen verlangt werden kann, der auf die niedrigste Stufe des Tierischen herabgesunken ist. Ich stellte mir vor, dass alle Menschen zu diesen Überzeugungen gelangt wären, und überlegte, was meiner Meinung nach die Folgen sein würden.

Was waren bis jetzt (sagte ich) die praktischen Ergebnisse der Lehre Jesu, so wie ich sie verstehe? Und die unwillkürliche Antwort war: Nichts. Wir beten weiterhin, nehmen an den Sakramenten teil, glauben an die Erlösung und an unsere persönliche Rettung sowie die der Welt durch Jesus Christus – und doch wird diese Rettung niemals durch unsere Bemühungen kommen, sondern kommen, weil die für das Ende der Welt festgelegte Zeit gekommen sein wird, wenn Christus in seiner Herrlichkeit erscheinen wird, um die Lebenden und die Toten zu richten, und das Himmelreich errichtet wird.

Die Lehre Jesu hatte, wie ich sie verstand, eine ganz andere Bedeutung. Die Errichtung des Reiches Gottes hing von unseren persönlichen Bemühungen ab, die Lehre Jesu in die Tat umzusetzen, wie sie in den fünf Geboten dargelegt ist, die das Reich Gottes auf Erden errichteten. Das Reich Gottes auf Erden besteht darin, dass alle Menschen miteinander in Frieden leben. So stellten sich die hebräischen Propheten die Herrschaft Gottes vor. Frieden unter den Menschen ist der größte Segen, den es auf dieser Erde geben kann, und er ist für alle Menschen erreichbar. Dieses Ideal ist in jedem menschlichen Herzen. Alle Propheten brachten den Menschen das Versprechen des Friedens. Die gesamte Lehre Jesu hat nur ein Ziel: Frieden – das Reich Gottes – unter den Menschen zu errichten.

In der Bergpredigt, im Gespräch mit Nikodemus, in den Anweisungen an seine Jünger, in all seinen Lehren sprach Jesus nur davon, von den Dingen, die die Menschen trennten, die sie vom Frieden abhielten, die sie daran hinderten, in das Himmelreich einzutreten. Die Gleichnisse machen uns klar, was das Himmelreich ist, und zeigen uns den einzigen Weg, dorthin zu gelangen, nämlich unsere Brüder zu lieben und mit allen in Frieden zu leben. Johannes der Täufer, der Vorläufer Jesu, verkündete das Nahen des Reiches Gottes und erklärte, dass Jesus es auf die Erde bringen sollte. Jesus selbst sagte, dass es seine Mission sei, Frieden zu bringen:

„ Frieden hinterlasse ich euch, meinen Frieden gebe ich euch. Nicht wie die Welt gibt, gebe ich ihn euch. Euer Herz beunruhige sich nicht und verzage nicht! " (Johannes 14, 27).

Und die Einhaltung seiner fünf Gebote wird Frieden auf die Erde bringen. Sie alle haben nur ein Ziel: die Schaffung von Frieden unter den Menschen. Wenn die Menschen nur an die Lehre Jesu glauben und sie praktizieren , wird das Reich des Friedens auf die Erde kommen – nicht jener Frieden, der das Werk des Menschen ist, partiell, unsicher und dem Zufall ausgeliefert, sondern der Frieden, der allgegenwärtig, unantastbar und ewig ist.

Das erste Gebot sagt uns, dass wir mit jedem in Frieden leben und niemanden als dumm oder unwürdig betrachten sollen. Wenn der Frieden gestört wird, sollen wir versuchen, ihn wiederherzustellen. Die wahre Religion besteht in der Ausrottung der Feindschaft unter den Menschen. Wir sollen uns unverzüglich versöhnen, damit wir den inneren Frieden, der das wahre Leben ist, nicht verlieren (Matt. v. 22-24). Dieses Gebot umfasst alles; aber Jesus kannte die weltlichen Versuchungen, die den Frieden unter den Menschen verhindern. Die erste Versuchung, die den Frieden gefährdet, ist die der sexuellen Beziehung. Wir sollen den Körper nicht als Instrument der Lust betrachten; jeder Mann soll eine Frau haben und jede Frau einen Ehemann, und keiner soll den anderen unter irgendeinem Vorwand verlassen (Matt. v. 28-32). Die zweite Versuchung ist der Eid, der die Menschen in die Sünde verleitet; das ist falsch, und wir sollen an kein solches Versprechen gebunden sein (Matt. v. 34-37). Die dritte Versuchung ist die der Rache, die wir menschliche Gerechtigkeit nennen. Auf diese dürfen wir unter keinem Vorwand zurückgreifen. Wir müssen Beleidigungen ertragen und niemals Böses mit Bösem vergelten (Matt. v. 38-42). Die vierte Versuchung entsteht durch die Unterschiede in der Nationalität, durch die Feindseligkeit zwischen Völkern und Staaten. Wir müssen jedoch bedenken, dass alle Menschen Brüder und Kinder desselben Vaters sind, und daher darauf achten, dass Unterschiede in der Nationalität nicht zur Zerstörung des Friedens führen (Matt. v. 43-48).

Wenn die Menschen sich der Befolgung eines dieser Gebote enthalten, wird der Frieden gestört. Wenn die Menschen alle diese Gebote befolgen , die das Böse aus dem Leben der Menschen verbannen, wird Frieden auf Erden herrschen. Die Befolgung dieser fünf Gebote würde das Ideal des menschlichen Lebens verwirklichen, das in jedem menschlichen Herzen existiert. Alle Menschen wären Brüder, jeder würde mit den anderen in Frieden leben und alle Segnungen der Erde genießen, bis zu der vom Schöpfer zugestandenen Grenze der Jahre. Die Menschen würden ihre Schwerter zu Pflugscharen und ihre Speere zu Winzermessern schmieden, und dann würde das Königreich Gottes kommen – jene Herrschaft des Friedens, die von allen Propheten vorhergesagt wurde, die Johannes der Täufer als nahe vorhersagte und die Jesus mit den Worten Jesajas verkündete:

„ Der Geist des Herrn ist auf mir, weil er mich gesalbt hat, den Armen das Evangelium zu verkündigen; er hat mich gesandt, die zerbrochenen Herzen zu heilen, den Gefangenen Befreiung zu verkündigen und den Blinden das Augenlicht, die Zerschlagenen in Freiheit zu setzen und auszurufen ein Gnadenjahr des Herrn.' [10] *... Und er fing an und sagte zu ihnen: Heute ist dieses Schriftwort vor euren Ohren erfüllt worden "* (Lukas 4, 18, 19, 21).

Die Friedensgebote Jesu — jene einfachen und klaren Gebote, die alle Diskussionsmöglichkeiten vorhersahen und allen Einwänden zuvorkamen — diese Gebote verkündeten das Reich Gottes auf Erden. Jesus war also in Wahrheit der Messias. Er erfüllte, was versprochen worden war. Aber wir haben die Gebote nicht erfüllt, die wir erfüllen müssen, wenn das Reich Gottes auf Erden errichtet werden soll — jenes Reich, das die Menschen aller Zeiten sehnlichst ersehnt und ihr Leben lang unaufhörlich gesucht haben.

KAPITEL VII.

WARUM haben die Menschen nicht getan, was Jesus ihnen befohlen hat und sich so das größte Glück gesichert, das für sie erreichbar ist, das Glück, nach dem sie sich immer gesehnt haben und das sie sich immer noch wünschen? Die Antwort auf diese Frage ist immer die gleiche, wenn auch unterschiedlich ausgedrückt. Die Lehre Jesu (so wird uns gesagt) ist bewundernswert, und es stimmt, dass wir, wenn wir sie praktizierten , das Reich Gottes auf Erden errichtet sehen würden; aber sie in die Tat umzusetzen ist schwierig, und folglich ist diese Lehre undurchführbar. Die Lehre Jesu, die den Menschen lehrt, wie sie leben sollen, ist bewundernswert, ist göttlich; sie bringt wahres Glück, aber sie ist schwer in die Tat umzusetzen . Wir wiederholen dies und hören es so viele, viele Male wiederholt, dass uns der Widerspruch in diesen Worten nicht auffällt.

Es ist für jeden Menschen natürlich, das zu tun, was ihm am besten erscheint. Jede Lehre, die den Menschen beibringt, wie sie leben sollen, lehrt sie nur, was für jeden das Beste ist. Wenn wir den Menschen zeigen, was sie tun müssen, um das Beste für jeden zu erreichen, wie können sie dann sagen, dass sie es gerne tun würden, es aber unmöglich zu erreichen ist? Gemäß dem Gesetz ihrer Natur können sie nicht tun, was für jeden schlechter ist, und dennoch erklären sie, dass sie nicht tun können, was das Beste ist.

Die vernünftige Tätigkeit des Menschen war seit seiner frühesten Existenz darauf gerichtet, das Beste unter den Widersprüchen zu finden, die das menschliche Leben umgeben. Die Menschen kämpften um den Boden, um die Dinge, die sie brauchten; dann kamen sie zu einer Güteraufteilung und nannten dies Eigentum; als sie feststellten, dass diese Regelung, obwohl schwer zu etablieren, die beste war, behielten sie das Eigentumsrecht bei. Die Menschen stritten miteinander um den Besitz von Frauen, sie ließen ihre Kinder im Stich; dann fanden sie, dass es das Beste war, wenn jeder seine eigene Familie hatte; und obwohl es schwierig war, eine Familie zu ernähren, behielten sie die Familie bei, wie sie es mit dem Eigentumsrecht und vielen anderen Dingen taten. Sobald sie entdecken, dass etwas das Beste ist, wie schwer es auch zu erreichen sein mag, tun die Menschen es. Was bedeutet dann das Sprichwort, dass die Lehre Jesu bewundernswert ist, dass ein Leben gemäß der Lehre Jesu besser wäre als das Leben, das die Menschen heute führen, dass die Menschen dieses bessere Leben aber nicht führen können, weil es schwierig ist?

Wenn das Wort „schwierig" in diesem Sinne so zu verstehen ist, dass es schwierig ist, auf die flüchtige Befriedigung sinnlicher Wünsche zu verzichten, um ein höheres Gut zu erlangen, warum sagen wir dann nicht, dass es schwierig ist, für Brot zu arbeiten, schwierig, einen Baum zu pflanzen, um seine Früchte zu genießen? Jedes Wesen, das auch nur über die rudimentärste Vernunft verfügt, weiß, dass es Schwierigkeiten ertragen muss, um ein Gut zu erlangen, das höher ist als das, das es zuvor genossen hat. Und dennoch sagen wir, dass die Lehre Jesu bewundernswert, aber unmöglich in die Praxis umzusetzen ist, weil sie schwierig ist! Nun ist sie schwierig, weil wir, wenn wir ihr folgen, gezwungen sind, auf viele Dinge zu verzichten, die wir bisher genossen haben. Haben wir nie gehört, dass es für uns weitaus vorteilhafter ist, Schwierigkeiten und Entbehrungen zu ertragen, als alle unsere Wünsche zu befriedigen? Der Mensch mag auf die Ebene der Tiere sinken, aber er sollte seine Vernunft nicht dazu benutzen, eine Entschuldigung für seine Bestialität zu ersinnen. Von dem Moment an, in dem er zu denken beginnt, ist er sich seiner Vernunft bewusst, und dieses Bewusstsein regt ihn an, zwischen Vernünftigem und Unvernünftigem zu unterscheiden. Die Vernunft verbietet nichts, sie erleuchtet.

Angenommen, ich bin in einem dunklen Raum eingeschlossen und stoße mich ständig an den Wänden, wenn ich nach der Tür suche. Jemand bringt mir ein Licht und ich sehe die Tür. Ich sollte mir keine blauen Flecken mehr antun, wenn ich die Tür sehe; noch weniger sollte ich behaupten, dass es zwar am besten ist, durch die Tür hinauszugehen, dies aber schwierig ist und dass ich es deshalb vorziehe, mich an den Wänden zu stoßen.

In diesem wunderbaren Argument, dass die Lehre Jesu bewundernswert ist und dass ihre Ausübung der Welt wahres Glück bringen würde, die Menschen aber schwach und sündig sind, dass sie das Beste und das Schlechteste tun würden und deshalb nicht das Beste tun können – in diesem seltsamen Plädoyer steckt ein offensichtliches Missverständnis; da steckt noch etwas anderes dahinter als fehlerhaftes Denken; da steckt auch eine chimärische Idee. Nur eine chimärische Idee, die Realität mit etwas verwechselt, das nicht existiert, und das Nicht-Existierende für Realität hält, könnte Menschen dazu bringen, die Möglichkeit zu leugnen, das zu praktizieren , was nach ihrem eigenen Bekenntnis zu ihrem wahren Wohlergehen führen würde.

Die chimärische Idee, die die Menschen in diesen Zustand gebracht hat, ist die der dogmatischen christlichen Religion, wie sie in den verschiedenen Katechismen allen gelehrt wird, die sich zum Christentum der Kirche bekennen. Diese Religion besteht nach der Definition ihrer Anhänger darin, das als real zu akzeptieren, was nicht existiert – das sind die Worte des Paulus [11], und sie werden in allen Theologien und Katechismen als beste Definition des Glaubens wiederholt. Es ist dieser Glaube an die Realität dessen, was nicht existiert, der die Menschen zu der seltsamen Behauptung verleitet, die Lehre Jesu sei für alle Menschen hervorragend, aber als Leitfaden für ihre Lebensweise wertlos. Hier ist eine genaue Zusammenfassung dessen, was diese Religion lehrt:

Ein persönlicher Gott, der seit Ewigkeit existiert – einer von drei Personen – beschloss, eine Welt der Geister zu erschaffen. Dieser Gott der Güte schuf die Welt der Geister zu ihrem eigenen Glück, aber es geschah, dass einer der Geister von selbst böse wurde. Die Zeit verging, und Gott schuf eine materielle Welt, schuf den Menschen zu dessen eigenem Glück, schuf den Menschen glücklich, unsterblich und ohne Sünde. Die Glückseligkeit des Menschen bestand darin, das Leben ohne Mühe zu genießen; seine Unsterblichkeit beruhte auf dem Versprechen, dass dieses Leben ewig währen sollte; seine Unschuld beruhte auf der Tatsache, dass er keine Vorstellung vom Bösen hatte.

Der Mensch wurde im Paradies von einem der Geister der ersten Schöpfung verführt, der von sich aus böse geworden war. Von diesem Zeitpunkt an datiert der Sündenfall des Menschen, der andere Menschen hervorbrachte, die wie er gefallen waren, und von dieser Zeit an haben die Menschen Mühsal, Krankheit, Leiden, Tod und den physischen und moralischen Kampf ums Dasein ertragen; das heißt, das fantastische Wesen, das dem Sündenfall vorausging, wurde real, so wie wir es kennen, obwohl wir kein Recht oder keinen Grund haben, es uns anders vorzustellen. Der Zustand des Menschen, der mühselig arbeitet, der leidet, der wählt, was seinem eigenen Wohl dient, und ablehnt, was ihm schaden würde, der stirbt – dieser Zustand, der der wirkliche und einzig vorstellbare Zustand ist, ist gemäß der Lehre dieser Religion nicht der normale Zustand des Menschen, sondern ein Zustand, der unnatürlich und vorübergehend ist.

Obwohl dieser Zustand gemäß der Lehre seit der Vertreibung Adams aus dem Paradies, also vom Anbeginn der Welt bis zur Geburt Jesu, für die gesamte Menschheit gedauert hat und seit der Geburt Jesu unter genau denselben Bedingungen fortbesteht, sollen die Gläubigen glauben, dass dies ein anormaler und vorübergehender Zustand ist. Gemäß dieser Lehre wurde der Sohn Gottes, die zweite Person der Dreifaltigkeit, der selbst Gott war, von Gott im Gewand der Menschheit in die Welt gesandt, um die Menschen aus diesem vorübergehenden und anormalen Zustand zu retten; um sie von den Schmerzen zu befreien, mit denen sie von diesem gleichen Gott wegen Adams Sünde geschlagen worden waren; und um sie in ihren früheren normalen Zustand der Glückseligkeit zurückzubringen – das heißt in Unsterblichkeit, Unschuld und Müßiggang. Die zweite Person der Dreifaltigkeit (gemäß dieser Lehre) sühnte Adams Sünde, indem sie den Tod durch die Hand des Menschen erlitt, und setzte diesem anormalen Zustand ein Ende, der seit Anbeginn der Welt gedauert hatte. Und von da an kehrten die Menschen, die an Jesus glaubten, in den Zustand der ersten Menschen im Paradies zurück, das heißt, sie wurden unsterblich, unschuldig und untätig.

Die Lehre befasst sich nicht allzu sehr mit den praktischen Folgen der Erlösung, aufgrund derer die Erde nach der Wiederkunft Jesu zumindest für die Gläubigen überall wieder fruchtbar hätte werden müssen, ohne dass menschliche Arbeit nötig gewesen wäre; Krankheiten hätten aufgehört und Mütter hätten ohne Schmerzen Kinder zur Welt bringen müssen – denn selbst Gläubige, die von übermäßiger Arbeit erschöpft und vom Leiden gebrochen sind, ist es schwer, ihnen zu versichern, dass Arbeit leicht und Leiden leicht zu ertragen sei.

Aber jener Teil der Lehre, der die Aufhebung des Todes und der Sünde verkündet, wird mit doppeltem Nachdruck bekräftigt. Es wird behauptet, dass die Toten weiterleben. Und da die Toten nicht bezeugen können, dass sie tot sind, oder beweisen können, dass sie leben (so wie ein Stein nicht behaupten kann, dass er sprechen kann oder nicht), wird dieses Fehlen der Verneinung als Beweis anerkannt und es wird behauptet, dass die Toten nicht tot sind. Mit noch größerer Feierlichkeit und Gewissheit wird behauptet, dass der Mensch, der an ihn glaubt, seit der Ankunft Jesu frei von Sünde ist; das heißt, dass es seit der Ankunft Jesu nicht mehr notwendig ist, dass der Mensch sein Leben nach der Vernunft ausrichtet und das Beste für sich wählt. Er muss nur glauben, dass Jesus seine Sünden gesühnt hat, und dann wird er unfehlbar, das heißt vollkommen. Nach dieser Lehre sollten die Menschen glauben, dass die Vernunft machtlos ist und dass sie aus diesem Grund ohne Sünde sind, das heißt, nicht irren können. Ein gläubiger Mensch sollte davon überzeugt sein, dass die Erde seit der Ankunft Jesu ohne Wehen Kinder hervorbringt, dass Geburten keine Leiden mehr mit sich bringen, dass es keine Krankheiten mehr gibt und dass Tod und Sünde bzw. Irrtum vernichtet sind; mit einem Wort, dass das, was ist, nicht ist, und das, was nicht ist, ist.

Dies ist die streng logische Theorie der christlichen Theologie. Diese Lehre scheint an sich harmlos zu sein. Aber Abweichungen von der Wahrheit sind nie harmlos, und die Bedeutung ihrer Folgen steht im Verhältnis zur Bedeutung des Themas, auf das diese Irrtümer angewendet werden. Und hier geht es um das gesamte Leben des Menschen. Was diese Lehre das wahre Leben nennt, ist ein Leben in persönlichem Glück, ohne Sünde und ewig; das heißt, ein Leben, das niemand je gekannt hat und das nicht existiert. Aber das Leben, das es gibt, das einzige Leben, das wir kennen, das Leben, das wir leben und das die ganze Menschheit lebt und gelebt hat, ist dieser Lehre zufolge eine entwürdigte und böse Existenz, eine bloße Phantasmagorie des glücklichen Lebens, das uns zusteht.

Dem Kampf zwischen tierischen Instinkten und Vernunft, der das Wesen des menschlichen Lebens ausmacht, wird von dieser Lehre keine Beachtung geschenkt. Der Kampf, den Adam im Paradies durchmachte, als er sich entscheiden musste, ob er die Frucht vom Baum der Erkenntnis essen sollte oder nicht, liegt dieser Lehre zufolge nicht mehr im Bereich menschlicher Erfahrung. Die Frage wurde ein für alle Mal von Adam im Paradies entschieden. Adam sündigte für alle; mit anderen Worten, er tat Unrecht, und alle Menschen sind unwiederbringlich erniedrigt; und alle unsere Bemühungen, nach der Vernunft zu leben, sind vergeblich und sogar gottlos. Das sollte ich wissen, denn ich bin unwiederbringlich schlecht. Meine Erlösung hängt nicht davon ab, im Licht der Vernunft zu leben und, nachdem ich zwischen Gut und Böse unterschieden habe, das Gute zu wählen; nein, Adam hat ein für alle Mal für mich gesündigt, und Jesus hat ein für alle Mal für das von Adam begangene Unrecht gesühnt; und so sollte ich als Zuschauer über den Sündenfall Adams trauern und mich über die Erlösung durch Jesus freuen.

All die Liebe zur Wahrheit und Güte im Herzen des Menschen, all seine Bemühungen, sein spirituelles Leben durch das Licht der Vernunft zu erhellen, sind dieser Lehre zufolge nicht nur von geringer Bedeutung; sie sind eine Versuchung, eine Anstiftung zum Stolz. Das Leben auf dieser Erde mit all seinen Freuden und seiner Pracht, seinen Kämpfen der Vernunft mit der Dunkelheit – das Leben aller Menschen, die vor mir gelebt haben, mein eigenes Leben mit seinen inneren Kämpfen und Triumphen – all dies ist nicht das wahre Leben; es ist das gefallene Leben, ein unwiederbringlich schlechtes Leben. Das wahre Leben, das Leben ohne Sünde, gibt es nur im Glauben, das heißt in der Vorstellungskraft, das heißt im Wahnsinn.

Jeder sollte mit der seit seiner Kindheit angewöhnten Gewohnheit, an all dies zu glauben, brechen. Er sollte diese Lehre mutig als das betrachten, was sie ist. Er sollte versuchen, sich in die Lage eines Menschen ohne Vorurteile zu versetzen, der unabhängig von dieser Lehre erzogen wurde – und sich dann fragen, ob diese Lehre einem solchen Menschen nicht als Produkt absoluten Wahnsinns erscheinen würde.

So merkwürdig und schockierend mir das alles auch erscheinen mochte, ich war gezwungen, der Sache nachzugehen, denn nur hier fand ich die Erklärung für den Einwand, der so sehr jeder Logik und jedem gesunden Menschenverstand entbehrte und den ich überall im Zusammenhang mit der Unmöglichkeit hörte, die Lehre Jesu in die Praxis umzusetzen : Sie ist bewundernswert und würde den Menschen wahres Glück bringen, aber die Menschen sind nicht in der Lage, ihr zu gehorchen.

Nur die Überzeugung, dass die Realität nicht existiert und das Nicht-Existierende real ist, konnte den Menschen zu diesem überraschenden Widerspruch führen. Und diese falsche Überzeugung fand ich in der pseudochristlichen Religion, die die Menschen seit fünfzehnhundert Jahren lehrten.

Der Einwand, die Lehre Jesu sei ausgezeichnet, aber undurchführbar, kommt nicht nur von Gläubigen, sondern auch von Skeptikern, von jenen, die nicht an die Dogmen vom Sündenfall und der Erlösung glauben oder meinen, nicht daran zu glauben; von Wissenschaftlern und Philosophen, die sich für frei von allen Vorurteilen halten. Sie glauben an nichts oder bilden sich ein, an nichts zu glauben, und halten sich daher für über einen Aberglauben wie das Dogma vom Sündenfall und der Erlösung erhaben. Zunächst schien es mir, als hätten alle diese Personen ernsthafte Gründe, die Möglichkeit der Ausübung der Lehre Jesu zu leugnen. Aber als ich mich mit der Quelle ihrer Verneinung befasste, war ich überzeugt, dass die Skeptiker ebenso wie die Gläubigen eine falsche Vorstellung vom Leben haben; für sie ist das Leben nicht das, was es ist, sondern das, was sie sich vorstellen, dass es sein sollte – und diese Vorstellung beruht auf derselben Grundlage wie die der Gläubigen. Es stimmt, dass die Skeptiker, die vorgeben, an nichts zu glauben, weder an Gott noch an Jesus noch an Adam glauben. Doch glauben sie viel fester als die Theologen an eine grundlegende Idee, die ihrer falschen Vorstellung zugrunde liegt, nämlich an das Recht des Menschen auf ein glückliches Leben.

Vergeblich geben sich Wissenschaft und Philosophie als Schiedsrichter des menschlichen Geistes aus, dessen Diener sie in Wirklichkeit sind. Die Religion hat eine Lebensauffassung geliefert, und die Wissenschaft folgt dem ausgetretenen Pfad. Die Religion enthüllt den Sinn des Lebens, und die Wissenschaft wendet diesen Sinn nur auf den Lauf der Umstände an. Und wenn die Religion den Sinn des menschlichen Lebens verfälscht, kann die Wissenschaft, die auf derselben Grundlage aufbaut, nur dieselben phantastischen Ideen offenbaren.

Nach der Lehre der Kirche haben die Menschen ein Recht auf Glück, und dieses Glück ist nicht das Ergebnis ihrer eigenen Bemühungen, sondern externer Ursachen. Diese Auffassung ist zur Grundlage von Wissenschaft und Philosophie geworden. Religion, Wissenschaft und öffentliche Meinung sind sich darin einig, dass das Leben, das wir jetzt führen, schlecht ist, und gleichzeitig behaupten sie, dass die Lehre, die uns lehrt, wie wir unser Leben verbessern können, indem wir besser werden, eine undurchführbare Lehre ist. Die Religion sagt, dass die Lehre Jesu, die eine vernünftige Methode zur Verbesserung des Lebens durch unsere eigenen Bemühungen bietet, undurchführbar ist, weil Adam fiel und die Welt in Sünde versunken war. Die Philosophie sagt, dass die Lehre Jesu undurchführbar ist, weil das menschliche Leben nach Gesetzen entwickelt wird, die unabhängig vom menschlichen Willen sind. Mit anderen Worten, die Schlussfolgerungen von Wissenschaft und Philosophie sind genau dieselben wie die Schlussfolgerungen, zu denen die Religion in den Dogmen der Erbsünde und der Erlösung gelangt ist.

Der Erlösungslehre liegen zwei Leitthesen zugrunde: (1) Das normale Leben des Menschen ist ein glückliches Leben, unser Leben auf Erden jedoch ist ein Leben des Elends, das wir durch unsere eigenen Bemühungen niemals verbessern können; (2) unsere Erlösung liegt im Glauben, der uns ermöglicht, diesem Leben des Elends zu entfliehen. Diese beiden Thesen sind die Quelle der religiösen Vorstellungen der Gläubigen und Skeptiker, die unsere pseudochristlichen Gesellschaften bilden. Die zweite These brachte die Kirche und ihre Organisation hervor; aus der ersten leiten sich die anerkannten Lehrsätze der öffentlichen Meinung und unsere politischen und philosophischen Theorien ab. Der Keim aller politischen und philosophischen Theorien, die die bestehende Ordnung der Dinge zu rechtfertigen suchen – wie der Hegelianismus und seine Ableger –, liegt in dieser zweiten These. Der Pessimismus, der vom Leben verlangt, was es nicht geben kann, und dann seinen Wert leugnet, hat ebenfalls seinen Ursprung in derselben dogmatischen Aussage. Der Materialismus mit seiner seltsamen und enthusiastischen Behauptung, der Mensch sei das Produkt natürlicher Kräfte und nichts weiter, ist das legitime Ergebnis der Lehre, das Leben auf der Erde sei eine entwürdigende Existenz. Der Spiritismus mit seinen gelehrten Anhängern ist der beste Beweis dafür, dass die Schlussfolgerungen der Philosophie und Wissenschaft auf der religiösen Lehre von jener ewigen Glückseligkeit beruhen, die das natürliche Erbe des Menschen sein sollte.

Diese falsche Lebensauffassung hat einen beklagenswerten Einfluss auf alle vernünftigen menschlichen Aktivitäten gehabt. Das Dogma des Sündenfalls und der Erlösung hat den Menschen vom wichtigsten und legitimsten Feld der Ausübung seiner Kräfte ausgeschlossen und ihn völlig der Vorstellung beraubt, dass er aus eigener Kraft etwas tun kann, um sein Leben glücklicher oder besser zu machen. Wissenschaft und Philosophie, die stolz glauben, dem Pseudochristentum feindlich gesinnt zu sein, führen nur dessen Gebote aus. Wissenschaft und Philosophie beschäftigen sich mit allem außer der Theorie, dass der Mensch alles tun kann, um sich besser oder glücklicher zu machen. Ethische und moralische Unterweisungen sind aus unserer pseudochristlichen Gesellschaft spurlos verschwunden.

Gläubige und Skeptiker, die sich so wenig mit dem Problem beschäftigen, wie man leben und wie man die Vernunft nutzen soll, mit der wir ausgestattet sind, fragen, warum unser irdisches Leben nicht so ist, wie sie es sich vorstellen, und wann es so wird, wie sie es sich wünschen. Dieses merkwürdige Phänomen ist auf die falsche Lehre zurückzuführen, die bis ins Mark der Menschheit eingedrungen ist. Die Wirkungen der Erkenntnis von Gut und Böse, die der Mensch so unglücklich im Paradies erlangte, scheinen nicht sehr nachhaltig gewesen zu sein; denn er vernachlässigt die Wahrheit, dass das Leben nur eine Lösung der Widersprüche zwischen tierischen

Instinkten und Vernunft ist, und verzichtet stur darauf, seine Vernunft zur Entdeckung der historischen Gesetze einzusetzen, die seine tierische Natur bestimmen.

Mit Ausnahme der philosophischen Lehren der pseudochristlichen Welt zielen alle uns bekannten philosophischen und religiösen Lehren – das Judentum, die Lehren des Konfuzius, der Buddhismus, der Brahmanismus, die Weisheit der Griechen – darauf ab, das menschliche Leben zu regeln und den Menschen zu erklären, was sie tun müssen, um ihre Lage zu verbessern. Die Lehren des Konfuzius lehren die Vervollkommnung des Individuums; das Judentum die persönliche Treue zu einem Bund mit Gott; der Buddhismus, wie man einem von tierischen Instinkten beherrschten Leben entkommt; Sokrates lehrte die Vervollkommnung des Individuums durch die Vernunft; die Stoiker erkannten die Unabhängigkeit der Vernunft als einzige Grundlage des wahren Lebens an.

Die vernünftige Tätigkeit des Menschen bestand schon immer – und es könnte nicht anders sein – darin, mit der Fackel der Vernunft seinen Weg zur Seligkeit zu erleuchten. Die Philosophie sagt uns, dass der freie Wille eine Illusion ist, und rühmt sich dann der Kühnheit einer solchen Aussage. Der freie Wille ist nicht nur eine Illusion; er ist ein leeres Wort, das von Theologen und Strafrechtsexperten erfunden wurde; ihn zu widerlegen, wäre wie ein Kampf gegen eine Windmühle. Aber die Vernunft, die unser Leben erhellt und uns dazu treibt, unsere Handlungen zu ändern, ist keine Illusion, und ihre Autorität kann niemals geleugnet werden. Der Vernunft im Streben nach dem Guten zu gehorchen, ist die Substanz der Lehren aller Meister der Menschheit, und es ist die Substanz der Lehre Jesu; es ist die Vernunft selbst, und wir können die Vernunft nicht leugnen, indem wir die Vernunft gebrauchen.

Indem Jesus den Ausdruck „Menschensohn" verwendet, lehrt er, dass alle Menschen einen gemeinsamen Drang zum Guten und zur Vernunft haben, der zum Guten führt. Es ist überflüssig zu versuchen zu beweisen, dass „Menschensohn" „Sohn Gottes" bedeutet. Unter den Worten „Menschensohn" etwas anderes zu verstehen, als sie bedeuten, hieße anzunehmen, dass Jesus, um zu sagen, was er sagen wollte, absichtlich Worte verwendete, die eine völlig andere Bedeutung haben. Aber selbst wenn, wie die Kirche sagt, „Menschensohn" „Sohn Gottes" bedeutet, bezieht sich der Ausdruck „Menschensohn" dennoch auf den Menschen, denn Jesus selbst nannte alle Menschen „Söhne Gottes".

Die Lehre vom „Menschensohn" findet ihren vollständigsten Ausdruck im Gespräch mit Nikodemus. Jeder Mensch, sagt Jesus, hat neben seinem Bewusstsein seines materiellen, individuellen Lebens und seiner Geburt im Fleisch auch ein Bewusstsein einer geistigen Geburt (Johannes 3, 5, 6, 7), einer inneren Freiheit, von etwas im Inneren; dies kommt von oben, aus dem Unendlichen, das wir Gott nennen (Johannes 3, 14-17); nun ist es dieses innere Bewusstsein, das aus Gott geboren ist, der Sohn Gottes im Menschen, das wir besitzen und nähren müssen, wenn wir wahres Leben besitzen wollen. Der Menschensohn ist gleichartig (von derselben Rasse) wie Gott.

Wer diesen Sohn Gottes in sich erhebt, wer sein Leben mit dem spirituellen Leben identifiziert, wird nicht vom wahren Weg abweichen. Die Menschen irren vom Weg ab, weil sie nicht an dieses Licht glauben, das in ihnen ist, das Licht, von dem Johannes spricht, wenn er sagt: „ *In ihm war das Leben, und das Leben war das Licht der Menschen* .“ Jesus sagt uns, wir sollen den Menschensohn, der der Sohn Gottes ist, zum Licht für alle Menschen erheben. Wenn wir den Menschensohn erhoben haben, werden wir wissen, dass wir ohne seine Führung nichts tun können (Johannes 8,28). Auf die Frage: „Wer ist dieser Menschensohn?“ antwortet Jesus:

„ *Noch eine kleine Weile ist das Licht in euch.* [12] *Wandelt, solange ihr das Licht habt, damit euch die Finsternis nicht überfällt. Denn wer in der Finsternis wandelt , weiß nicht, wohin er geht .* “ (Johannes 12, 35.)

Der Menschensohn ist das Licht in jedem Menschen, das sein Leben erhellen sollte. „ *So seht nun zu, dass das Licht in euch nicht Finsternis werde* “, warnt Jesus die Menge (Lukas 11,35).

In allen verschiedenen Zeitaltern der Menschheit finden wir denselben Gedanken, dass der Mensch der Empfänger des göttlichen Lichtes ist, das vom Himmel herabgestiegen ist, und dass dieses Licht die Vernunft ist, die allein Gegenstand unserer Anbetung sein sollte, da sie allein den Weg zu wahrem Wohlergehen zeigen kann. Das haben die Brahmanen gesagt, die hebräischen Propheten, Konfuzius, Sokrates, Marcus Aurelius, Epiktet und alle wahren Weisen - nicht die Verfasser philosophischer Theorien, sondern die Menschen, die das Gute für sich und andere suchten. [13] Und doch erklären wir in Übereinstimmung mit dem Dogma der Erlösung, dass es völlig überflüssig ist, an das Licht zu denken, das in uns ist, und dass wir überhaupt nicht davon sprechen sollten!

Wir müssen, sagen die Gläubigen, die drei Personen der Dreifaltigkeit studieren; wir müssen die Natur jeder dieser Personen kennen und wissen, welche Sakramente wir durchführen sollten oder nicht, denn unsere Erlösung hängt nicht von unseren eigenen Bemühungen ab, sondern von der Dreifaltigkeit und der regelmäßigen Durchführung der Sakramente. Wir müssen, sagen die Skeptiker, die Gesetze kennen, nach denen dieses infinitesimale Materieteilchen in unendlichem Raum und unendlicher Zeit entstanden ist; aber es ist absurd zu glauben, dass wir allein durch Vernunft wahres Wohlergehen erreichen können, denn die Verbesserung der Lage des

Menschen hängt nicht vom Menschen selbst ab, sondern von den Gesetzen, die wir zu entdecken versuchen.

Ich bin fest davon überzeugt, dass die Geschichte dessen, was wir die wissenschaftliche Aktivität unseres Zeitalters nennen, in einigen Jahrhunderten ein fruchtbarer Stoff für die Heiterkeit und das Mitleid künftiger Generationen sein wird. Jahrhundertelang, so werden sie sagen, waren die Gelehrten des westlichen Teils eines großen Kontinents Opfer epidemischer Geisteskrankheit; sie bildeten sich ein, Besitzer eines Lebens in ewiger Glückseligkeit zu sein, und beschäftigten sich mit verschiedenen Grübeleien, in denen sie herauszufinden suchten, wie dieses Leben verwirklicht werden könnte, ohne selbst etwas zu tun oder sich auch nur damit zu befassen, was sie tun sollten, um das Leben, das sie bereits hatten, zu verbessern. Und was dem zukünftigen Historiker noch viel trauriger erscheinen wird: Er wird feststellen, dass diese Gruppe von Menschen einst einen Meister hatte, der ihnen eine Anzahl einfacher und klarer Regeln beigebracht und ihnen gezeigt hatte, was sie tun müssten, um ein glückliches Leben zu führen. Manche interpretierten die Worte dieses Meisters so, als würde er auf einer Wolke kommen, um die menschliche Gesellschaft neu zu organisieren. Andere interpretierten sie als bewundernswerte, aber undurchführbare Lehre, da das menschliche Leben nicht das war, was sie sich darunter vorstellten und es deshalb keiner Beachtung wert war. Die menschliche Vernunft hingegen müsse sich mit dem Studium der Gesetze einer imaginären Existenz befassen, ohne sich um das Wohlergehen des einzelnen Menschen zu kümmern.

Die Kirche sagt, dass die Lehre Jesu hier auf Erden nicht buchstäblich praktiziert werden kann , weil dieses irdische Leben von Natur aus böse ist, da es nur ein Schatten des wahren Lebens ist. Die beste Lebensweise besteht darin, diese irdische Existenz zu verachten, sich vom Glauben (das heißt von der Vorstellungskraft) in ein glückliches und ewiges Leben führen zu lassen, hier weiterhin ein schlechtes Leben zu führen und zum guten Gott zu beten.

Philosophie, Wissenschaft und öffentliche Meinung sagen alle, dass die Lehre Jesu auf das heutige menschliche Leben nicht anwendbar sei, weil das Leben des Menschen nicht vom Licht der Vernunft, sondern von allgemeinen Gesetzen abhänge. Daher sei der Versuch, absolut im Einklang mit der Vernunft zu leben, sinnlos. Wir müssen unser Leben so gut wie möglich gestalten und dabei fest davon überzeugt sein, dass wir nach den Gesetzen des historischen und soziologischen Fortschritts, nachdem wir sehr lange sehr unvollkommen gelebt haben, plötzlich feststellen werden, dass unser Leben sehr gut geworden ist.

Die Leute kommen auf einen Bauernhof und finden dort alles, was zum Leben notwendig ist – ein gut eingerichtetes Haus, Scheunen voller Getreide,

Keller und Lagerräume voller Lebensmittel, landwirtschaftlicher Geräte, Pferde und Rinder – kurz gesagt, alles, was man für ein bequemes und bequemes Leben braucht. Jeder möchte von diesem Überfluss profitieren, aber jeder für sich selbst, ohne an die anderen oder an diejenigen zu denken, die nach ihm kommen könnten. Jeder will alles für sich und fängt an, alles zu erbeuten, was er nur kriegen kann. Dann beginnt eine wahre Plünderung; sie kämpfen um den Besitz der Beute; Ochsen und Schafe werden geschlachtet; Wagen und andere Geräte werden zu Brennholz zerlegt; sie kämpfen um Milch und Getreide; sie erbeuten mehr, als sie verbrauchen können. Keiner kann sich hinsetzen und in aller Ruhe genießen, was er hat, aus Angst, dass ein anderer die bereits gesicherte Beute wegnimmt und sie wiederum einem Stärkeren überlässt . Alle diese Leute verlassen den Bauernhof, verletzt und ausgehungert. Daraufhin bringt der Meister alles in Ordnung und arrangiert die Dinge so, dass man dort in Frieden leben kann. Der Hof ist wieder eine Schatzkammer des Überflusses. Dann kommt eine andere Gruppe von Suchenden, und derselbe Kampf und Tumult wiederholt sich, bis diese ihrerseits verletzt und wütend weggehen und den Meister verfluchen, weil er so wenig und so schlecht versorgt hat. Der gute Meister lässt sich nicht entmutigen; er sorgt wieder für alles, was zum Leben nötig ist – und dieselben Vorfälle wiederholen sich immer und immer wieder.

Schließlich gibt es unter denen, die auf den Hof kommen, einen, der zu seinen Gefährten sagt: „Kameraden, wie dumm wir sind! Seht, wie reichlich alles vorhanden ist, wie gut alles eingerichtet ist! Es gibt hier genug für uns und für diejenigen, die nach uns kommen werden; lasst uns vernünftig handeln. Anstatt einander auszurauben, lasst uns einander helfen. Lasst uns arbeiten, pflanzen, uns um die stummen Tiere kümmern, und jeder wird zufrieden sein." Einige der Gesellschaft verstehen, was dieser weise Mann sagt; sie hören auf, einander zu kämpfen und zu berauben, und beginnen zu arbeiten. Aber andere, die die Worte des weisen Mannes nicht gehört haben oder ihm misstrauen, setzen ihre frühere Plünderung der Güter des Meisters fort. Dieser Zustand hält lange an. Diejenigen, die den Ratschlägen des weisen Mannes gefolgt sind, sagen zu denen um sie herum: „Hört auf zu kämpfen, hört auf, die Güter des Meisters zu verschwenden; ihr werdet besser dran sein, wenn ihr das tut; folgt dem Rat des weisen Mannes." Trotzdem hören viele nicht zu und wollen nicht glauben, und die Dinge gehen praktisch genauso weiter wie zuvor.

All das ist natürlich und wird so lange so bleiben, wie die Menschen den Worten des Weisen keinen Glauben schenken. Aber, so wird uns gesagt, es wird eine Zeit kommen, in der jeder auf dem Bauernhof den Worten des Weisen zuhören und sie verstehen wird und erkennen wird, dass Gott durch seine Lippen sprach und dass der Weise selbst niemand anderes als Gott in Person war; und alle werden an seine Worte glauben. In der Zwischenzeit kämpft jeder für sich selbst, anstatt nach dem Rat des Weisen zu leben, und sie töten sich gegenseitig ohne Mitleid und sagen: „Der Kampf ums Dasein ist unvermeidlich; wir können nicht anders."

Was bedeutet das alles? Sogar die Tiere grasen auf den Feldern, ohne sich gegenseitig zu stören, und die Menschen folgen, nachdem sie die Bedingungen des wahren Lebens kennengelernt und überzeugt sind, dass Gott selbst ihnen gezeigt hat, wie man das wahre Leben führt, immer noch ihren bösen Wegen und sagen, dass es unmöglich ist, anders zu leben. Was sollten wir von den Leuten auf dem Bauernhof denken, wenn sie, nachdem sie die Worte des weisen Mannes gehört hatten, weiter gelebt hätten wie bisher, sich gegenseitig das Brot aus dem Mund gerissen, gekämpft und versucht hätten, alles zu ihrem eigenen Schaden zu ergattern? Wir sollten sagen, dass sie die Worte des weisen Mannes missverstanden und sich die Dinge anders vorgestellt hätten, als sie wirklich waren. Der weise Mann sagte zu ihnen: „Euer Leben hier ist schlecht; ändert eure Lebensweise, und es wird gut werden." Und sie stellten sich vor, dass der weise Mann ihr Leben auf dem Bauernhof verurteilt und ihnen ein anderes und besseres Leben anderswo versprochen hatte. Sie entschieden, dass der Bauernhof nur ein vorübergehender Wohnort war und dass es sich nicht lohnte, zu versuchen, dort gut zu leben; das Wichtigste war, sich nicht um das andere Leben betrogen zu lassen, das ihnen anderswo versprochen wurde. Nur so können wir das seltsame Verhalten der Leute auf der Farm erklären, von denen einige glaubten, der weise Mann sei Gott, und andere, er sei ein weiser Mann, aber alle lebten weiter wie bisher und missachteten die Worte des weisen Mannes. Sie verstanden alles außer der einen bedeutenden Wahrheit in den Lehren des weisen Mannes – nämlich, dass sie sich ihren eigenen Frieden und ihr eigenes Glück auf der Farm erarbeiten mussten, die sie als vorübergehenden Wohnsitz betrachteten, während sie die ganze Zeit an das bessere Leben dachten, das sie anderswo führen würden.

umzusetzen seien .

Oh, wenn die Menschen doch nur von ihren bösen Wegen ablassen würden, während sie darauf warten, dass Christus ihnen in seinem Feuerwagen zu Hilfe kommt; wenn sie doch nur aufhören würden, das Gesetz der Differenzierung oder Integration von Kräften oder irgendein anderes historisches Gesetz anzurufen! Niemand wird ihnen zu Hilfe kommen, wenn sie sich nicht selbst helfen. Und um uns selbst zu einem besseren Leben zu verhelfen, brauchen wir nichts vom Himmel oder von der Erde zu erwarten; wir müssen nur von Wegen ablassen, die zu unserem eigenen Untergang führen.

KAPITEL VIII.

WENN man zugibt, dass die Lehre Jesu vollkommen vernünftig ist und dass sie allein den Menschen wahres Glück bringen kann, wie würde sich dann ein einzelner Anhänger dieser Lehre inmitten einer Welt benehmen, die sie überhaupt nicht praktiziert ? Wenn sich alle Menschen gleichzeitig zum Gehorsam entschließen würden, wäre ihre Ausübung möglich. Aber ein einzelner Mensch kann nicht gegen die ganze Welt handeln, und so hören wir ständig diese Bitte: „Wenn ich unter Menschen, die die Lehre Jesu nicht praktizieren , allein ihr gehorche; wenn ich alles hergebe, was ich besitze; wenn ich die andere Wange hinhalte; wenn ich mich weigere, einen Eid zu leisten oder in den Krieg zu ziehen, würde ich mich in tiefster Isolation wiederfinden; wenn ich nicht verhungerte, würde ich geschlagen werden; wenn ich das überlebte, würde ich ins Gefängnis geworfen; ich würde erschossen werden, und all das Glück meines Lebens – mein Leben selbst – wäre vergebens geopfert."

Dieses Plädoyer gründet sich auf die Doktrin des „ *quid pro quo* " , die die Grundlage aller Argumente gegen die Möglichkeit bildet, die Lehre Jesu auszuüben . Dies ist der gängige Einwand, und ich sympathisierte mit ihm wie der ganze Rest der Welt, bis ich mich schließlich völlig von den Dogmen der Kirche lossagte, die mich daran hinderten, die wahre Bedeutung der Lehre Jesu zu verstehen. Jesus bereitete seine Lehre als Mittel zur Erlösung aus dem Leben des Verderbens vor, das von Menschen entgegen seinen Geboten organisiert wurde, und ich erklärte, dass ich dieser Lehre sehr gerne folgen würde, wenn ich nicht gerade dieses Verderben fürchtete. Jesus bot mir das wahre Heilmittel gegen ein Leben des Verderbens an, und ich klammerte mich an das Leben des Verderbens! Daraus wurde klar, dass ich dieses Leben nicht als ein Leben des Verderbens betrachtete, sondern als etwas Gutes, etwas Reales. Die Überzeugung, dass mein persönliches, weltliches Leben etwas Reales und Gutes sei, stellte das Missverständnis, das Hindernis dar, das mich daran hinderte, die Lehre Jesu zu verstehen. Jesus kannte die Neigung der Menschen, ihr persönliches, weltliches Leben als real und gut zu betrachten, und so lehrte er sie in einer Reihe von Apothegmen und Gleichnissen, dass sie kein Recht auf Leben hätten und dass ihnen das Leben nur gegeben worden sei, damit sie sich durch den Verzicht auf ihre weltliche und phantastische Existenzorganisation des wahren Lebens versichern könnten.

Um zu verstehen, was es gemäß der Lehre Jesu bedeutet, sein Leben zu „retten", müssen wir zunächst verstehen, was die Propheten, was Salomon, was Buddha, was alle Weisen der Welt über das persönliche Leben des Menschen gesagt haben. Aber wie Pascal sagt, können wir es nicht ertragen, über dieses Thema nachzudenken, und so tragen wir immer einen Schirm vor uns, um den Abgrund des Todes zu verbergen, dem wir ständig entgegengehen. Es genügt, über die Isolation des persönlichen Lebens des Menschen nachzudenken, um davon überzeugt zu sein, dass dieses Leben, insofern es persönlich ist, nicht nur für jeden Einzelnen keine Bedeutung hat, sondern dass es ein grausamer Scherz für Herz und Verstand ist. Um die Lehre Jesu zu verstehen, müssen wir vor allem zu uns selbst zurückkehren, nüchtern nachdenken, uns der μετάνοι α unterziehen, von der Johannes der Täufer, der Vorläufer Jesu, spricht, als er sich an Menschen mit getrübtem Urteilsvermögen wendet. „Tut Buße" (so lautete seine Predigt); "Tut Buße, ändert eure Meinung, oder ihr werdet alle umkommen. Die Axt ist an die Wurzel der Bäume gelegt. Tod und Verderben erwarten jeden von euch. Seid gewarnt, kehrt um, tut Buße." Und Jesus erklärte: " *Wenn ihr nicht Buße tut, werdet ihr alle ebenso umkommen* ." Als Jesus vom Tod der von Pilatus massakrierten Galiläer erfuhr, sagte er:

„ Meint ihr etwa, diese Galiläer seien die größten Sünder unter allen Galiläern gewesen, weil sie solches erlitten haben? Nein, sage ich euch; sondern wenn ihr nicht Buße tut, werdet ihr alle ebenso umkommen. Oder jene achtzehn, auf die der Turm in Siloah fiel und sie erschlug, meint ihr etwa, sie seien die größten Sünder unter allen Menschen gewesen, die in Jerusalem wohnten? Nein, sage ich euch; sondern wenn ihr nicht Buße tut, werdet ihr alle ebenso umkommen. " (Lukas 13, 1-5.)

Wenn er in unserer Zeit, in Russland, gelebt hätte, hätte er gesagt: „Denken Sie, dass diejenigen, die im Zirkus von Berditchef oder an den Hängen von Koukouyef umkamen , die größten Sünder waren? Ich sage Ihnen: Nein. Aber Sie, wenn Sie nicht bereuen, wenn Sie sich nicht aufraffen, wenn Sie in Ihrem Leben nicht das finden, was unvergänglich ist, werden auch Sie umkommen. Sie sind entsetzt über den Tod derer, die vom Turm zerquetscht und im Zirkus verbrannt wurden. Aber Ihr Tod, der ebenso schrecklich und unvermeidlich ist, liegt hier vor Ihnen. Sie tun falsch, wenn Sie ihn verbergen oder vergessen. Offenbar ist er nur noch schrecklicher."

Den Menschen seiner Zeit sagte er:

„ Wenn ihr eine Wolke vom Westen her aufsteigen seht, sagt ihr sofort: Es kommt ein Regenguss! Und es passiert. Und wenn ihr den Südwind wehen seht, sagt ihr: Es wird heiß! Und es passiert. Ihr Heuchler, das Aussehen des Himmels und der Erde könnt ihr beurteilen; aber wie kommt es, dass ihr diese Zeit nicht beurteilt? Und warum beurteilt ihr nicht einmal selbst, was richtig ist? " (Lukas 12, 54-57).

Wir wissen die Zeichen des Wetters zu deuten; warum sehen wir dann nicht, was vor uns liegt? Es ist vergebens, dass wir vor der Gefahr fliehen und unser materielles Leben mit allen erdenklichen Mitteln schützen; trotz allem steht uns der Tod bevor, wenn nicht auf die eine, dann auf eine andere Weise; wenn nicht durch Massaker oder den Einsturz eines Turms, dann in unseren Betten, inmitten viel größeren Leidens.

Machen Sie eine einfache Berechnung, wie es diejenigen tun, die jedes weltliche Projekt in Angriff nehmen, jedes beliebige Unternehmen, wie etwa den Bau eines Hauses oder den Kauf eines Anwesens, wie es diejenigen tun, die in der Hoffnung arbeiten, dass ihre Berechnungen Wirklichkeit werden.

„ Denn wer von euch will einen Turm bauen und setzt sich nicht zuvor hin und überschlägt die Kosten, ob er genug habe, ihn auszuführen? Sonst könnten, wenn er den Grund gelegt hat und nicht imstande ist, ihn auszuführen, alle, die es sehen, anfangen, ihn zu verspotten, und sagen: Dieser Mensch hat angefangen zu bauen und konnte es nicht vollenden. Oder welcher König, der auszieht, um Krieg zu führen mit einem anderen König, setzt sich nicht zuvor hin und berät , ob er imstande sei, mit zehntausend dem entgegenzutreten, der mit zwanzigtausend gegen ihn kommt? “ (Lukas 14, 28-31.)

Ist es nicht die Tat eines Wahnsinnigen, an etwas zu arbeiten, das man unter keinen Umständen beenden kann? Der Tod wird immer kommen, bevor das Gebäude des weltlichen Wohlstands fertiggestellt werden kann. Und wenn wir im Voraus wüssten, dass, wie sehr wir auch mit dem Tod kämpfen mögen, nicht wir, sondern der Tod triumphieren werden; ist das dann nicht ein Hinweis darauf, dass wir nicht mit dem Tod kämpfen oder unsere Herzen auf das richten sollten, was sicherlich vergehen wird, sondern versuchen sollten, die Aufgabe zu erfüllen, deren Ergebnisse durch unser unvermeidliches Ableben nicht zerstört werden können?

„ Und er sprach zu seinen Jüngern: Darum sage ich euch: Sorgt euch nicht um euer Leben, was ihr essen, noch um den Leib, was ihr anziehen sollt. Das Leben ist mehr als die Speise, und der Leib mehr als die Kleidung. Betrachtet die Raben: sie säen nicht und ernten nicht, sie haben weder Vorratsraum noch Scheune, und Gott ernährt sie. Wie viel mehr seid ihr denn den Vögeln vorzuziehen? Und wer von euch kann mit seinem Sorgen seiner Länge eine Elle hinzufügen? Wenn ihr nun das Geringste nicht vermögt, warum macht ihr euch dann um das Übrige Sorgen? Betrachtet die Lilien, wie sie wachsen: sie mühen sich nicht, sie spinnen nicht. Und doch sage ich euch, dass Salomon in all seiner Herrlichkeit nicht gekleidet war wie eine von ihnen. “ (Lukas 12, 22-27.)

Wie sehr wir uns auch bemühen, uns zu ernähren und unseren Körper zu pflegen, wir können unser Leben nicht um eine Stunde verlängern. [14] Ist es nicht Torheit, sich um etwas zu sorgen, das wir unmöglich erreichen können? Wir wissen ganz genau, dass unser materielles Leben mit dem Tod endet, und wir geben uns dem Bösen hin, um Reichtümer zu erlangen. Das Leben kann nicht an dem gemessen werden, was wir besitzen; wenn wir das glauben, betrügen wir uns selbst. Jesus sagt uns, dass der Sinn des Lebens nicht darin liegt, was wir besitzen oder anhäufen können, sondern in etwas ganz anderem. Er sagt:

„ Das Feld eines reichen Mannes brachte viel Frucht. Da dachte er bei sich und sprach: Was soll ich tun? Ich habe keinen Platz, wo ich meine Früchte hinlegen kann. Und er sprach: Das will ich tun: Ich will meine Scheunen abbrechen und größere bauen und will

all meine Früchte und meine Habe hineinlegen. Und ich will zu meiner Seele sagen: Seele, du hast einen großen Vorrat für viele Jahre; habe Ruhe, iss, trink und sei fröhlich! Aber Gott sprach zu ihm: Du Narr, diese Nacht wird man deine Seele von dir fordern; wem soll dann das gehören, was du angehäuft hast? So geht es dem, der Schätze für sich sammelt und nicht reich ist bei Gott. " (Lukas 12, 16-21.)

Der Tod bedroht uns jeden Augenblick. Jesus sagt:

" Eure Lenden seien umgürtet und eure Lampen brennend, und seid gleich den Menschen, die auf ihren Herrn warten, wann er von der Hochzeit zurückkommt, damit sie ihm, wenn er kommt und anklopft , alsbald öffnen. Selig sind jene Knechte, die der Herr wachend findet, wenn er kommt. ... Und wenn er in der zweiten oder in der dritten Wache kommt und sie also findet, selig sind jene Knechte. Das aber sollt ihr wissen: Wenn der Hausherr wüsste, zu welcher Stunde der Dieb käme, so würde er wachen und nicht zulassen, dass in sein Haus eingebrochen würde. Darum seid auch ihr bereit; denn der Menschensohn kommt zu einer Stunde, da ihr es nicht meint. " (Lukas 12, 35-40.)

Das Gleichnis von den Jungfrauen, die auf den Bräutigam warten, das Gleichnis von der Vollendung des Zeitalters und das Gleichnis vom Jüngsten Gericht sollen, wie alle Kommentatoren übereinstimmend sagen, lehren, dass der Tod uns in jedem Augenblick erwartet. Der Tod erwartet uns in jedem Augenblick. Das Leben vergeht im Angesicht des Todes. Wenn wir nur für uns selbst arbeiten, für unsere persönliche Zukunft, wissen wir, dass uns in der Zukunft der Tod erwartet. Und der Tod wird alle Früchte unserer Arbeit zerstören. Folglich kann ein Leben für sich selbst keinen Sinn haben. Das vernünftige Leben ist anders; es hat ein anderes Ziel als die armseligen Wünsche eines einzelnen Individuums. Das vernünftige Leben besteht darin, so zu leben, dass das Leben nicht durch den Tod zerstört werden kann. Wir machen uns über viele Dinge Sorgen, aber nur eines ist notwendig.

Vom Augenblick seiner Geburt an ist der Mensch von einer unvermeidlichen Gefahr bedroht, nämlich von einem Leben ohne Sinn und einem elenden Tod, wenn er nicht das Wesentliche des wahren Lebens entdeckt. Genau das, was das wahre Leben garantiert, offenbart Jesus den Menschen. Er erfindet nichts, er verspricht nichts durch göttliche Kraft; neben diesem persönlichen Leben, das eine Täuschung ist, offenbart er den Menschen einfach die Wahrheit.

Im Gleichnis von den Weingärtnern (Matt. 21, 33-42) erklärt Jesus die Ursache jener Blindheit der Menschen, die ihnen die Wahrheit verbirgt und sie dazu treibt, das Scheinbare für das Wirkliche zu halten, ihr persönliches Leben für das wahre Leben. Einige Männer, die einen Weinberg gepachtet hatten, bildeten sich ein, sie seien seine Herren. Und diese Täuschung verleitete sie zu einer Reihe törichter und grausamer Taten, die mit ihrer Verbannung endeten. So bildet sich jeder von uns ein, das Leben sei sein persönliches Eigentum und er habe das Recht, es so zu genießen, wie es ihm gut erscheint, ohne irgendwelche Verpflichtungen gegenüber anderen anzuerkennen. Und die unvermeidliche Folge dieser Täuschung ist eine Reihe törichter und grausamer Taten, denen der Ausschluss aus dem Leben folgt. Und wie die Weingärtner die Diener und schließlich den Sohn des Hausherrn töteten, weil sie dachten, je grausamer sie seien, desto besser könnten sie ihre Ziele erreichen, so bilden wir uns ein, dass wir durch Gewalt die größte Sicherheit erlangen.

Die Vertreibung, das unvermeidliche Urteil, das die Winzer dafür ereilt, dass sie die Früchte des Weinbergs für sich selbst genommen haben, erwartet auch alle Menschen, die glauben, das persönliche Leben sei das wahre Leben. Der Tod vertreibt sie aus dem Leben; sie werden durch andere ersetzt, als Folge des Irrtums, der sie dazu verleitete, den Sinn des Lebens falsch zu verstehen. Wie die Winzer vergaßen oder sich nicht daran erinnern wollten, dass sie einen bereits eingezäunten Weinberg mit Kelter und Turm erhalten hatten, dass jemand für sie gearbeitet hatte und von ihnen erwartete, dass sie ihrerseits für andere arbeiteten; so vergessen die Menschen, die für sich selbst leben wollen, oder wollen sich nicht daran erinnern, was während ihres Lebens alles für sie getan wurde; sie vergessen, dass sie verpflichtet sind, ihrerseits zu arbeiten, und dass alle Segnungen des Lebens, die sie genießen, Früchte sind, die sie mit anderen teilen sollten.

Diese neue Lebenseinstellung, diese μετάνοι α oder Reue, ist der Eckpfeiler der Lehre Jesu. Dieser Lehre zufolge sollten die Menschen verstehen und fühlen, dass sie zahlungsunfähig sind, so wie die Bauern verstanden und gefühlt haben sollten, dass sie gegenüber dem Hausbesitzer zahlungsunfähig waren, unfähig, die Schulden zu bezahlen, die von vergangenen, gegenwärtigen und zukünftigen Generationen mit der herrschenden Macht angehäuft wurden. Sie sollten fühlen, dass jede Stunde ihres Lebens nur eine Hypothek auf diese Schulden ist und dass jeder Mensch, der durch ein selbstsüchtiges Leben diese Verpflichtung ablehnt, sich vom Lebensprinzip trennt und so das Leben verwirkt. Jeder sollte sich daran erinnern, dass er, wenn er versucht, sein eigenes Leben, sein persönliches Leben zu retten, das wahre Leben verliert, wie Jesus so oft sagte. Das wahre Leben ist das Leben, das dem Vorrat an Glück, den vergangene Generationen angesammelt haben, etwas hinzufügt, das dieses Erbe in der Gegenwart vermehrt und es an die Zukunft weitergibt. Um an diesem wahren Leben teilzuhaben, muss der Mensch seinen persönlichen Willen zugunsten des Willens des Vaters aufgeben, der dem Menschen dieses Leben gibt. In Johannes 8,35 lesen wir:

„ Und der Knecht bleibt nicht für immer im Hause, sondern der Sohn bleibt für immer. "

Das heißt, nur der Sohn, der den Willen des Vaters befolgt, wird ewiges Leben haben. Der Wille des Vaters des Lebens ist nun nicht das persönliche, selbstsüchtige Leben, sondern das kindliche Leben des Menschensohnes; und so rettet ein Mensch sein Leben, wenn er es als Pfand betrachtet, als etwas, das ihm vom Vater zum Wohle aller anvertraut wurde, als etwas, mit dem er das Leben des Menschensohnes leben kann.

Ein Mann, der in ein fernes Land reisen wollte, rief seine Diener zusammen und teilte seine Güter unter ihnen auf. Obwohl sie keine genauen Anweisungen erhielten, wie sie diese Güter verwenden sollten, verstanden einige der Diener, dass die Güter noch immer dem Herrn gehörten und dass sie sie zu dessen Vorteil einsetzen sollten. Und die Diener, die zum Wohl des Herrn gearbeitet hatten, wurden belohnt, während die anderen, die nicht so gearbeitet hatten, sogar um das gebracht wurden, was sie erhalten hatten. (Matthäus 25, 14-46.)

Das Leben des Menschensohnes ist allen Menschen gegeben worden, und sie wissen nicht, warum. Einige von ihnen verstehen, dass das Leben nicht für ihren persönlichen Gebrauch bestimmt ist, sondern dass sie es zum Wohle des Menschensohnes einsetzen müssen; andere geben vor, den wahren Sinn des Lebens nicht zu verstehen, und weigern sich, für den Menschensohn zu arbeiten; und diejenigen, die für das wahre Leben arbeiten, werden mit der Quelle des Lebens vereint; diejenigen, die nicht so arbeiten, werden das Leben verlieren, das sie bereits haben. Jesus sagt uns, worin der Dienst des Menschensohnes besteht und was die Belohnung für diesen Dienst sein wird. Der Menschensohn, ausgestattet mit königlicher Autorität, wird die Gläubigen auffordern, das wahre Leben zu erben; sie haben die Hungrigen gespeist, den Durstigen zu trinken gegeben, die Elenden gekleidet und getröstet, und indem sie dies taten, haben sie dem Menschensohn gedient, der in allen Menschen derselbe ist; sie haben nicht das persönliche Leben gelebt, sondern das Leben des Menschensohnes, und ihnen wird das ewige Leben gegeben.

Allen Evangelien zufolge war das Ziel der Lehre Jesu das ewige Leben. Und so seltsam es auch erscheinen mag, Jesus, der angeblich persönlich auferstanden ist und eine allgemeine Auferstehung versprochen hat, sagte nicht nur nichts zur Bestätigung der individuellen Auferstehung und der individuellen Unsterblichkeit jenseits des Grabes, sondern im Gegenteil, jedes Mal, wenn er auf diesen Aberglauben stieß (der zu dieser Zeit in den Talmud eingeführt wurde und von dem es in den Aufzeichnungen der hebräischen Propheten keine Spur gibt), versäumte er nicht, seine Wahrheit zu leugnen. Die Pharisäer und die Sadduzäer diskutierten ständig über das Thema der Auferstehung der Toten. Die Pharisäer glaubten an die Auferstehung der Toten, an Engel und an Geister (Apostelgeschichte 23:8), aber die Sadduzäer glaubten weder an Auferstehung noch an Engel oder Geister. Wir kennen den Grund für diese Meinungsverschiedenheit nicht, aber es ist sicher, dass es sich um eines der polemischen Themen unter den

Nebenfragen der hebräischen Lehre handelte, die in den Synagogen ständig diskutiert wurden. Und Jesus erkannte die Auferstehung nicht nur nicht an, sondern leugnete sie jedes Mal, wenn er auf diese Idee stieß. Als die Sadduzäer Jesus fragten, zu welchem der sieben Brüder die Frau gehören sollte, da er wie die Pharisäer an die Auferstehung glaubte, wies er die Idee der individuellen Auferstehung klar und deutlich zurück und sagte, dass sie in diesem Punkt im Irrtum seien, da sie weder die Schrift noch die Macht Gottes kennen. Diejenigen, die der Auferstehung würdig sind, sagte er, werden wie die Engel im Himmel bleiben (Markus 12, 21-24); und in Bezug auf die Toten:

„ Habt ihr nicht im Buch Mose gelesen, wie Gott im Dornbusch zu ihm redete und sagte: ,Ich bin der Gott Abrahams und der Gott Isaaks und der Gott Jakobs‘? [15] *Er ist nicht ein Gott der Toten, sondern ein Gott der Lebenden. Darum irrt ihr sehr. “* (Markus 12, 26-27.)

Jesus meinte, dass die Toten in Gott leben. Gott sagte zu Moses: „Ich bin der Gott Abrahams, Isaaks und Jakobs.“ Für Gott leben alle, die das Leben des Menschensohnes gelebt haben. Jesus bestätigte nur, dass jeder, der in Gott lebt, mit Gott vereint sein wird; und er ließ keine andere Vorstellung von der Auferstehung zu. Was die persönliche Auferstehung angeht, so seltsam sie denen erscheinen mag, die die Evangelien nie sorgfältig selbst studiert haben, sagte Jesus überhaupt nichts darüber.

Wenn, wie die Theologen lehren, die Grundlage des christlichen Glaubens die Auferstehung Jesu ist, ist es dann nicht merkwürdig, dass Jesus, der von seiner eigenen Auferstehung wusste und wusste, dass darin das wichtigste Glaubensdogma für ihn bestand, nicht wenigstens einmal in klaren und präzisen Worten über diese Angelegenheit sprach? Den kanonischen Evangelien zufolge sprach er nicht nur nicht in klaren und präzisen Worten darüber; er sprach überhaupt nicht darüber, nicht ein einziges Mal, kein einziges Wort.

Die Lehre Jesu bestand in der Erhöhung des Menschensohnes, das heißt in der Erkenntnis seitens des Menschen, dass er, der Mensch, der Sohn Gottes war. In seiner eigenen Individualität verkörperte Jesus den Menschen, der die kindliche Beziehung zu Gott erkannt hat. Er fragte seine Jünger, wer die Menschen sagten, dass er sei – der Menschensohn? Seine Jünger antworteten, dass einige ihn für Johannes den Täufer und andere für Elias hielten. Dann kam die Frage: *„ Aber was sagt ihr, wer ich sei? “* Und Petrus antwortete: *„ Du bist der Messias, der Sohn des lebendigen Gottes. “* Jesus erwiderte: *„ Nicht Fleisch und Blut haben dir das offenbart, sondern mein Vater im Himmel .“* Damit meinte er, dass Petrus nicht durch den Glauben an menschliche Erklärungen verstand, sondern weil er sich als Sohn Gottes fühlte und verstand, dass Jesus auch der Sohn Gottes war. Und nachdem er Petrus erklärt hatte, dass der wahre

Glaube auf der Wahrnehmung der kindlichen Beziehung zu Gott beruht, befahl Jesus seinen anderen Jüngern, niemandem zu sagen, dass er der Messias sei. Danach sagte Jesus ihnen, dass er, obwohl er viel leiden und sterben müsse, – das ist seine Lehre – triumphierend wiederauferstehen werde. Und diese Worte werden als Prophezeiung der Auferstehung interpretiert (Matthäus 16, 13-21).

Von den dreizehn Stellen [16], die als Prophezeiungen Jesu in Bezug auf seine eigene Auferstehung interpretiert werden, beziehen sich zwei auf Jona im Bauch des Wals, eine andere auf den Wiederaufbau des Tempels. Die anderen bekräftigen, dass der Menschensohn nicht vernichtet werden wird; aber es gibt kein Wort über die Auferstehung Jesu. In keiner dieser Stellen kommt das Wort „Auferstehung“ im Originaltext vor. Bitten Sie jemanden , der die theologischen Interpretationen nicht kennt, aber Griechisch kann, sie zu übersetzen, und er wird niemals mit den akzeptierten Versionen übereinstimmen. Im Original finden wir zwei verschiedene Wörter, ἀ νίστημι und ἐ γείρω , die im Sinne von Auferstehung wiedergegeben werden; eines dieser Wörter bedeutet „wiederherstellen“, das andere bedeutet „erwecken, aufstehen, sich aufrütteln“. Aber weder das eine noch das andere kann jemals, in irgendeinem Fall, „wiederbeleben“ bedeuten – von den Toten auferwecken. In Bezug auf diese griechischen Wörter und das entsprechende hebräische Wort *qum* müssen wir nur die Bibelstellen untersuchen, in denen diese Wörter verwendet werden, was sehr häufig vorkommt, um zu sehen, dass die Bedeutung „wiederbeleben“ in keinem Fall zulässig ist. Das Wort *voskresnovit* , *auferstehn* , *resusciter* – „wiederbeleben“ – existierte weder im Griechischen noch im Hebräischen, da der diesem Wort entsprechende Begriff nicht existierte. Um die Idee der Auferstehung im Griechischen oder Hebräischen auszudrücken, ist es notwendig, eine Umschreibung zu verwenden, die „auferstanden, unter den Toten erwacht“ bedeutet. So lesen wir im Matthäusevangelium (14, 2), wo auf Herodes' Glauben Bezug genommen wird, Johannes der Täufer sei wiederbelebt worden, α ὐ τ ὸ ς ἠ γέρθη ἀ π ὸ τ ῶ ν νεκρ ῶ ν , „ist unter den Toten aufgewacht.“ In gleicher Weise finden wir bei Lukas (16,31) am Ende des Gleichnisses vom Lazarus, wo es heißt, wenn die Menschen den Propheten nicht glauben, würden sie auch dann nicht glauben, wenn einer wiederbelebt würde, die Umschreibung: ἐ άν τις ἐ κ νεκρ ῶ ν ἀ ν αστ ῇ , „wenn einer unter den Toten auferstand“. Aber wenn in diesen Passagen die Worte „unter den Toten“ nicht zu den Worten „auferstanden oder erwacht“ hinzugefügt würden, könnten die letzten beiden niemals Wiederbelebung bedeuten. Wenn Jesus von sich selbst sprach, benutzte er in keiner der Passagen, die zur Unterstützung der Behauptung zitiert werden, dass Jesus seine eigene Auferstehung vorhergesagt hat, ein einziges Mal die Worte „unter den Toten“.

Unsere Vorstellung von der Auferstehung ist so völlig fremd von jeder Vorstellung, die die Hebräer vom Leben hatten, dass wir uns nicht einmal vorstellen können, wie Jesus zu ihnen von der Auferstehung und einem ewigen, individuellen Leben hätte sprechen können, das jedem Menschen zuteil werden sollte. Die Vorstellung eines zukünftigen ewigen Lebens stammt weder aus der jüdischen Lehre noch aus der Lehre Jesu, sondern aus einer ganz anderen Quelle. Wir müssen glauben, dass der Glaube an ein zukünftiges Leben eine primitive und grobe Vorstellung ist, die auf einer verwirrten Vorstellung von der Ähnlichkeit zwischen Tod und Schlaf beruht – einer Vorstellung, die allen wilden Völkern gemeinsam ist.

Die hebräische Lehre (und noch mehr die christliche) stand weit über dieser Vorstellung. Aber wir sind von dem erhabenen Charakter dieses Aberglaubens so überzeugt, dass wir ihn als Beweis für die Überlegenheit unserer Lehre gegenüber der der Chinesen oder Hindus verwenden, die überhaupt nicht daran glauben. Nicht nur die Theologen, sondern auch die Freidenker, die gelehrten Religionshistoriker wie Tiele und Max Müller verwenden dasselbe Argument. In ihrer Klassifizierung der Religionen geben sie denen den ersten Platz, die den Aberglauben der Auferstehung anerkennen, und erklären sie für weit überlegen gegenüber denen, die sich nicht zu diesem Glauben bekennen. Schopenhauer prangerte die hebräische Religion kühn als die verachtenswerteste aller Religionen an, weil sie nicht die geringste Spur dieses Glaubens enthält. Der hebräischen Religion fehlten nicht nur die Idee selbst, sondern auch alle Mittel, sie auszudrücken. Das ewige Leben heißt auf Hebräisch *hayail . eolam .* Mit *olam* ist das Unendliche gemeint, das, was in den Grenzen der Zeit beständig ist; *olam* bedeutet auch „Welt" oder „Kosmos". Universelles Leben und vieles mehr *hayai leolam* , „ewiges Leben", ist nach der jüdischen Lehre die Eigenschaft Gottes allein. Gott ist der Gott des Lebens, der lebendige Gott. Der Mensch ist nach hebräischer Vorstellung immer sterblich. Gott allein ist immer lebendig. Im Pentateuch kommt der Ausdruck „ewiges Leben" zweimal vor: einmal im Deuteronomium und einmal in der Genesis. Gott wird mit den Worten dargestellt:

, Seht nun, dass ich es bin, ja ich,

Und es gibt keinen Gott neben mir:

Ich töte und ich mache lebendig.

Ich habe verwundet und ich heile:

Und es gibt niemanden, der aus meiner Hand befreien kann.

Denn ich erhebe meine Hand zum Himmel,

Und sage: „So wahr ich ewig lebe. "

(Deut. 32:39, 40.)

„ Und der HERR sprach: Siehe, der Mensch ist geworden wie unsereiner und erkennt Gut und Böse; nun aber, daß er nicht etwa seine Hand ausstrecke und auch noch den Baum des Lebens nehme und ewig lebe. " (Gen. 3:22.)

Diese beiden einzigen Beispiele für die Verwendung des Ausdrucks „ewiges Leben" im Alten Testament (mit Ausnahme eines weiteren Beispiels im apokryphen Buch Daniel) bestimmen eindeutig die hebräische Vorstellung vom Leben des Menschen und vom ewigen Leben. Das Leben selbst ist nach den Hebräern ewig, ist in Gott; aber der Mensch ist immer sterblich: es liegt in seiner Natur, so zu sein. Nach der jüdischen Lehre ist der Mensch als Mensch sterblich. Er hat nur Leben, wenn es von einer Generation zur nächsten weitergegeben wird und so in einer Rasse fortbesteht. Nach der jüdischen Lehre existiert die Fähigkeit zum Leben im *Volk* . Als Gott sagte: „Ihr könnt leben und nicht sterben", richtete er diese Worte an das Volk. Das Leben, das Gott dem Menschen einhauchte, ist für jedes einzelne menschliche Wesen sterblich; dieses Leben wird von Generation zu Generation fortbestehen, wenn die Menschen die Verbindung mit Gott herstellen, das heißt, die von Gott auferlegten Bedingungen befolgen. Nachdem Moses das Gesetz dargelegt und ihnen gesagt hatte, dass dieses Gesetz nicht im Himmel, sondern in ihren eigenen Herzen zu finden sei, sagte er zu den Leuten:

„ Siehe, ich habe dir heute das Leben und das Gute, den Tod und das Böse vorgelegt. Ich gebiete dir heute: Liebe den Ewigen, wandele auf seinen Wegen und halte seine Gebote, damit du lebst . ... Ich rufe heute Himmel und Erde als Zeugen gegen euch an: Ich habe dir Leben und Tod, Segen und Fluch vorgelegt. Wähle nun das Leben, damit du lebst , du und deine Nachkommen. Liebe den Ewigen, gehorche seiner Stimme und halte dich an ihn. Denn er ist dein Leben und die Länge deiner Tage. " (Deut. xxx. 15-19.)

Der Hauptunterschied zwischen unserer Auffassung vom menschlichen Leben und der der Juden besteht darin, dass wir glauben, dass unser sterbliches Leben, das von Generation zu Generation weitergegeben wird, nicht das wahre Leben ist, sondern ein gefallenes Leben, ein zeitweilig verdorbenes Leben. Die Juden hingegen glaubten, dass dieses Leben das wahre und höchste Gut ist, das dem Menschen unter der Bedingung gegeben wird, dass er dem Willen Gottes gehorcht. Aus unserer Sicht ist die Weitergabe des gefallenen Lebens von Generation zu Generation die Weitergabe eines Fluchs; aus jüdischer Sicht ist es das höchste Gut, das der Mensch erreichen kann, unter der Bedingung, dass er den Willen Gottes erfüllt. Genau auf der hebräischen Auffassung vom Leben gründete Jesus seine Lehre vom wahren oder ewigen Leben, das er dem persönlichen und sterblichen Leben gegenüberstellte. Jesus sagte zu den Juden:

„ Sucht in der Schrift; denn ihr meint, ihr habt das ewige Leben darin; und sie ist es, die von mir zeugt. " (Johannes 5,39)

Als Jesus den jungen Mann fragte, was er tun müsse, um ewiges Leben zu erlangen, antwortete er: *„ Willst du das Leben erlangen, so halte die Gebote ."* Er sagte nicht „das ewige Leben", sondern einfach „das Leben" (Matthäus 19,17). Auf dieselbe Frage des Schriftgelehrten lautete die Antwort: *„ Tu dies, so wirst du leben "* (Lukas 10,28), womit er erneut Leben versprach, aber nichts von ewigem Leben sagte. Aus diesen beiden Beispielen wissen wir, was Jesus mit ewigem Leben meinte; wann immer er den Ausdruck in seinen Reden an die Juden gebrauchte, gebrauchte er ihn in genau demselben Sinn, wie er in ihrem eigenen Gesetz zum Ausdruck kam – nämlich als Erfüllung des Willens Gottes. Im Gegensatz zu dem vorübergehenden, isolierten und persönlichen Leben lehrte Jesus das ewige Leben, das Gott Israel versprochen hatte. Mit dem Unterschied, dass die Juden glaubten, das ewige Leben könne nur ihrem auserwählten Volk zuteil werden und dass jeder, der dieses Leben erlangen wolle, die außergewöhnlichen Gesetze befolgen müsse, die Gott Israel gegeben hatte. Die Lehre Jesu hingegen besagt, dass das ewige Leben im Menschensohn fortbesteht und dass wir, um es zu erlangen, die Gebote Jesu befolgen müssen , der den Willen Gottes für die gesamte Menschheit zusammenfasste.

Im Gegensatz zum persönlichen Leben lehrte uns Jesus nicht ein Leben jenseits des Grabes, sondern jenes universelle Leben, das das Leben der Menschheit in der Vergangenheit, Gegenwart und Zukunft in sich umfasst. Nach der jüdischen Lehre konnte das persönliche Leben nur durch die Erfüllung des Willens Gottes, wie er im mosaischen Gesetz dargelegt ist, vor dem Tod gerettet werden. Nur unter dieser Bedingung würde das Leben der jüdischen Rasse nicht untergehen, sondern von Generation zu Generation des auserwählten Volkes Gottes weitergegeben werden. Nach der Lehre Jesu wird das persönliche Leben durch die Erfüllung des Willens Gottes, wie er in den Geboten Jesu dargelegt ist, vor dem Tod gerettet. Nur unter dieser Bedingung geht das persönliche Leben nicht unter, sondern wird in Verbindung mit dem Menschensohn ewig und unveränderlich. Der Unterschied besteht darin, dass die von Moses gegebene Religion die eines Volkes für einen nationalen Gott war, während die Religion Jesu der Ausdruck der Bestrebungen der gesamten Menschheit ist. Die Fortdauer des Lebens in den Nachkommen eines Volkes ist zweifelhaft, da das Volk selbst verschwinden kann und die Fortdauer von einer Nachkommenschaft im Fleisch abhängt. Die Ewigkeit des Lebens steht gemäß der Lehre Jesu außer Zweifel, denn das Leben ist seiner Lehre zufolge eine Eigenschaft der gesamten Menschheit im Menschensohn, der im Einklang mit dem Willen Gottes lebt.

Wenn wir glauben, dass Jesu Worte über das Jüngste Gericht und die Vollendung des Zeitalters und andere Worte, die im Johannesevangelium berichtet werden, ein Versprechen auf ein Leben jenseits des Grabes für die Seelen der Menschen sind – wenn wir dies glauben, ist es dennoch wahr, dass seine Lehren in Bezug auf das Licht des Lebens und das Reich Gottes für uns dieselbe Bedeutung haben wie für seine Zuhörer vor achtzehn Jahrhunderten; nämlich, dass das einzig wahre Leben das Leben des Menschensohnes ist, das dem Willen des Lebensgebers entspricht. Es ist leichter, dies zuzugeben, als zuzugeben, dass die Lehre vom wahren Leben, das dem Willen des Lebensgebers entspricht, das Versprechen der Unsterblichkeit des Lebens jenseits des Grabes enthält.

Vielleicht ist es richtig zu glauben, dass der Mensch nach diesem irdischen Leben, das er mit der Befriedigung persönlicher Wünsche verbracht hat, in den Besitz eines ewigen persönlichen Lebens im Paradies gelangen wird, um dort alle erdenklichen Freuden zu genießen; aber zu glauben, dass dies so ist, zu versuchen, uns einzureden, dass wir für unsere guten Taten mit ewiger Glückseligkeit belohnt und für unsere schlechten Taten mit ewigen Qualen bestraft werden – dies zu glauben, hilft uns nicht, die Lehre Jesu zu verstehen, sondern nimmt im Gegenteil die Hauptgrundlage dieser Lehre weg. Die gesamte Lehre Jesu lehrt den Verzicht auf das persönliche, imaginäre Leben und ein Aufgehen dieses persönlichen Lebens im universellen Leben der Menschheit, im Leben des Menschensohnes. Nun drängt uns die Lehre von der individuellen Unsterblichkeit der Seele nicht dazu, das persönliche Leben aufzugeben; im Gegenteil, sie bekräftigt die ewige Fortdauer der Individualität.

Die Juden, die Chinesen, die Hindus, alle Menschen, die nicht an das Dogma des Sündenfalls und der Erlösung glauben, stellen sich das Leben so vor, wie es ist. Ein Mann lebt, wird mit einer Frau vereint, zeugt Kinder, sorgt für sie, wird alt und stirbt. Sein Leben lebt in seinen Kindern weiter und wird so von einer Generation zur nächsten weitergegeben, wie alles andere auf der Welt – Steine, Metalle, Erde, Pflanzen, Tiere, Sterne. Leben ist Leben, und wir müssen das Beste daraus machen.

Nur für sich selbst zu leben, für das tierische Leben, ist nicht vernünftig. Und so haben die Menschen seit ihrer frühesten Existenz nach einem Grund für ihr Leben gesucht, der über die Befriedigung ihrer eigenen Wünsche hinausgeht. Sie leben für ihre Kinder, für ihre Familien, für ihre Nation, für die Menschheit, für alles, was nicht mit dem persönlichen Leben stirbt.

Doch nach der Lehre der Kirche ist das menschliche Leben, das höchste Gut, das wir besitzen, nur ein sehr kleiner Teil eines anderen Lebens, dessen wir für eine gewisse Zeit beraubt sind. Unser Leben ist nicht das Leben, das Gott uns geben wollte, oder das, was uns zusteht. Unser Leben ist verkommen und verfallen, ein bloßes Fragment, eine Verhöhnung, verglichen mit dem wirklichen Leben, auf das wir Anspruch zu haben meinen. Der Hauptzweck des Lebens besteht nicht darin, zu versuchen, dieses sterbliche Leben in Übereinstimmung mit dem Willen des Lebensgebers zu leben; oder es in den Generationen ewig zu machen, wie die Hebräer glaubten; oder uns mit dem Willen Gottes zu identifizieren, wie Jesus lehrte; nein, es besteht darin zu glauben, dass nach diesem unwirklichen Leben das wahre Leben beginnen wird.

Jesus sprach nicht von dem imaginären Leben, von dem wir glauben, dass es uns zusteht und das Gott uns aus unerklärlichen Gründen nicht gegeben hat. Die Theorie vom Sündenfall Adams, vom ewigen Leben im Paradies, von einer unsterblichen Seele, die Gott Adam eingehaucht hat, war Jesus unbekannt; er sprach nie davon, machte nie die geringste Anspielung auf ihre Existenz. Jesus sprach vom Leben, wie es ist, wie es für alle Menschen sein muss; wir sprechen von einem imaginären Leben, das nie existiert hat. Wie können wir dann die Lehre Jesu verstehen?

Jesus hatte einen so ungewöhnlichen Sinneswandel bei seinen Jüngern nicht erwartet. Er nahm an, dass alle Menschen verstanden, dass die Zerstörung des persönlichen Lebens unvermeidlich ist, und offenbarte ihnen ein unvergängliches Leben. Den Leidenden bietet er wahren Frieden an; für diejenigen jedoch, die glauben, dass sie mit Sicherheit mehr besitzen werden, als Jesus ihnen gibt, kann seine Lehre wertlos sein. Wie soll ich einen Menschen dazu überreden, sich für Nahrung und Kleidung abzumühen, wenn dieser Mensch davon überzeugt ist, dass er bereits große Reichtümer besitzt? Offensichtlich wird er meinen Ermahnungen keine Beachtung schenken. So ist es auch mit der Lehre Jesu. Warum sollte ich mich für mein Brot abmühen, wenn ich ohne Arbeit reich werden kann? Warum sollte ich mir die Mühe machen, dieses Leben nach dem Willen Gottes zu leben, wenn mir ein persönliches Leben für alle Ewigkeit sicher ist?

Dass Jesus Christus als zweite Person der Dreifaltigkeit, als Gott, der sich im Fleisch offenbarte, die Rettung der Menschen war; dass er die Strafe für die Sünden Adams und die Sünden aller Menschen auf sich nahm; dass er für die Sünden der Menschheit gegenüber der ersten Person der Dreifaltigkeit sühnte; dass er die Kirche und die Sakramente zu unserer Rettung einsetzte – wenn wir dies glauben, sind wir gerettet und werden in den Besitz des persönlichen, ewigen Lebens jenseits des Grabes gelangen. Aber in der Zwischenzeit können wir nicht leugnen, dass er die Menschen gerettet hat und immer noch rettet, indem er ihnen ihren unvermeidlichen Verlust offenbart und ihnen zeigt, dass er der Weg, die Wahrheit und das Leben ist, der wahre Weg zum Leben statt des falschen Weges zum persönlichen Leben, dem die Menschen bisher gefolgt waren.

Wenn es jemanden gibt, der am Leben nach dem Tod und an der Erlösung auf Grundlage der Erlösung zweifelt, so kann niemand an der Erlösung aller Menschen und jedes einzelnen Menschen zweifeln, wenn sie die Beweise für die Zerstörung des persönlichen Lebens akzeptieren und dem wahren Weg zur Sicherheit folgen, indem sie ihren persönlichen Willen in Einklang mit dem Willen Gottes bringen. Jeder vernünftige Mensch soll sich fragen: „Was ist Leben? Und was ist Tod?" und soll er versuchen, dem Leben und dem Tod eine andere Bedeutung zu geben als die, die Jesus offenbart hat, und er wird feststellen, dass jeder Versuch, im Leben eine Bedeutung zu finden, die nicht auf Selbstverleugnung, dem Dienst an der Menschheit, dem Menschensohn beruht, völlig vergeblich ist. Es kann nicht bezweifelt werden, dass das persönliche Leben zur Zerstörung verurteilt ist und dass nur ein Leben, das dem Willen Gottes entspricht, die Möglichkeit der Erlösung bietet. Das ist nicht viel im Vergleich zum erhabenen Glauben an das zukünftige Leben! Es ist nicht viel, aber es ist sicher.

Ich habe mich mit meinen Gefährten in einem Schneesturm verirrt. Einer von ihnen versichert mir in aller Aufrichtigkeit, dass er in der Ferne ein Licht sieht, aber es ist nur eine Fata Morgana, die uns beide täuscht; wir bemühen uns, dieses Licht zu erreichen, können es aber nie finden. Ein anderer fegt entschlossen den Schnee weg; er sucht und findet den Weg und ruft uns zu: „Geht nicht diesen Weg, das Licht, das ihr seht, ist trügerisch, ihr werdet ins Verderben irren; hier ist der Weg, ich spüre ihn unter meinen Füßen; wir sind gerettet." Es ist sehr wenig, sagen wir. Wir hatten Vertrauen in jenes Licht, das in unseren getäuschten Augen schimmerte, das uns Zuflucht, eine warme Unterkunft, Ruhe, Erlösung versprach – und jetzt haben wir im Austausch dafür nichts als den Weg. Ach, aber wenn wir weiter auf das imaginäre Licht zusteuern, werden wir umkommen; wenn wir dem Weg folgen, werden wir sicherlich einen sicheren Hafen erreichen.

Was muss ich also tun, wenn ich allein die Lehre Jesu verstehe und ich allein Vertrauen in sie habe unter Menschen, die sie weder verstehen noch befolgen? Was sollte ich tun, wie der Rest der Welt leben oder gemäß der Lehre Jesu leben? Ich verstand die Lehre Jesu, wie sie in seinen Geboten zum Ausdruck kommt, und ich glaubte, dass die Ausübung dieser Gebote mir und allen Menschen Glück bringen würde. Ich verstand, dass die Erfüllung dieser Gebote der Wille Gottes ist, die Quelle des Lebens. Mehr noch, ich sah, dass ich wie ein Tier nach einer absurden Existenz sterben würde, wenn ich den Willen Gottes nicht erfüllte, und dass die einzige Chance auf Erlösung in der Erfüllung Seines Willens lag. Wenn ich dem Beispiel der Welt um mich herum folgte, würde ich zweifellos gegen das Wohl aller Menschen und vor allem gegen den Willen des Lebensspenders handeln; ich würde sicherlich die einzige Möglichkeit verspielen, meine verzweifelte Lage zu verbessern. Wenn ich der Lehre Jesu folgte, würde ich die Arbeit fortsetzen, die allen Menschen gemeinsam war, die vor mir gelebt hatten; Ich sollte zum Wohlergehen meiner Mitmenschen und derer beitragen, die nach mir leben würden. Ich sollte dem Befehl des Lebensgebers gehorchen. Ich sollte die einzige Hoffnung auf Erlösung ergreifen.

Der Zirkus von Berditchef [17] steht in Flammen. Eine Menschenmenge ringt vor dem einzigen Ausgang, einer Tür, die sich nach innen öffnet. Plötzlich ertönt aus der Menge eine Stimme: „Zurück, tritt von der Tür zurück; je dichter du dagegen drückst, desto geringer ist die Chance zu entkommen; tritt zurück; das ist deine einzige Chance auf Rettung!" Ob ich allein diesen Befehl verstehe oder ob auch andere ihn hören und verstehen, ich habe nur eine Pflicht, und die ist, von dem Augenblick an, wo ich ihn gehört und verstanden habe, von der Tür zurückzutreten und jeden aufzufordern, der Stimme des Erlösers zu gehorchen . Ich könnte ersticken, ich könnte unter den Füßen der Menge zermalmt werden, ich könnte umkommen; meine einzige Chance auf Rettung besteht darin, das einzig Notwendige zu tun, um einen Ausgang zu finden. Und ich kann nichts anderes tun. Ein Erlöser sollte ein Erlöser sein , das heißt jemand, der rettet. Und die Rettung durch Jesus ist die wahre Rettung. Er kam, er predigte seine Lehre, und die Menschheit ist gerettet.

Der Zirkus kann in einer Stunde brennen, und die darin Eingesperrten haben vielleicht keine Zeit zu entkommen. Aber die Welt brennt seit 1800 Jahren; sie brennt, seit Jesus sagte: „ *Ich bin gekommen, um Feuer auf die Erde zu schicken* "; und ich leide, während es brennt, und es wird weiter brennen, bis die Menschheit gerettet ist. Wurde dieses Feuer nicht entzündet, damit die Menschen das Glück der Erlösung erlangen? Als ich das verstand, verstand und glaubte ich, dass Jesus nicht nur der Messias ist, das heißt der Gesalbte, der Christus, sondern dass er in Wahrheit der Erlöser der Welt ist. Ich weiß, dass er der einzige Weg ist, dass es keinen anderen Weg für mich oder für diejenigen gibt, die in diesem Leben mit mir gequält werden. Ich weiß, dass es für mich wie für alle keine andere Rettung gibt als die Erfüllung der Gebote Jesu, der der gesamten Menschheit die größtmögliche Summe an Vorteilen geschenkt hat.

Müsste ich große Prüfungen ertragen? Sollte ich sterben, wenn ich der Lehre Jesu folge? Diese Frage beunruhigte mich nicht. Sie mag jedem furchterregend erscheinen, der die Bedeutungslosigkeit und Absurdität eines isolierten persönlichen Lebens nicht erkennt und glaubt, dass er niemals sterben wird. Aber ich weiß, dass mein Leben, im Verhältnis zu meinem individuellen Glück betrachtet, für sich genommen eine gewaltige Farce ist und dass diese bedeutungslose Existenz mit einem dummen Tod enden wird. Da ich das weiß, habe ich nichts zu befürchten. Ich werde sterben, wie andere sterben, die die Lehre Jesu nicht befolgen; aber mein Leben und mein Tod werden für mich und für andere eine Bedeutung haben. Mein Leben und mein Tod werden etwas zum Leben und zur Erlösung anderer beigetragen haben, und dies wird im Einklang mit der Lehre Jesu stehen.

KAPITEL IX.

WENN die ganze Welt die Lehre Jesu praktiziert , wird das Reich Gottes auf die Erde kommen. Wenn ich allein sie praktiziere , werde ich tun, was ich kann, um meine eigene Lage und die Lage der Menschen um mich herum zu verbessern. Es gibt keine Erlösung ohne die Erfüllung der Lehre Jesu. Aber wer wird mir die Kraft geben, sie zu praktizieren , ihr ohne Unterlass zu folgen und niemals zu versagen? *„ Herr, ich glaube; hilf meinem Unglauben. "* Die Jünger riefen Jesus an, um ihren Glauben zu stärken. *„ Wenn ich Gutes tun will* ", sagt der Apostel Paulus, *„ ist das Böse bei mir* ." Es ist schwer, sich seine Erlösung zu erarbeiten.

Ein Ertrinkender ruft um Hilfe. Man wirft ihm ein Seil zu und er sagt: „Stärke meinen Glauben, dass dieses Seil mich retten wird. Ich glaube, dass das Seil mich retten wird; aber hilf meinem Unglauben." Was bedeutet das? Wenn ein Mann sein einziges Mittel zur Rettung nicht ergreift, ist es klar, dass er seine Lage nicht versteht.

Wie kann ein Christ, der vorgibt, an die Göttlichkeit Jesu und seiner Lehre zu glauben, was auch immer er damit meint, sagen, dass er glauben möchte und nicht glauben kann? Gott kommt auf die Erde und sagt: „Feuer, Qualen, ewige Dunkelheit erwarten dich; und hier ist deine Erlösung – erfülle meine Lehre." Es ist nicht möglich, dass ein gläubiger Christ nicht an die ihm so angebotene Erlösung glaubt und davon profitiert; es ist nicht möglich, dass er sagt: „Hilf meinem Unglauben." Wenn ein Mensch dies sagt, glaubt er nicht nur nicht an sein Verderben, sondern er muss auch sicher sein, dass er nicht umkommen wird.

Mehrere Kinder sind aus einem Boot ins Wasser gefallen. Einen Augenblick lang halten ihre Kleider und ihr schwaches Kämpfen sie an der Oberfläche des Flusses und sie erkennen die Gefahr nicht. Die im Boot sind, werfen ein Seil aus. Sie warnen die Kinder vor ihrer Gefahr und drängen sie, das Seil zu ergreifen (die Parabeln von der Frau und dem Silberstück, dem Hirten und dem verlorenen Schaf, der Hochzeitsfeier, dem verlorenen Sohn haben alle diese Bedeutung), aber die Kinder glauben nicht; sie weigern sich zu glauben, nicht an das Seil, sondern daran, dass sie in Gefahr sind zu ertrinken. Kinder, die ebenso leichtsinnig sind wie sie selbst, haben ihnen versichert, dass sie fröhlich weitertreiben können, auch wenn das Boot weit weg ist. Die Kinder glauben es nicht; aber wenn ihre Kleider durchnässt sind und die Kraft ihrer kleinen Arme erschöpft ist, werden sie untergehen und umkommen. Das glauben sie nicht, und so glauben sie auch nicht an das Seil der Rettung.

So wie die Kinder im Wasser das Seil, das man ihnen zuwirft, nicht ergreifen wollen, weil sie überzeugt sind, dass sie nicht umkommen werden, so befolgen die Menschen, die an die Auferstehung der Seele glauben, die

Gebote Jesu nicht, weil sie überzeugt sind, dass keine Gefahr besteht. Sie glauben nicht an das Gewisse, einfach weil sie an das Ungewisse glauben. Aus diesem Grund rufen sie: „Herr, stärke unseren Glauben, damit wir nicht umkommen." Aber das ist unmöglich. Um den Glauben zu haben, der sie vor dem Untergang bewahrt, müssen sie aufhören, das zu tun, was sie ins Verderben führen wird, und sie müssen anfangen, etwas für ihre eigene Sicherheit zu tun; sie müssen das Seil der Sicherheit ergreifen. Genau das wollen sie nicht tun; sie wollen sich einreden, dass sie nicht umkommen werden, obwohl sie sehen, wie ihre Kameraden einer nach dem anderen vor ihren Augen umkommen. Sie wollen sich von der Wahrheit dessen überzeugen, was nicht existiert, und bitten deshalb darum, im Glauben gestärkt zu werden. Es ist klar, dass sie nicht genug Glauben haben, und sie wünschen sich mehr.

Als ich die Lehre Jesu begriff, sah ich, dass das, was sie Glauben nennen, der Glaube ist, den der Apostel Jakobus [18] ablehnte: —

„ Was nützt es, meine Brüder, wenn jemand glaubt, er habe Glauben, aber keine Werke? Kann dieser Glaube ihn retten? Wenn ein Bruder oder eine Schwester nackt ist und es an der täglichen Nahrung mangelt und einer von euch zu ihnen sagt: Geht hin in Frieden, wärmt euch und sättigt euch! und doch gebt ihr ihnen nicht, was der Körper braucht, was nützt es? Ebenso ist der Glaube, wenn er keine Werke hat, in sich selbst tot. Aber jemand wird sagen: Du hast Glauben, und ich habe Werke. Zeige mir deinen Glauben, der ohne Werke ist, und ich werde dir durch meine Werke meinen Glauben zeigen. Du glaubst , dass es einen Gott gibt; du tust gut daran; auch die Dämonen glauben und zittern. Aber willst du wissen, o eitler Mensch, dass der Glaube ohne Werke tot ist? Wurde Abraham, unser Vater, nicht durch Werke gerechtfertigt, als er seinen Sohn Isaak auf dem Altar opferte? Du siehst , dass der Glaube mit seinen Werken wirkte, und durch Werke wurde der Glaube vollkommen gemacht ... Du siehst, dass ein Mensch durch Werke gerechtfertigt wird, und nicht nur durch Glaube... Denn wie der Leib ohne Geist tot ist, so ist auch der Glaube ohne Werke tot. " (Jakobus 2, 14-26.)

Jakobus sagt, dass das Zeichen des Glaubens die Taten sind, die er inspiriert, und dass folglich ein Glaube, der nicht zu Taten führt, nur aus Worten besteht, mit denen man die Hungrigen nicht speisen, den Glauben nicht rechtfertigen oder Erlösung erlangen kann. Ein Glaube ohne Taten ist kein Glaube. Es ist nur eine Neigung, an etwas zu glauben, eine eitle Bekräftigung des Glaubens an etwas, an das man nicht wirklich glaubt. Glaube, wie ihn der Apostel Jakobus definiert, ist die treibende Kraft der Taten, und Taten sind eine Manifestation des Glaubens.

Die Juden fragten Jesus: „ Was *tust du denn für Zeichen , auf daß wir sehen und dir glauben ? Was tust du?* " (Johannes 6,30; siehe auch Markus 15,32; Matthäus 27,42). Jesus sagte ihnen, ihr Verlangen sei vergeblich und man könne sie nicht dazu bringen, etwas zu glauben, was sie nicht glaubten. „ *Wenn ich es euch sage "*, sagte er, *„ werdet ihr es nicht glauben "* (Lukas 22,67); *„ Ich habe es euch gesagt, und ihr habt es nicht geglaubt … Aber ihr glaubt nicht, weil ihr nicht zu meinen Schafen gehört "* (Johannes 10,25,26).

Die Juden fragten genau das, was Christen, die in der Kirche aufgewachsen sind, fragen: Sie baten um ein äußeres Zeichen, das sie an die Lehre Jesu glauben lassen sollte. Jesus erklärte ihnen, dass dies unmöglich sei, und er erklärte ihnen, warum es unmöglich sei. Er sagte ihnen, dass sie nicht glauben könnten, weil sie nicht zu seinen Schafen gehörten; das heißt, sie folgten nicht dem Weg, den er ihnen gezeigt hatte. Er erklärte ihnen, warum einige glaubten und warum andere nicht glaubten, und er sagte ihnen, was Glaube wirklich sei. Er sagte: *„ Wie könnt ihr glauben, die ihr eure Lehre voneinander annehmt* (δόξ α [19]) *, und sucht nicht die Lehre, die allein von Gott kommt? "* (Johannes 5,44).

Um zu glauben, sagt Jesus, müssen wir nach der Lehre suchen, die allein von Gott kommt.

„ Wer von sich selbst spricht , sucht seine eigene Lehre zu verbreiten *,* δόξ αν τ ὴ ν ἴ δι αν, *sondern wer die Lehre dessen* verbreiten *will , der ihn gesandt hat, der ist wahrhaftig, und keine Unwahrheit ist in ihm. "* (Johannes vii: 18.)

Die Lehre vom Leben, δόξ α, ist die Grundlage des Glaubens, und Handlungen resultieren spontan aus dem Glauben. Aber es gibt zwei Lehren vom Leben: Jesus verneint die eine und bejaht die andere. Eine dieser Lehren, eine Quelle allen Irrtums, besteht in der Vorstellung, dass das persönliche Leben eine der wesentlichen und wahren Eigenschaften des Menschen ist. Dieser Lehre folgte und folgt die Mehrheit der Menschen; sie ist die Quelle unterschiedlicher Überzeugungen und Handlungen. Die andere Lehre, die von Jesus und allen Propheten gelehrt wurde, bekräftigt, dass unser persönliches Leben keinen Sinn hat, außer durch die Erfüllung des Willens Gottes. Wenn ein Mensch eine Lehre bekennt, die sein eigenes persönliches Leben betont, wird er sein persönliches Wohlergehen als das Wichtigste auf der Welt betrachten, und er wird Reichtum, Ehre, Ruhm und Vergnügen als wahre Quellen des Glücks betrachten; er wird einen Glauben haben, der seinen Neigungen entspricht, und seine Handlungen werden immer im Einklang mit seinem Glauben stehen. Wenn ein Mensch eine andere Lehre bekennt, wenn er das Wesen des Lebens in der Erfüllung des Willens Gottes gemäß dem Beispiel Abrahams und den Lehren und Beispielen Jesu findet, wird sein Glaube mit seinen Grundsätzen übereinstimmen und seine Taten werden seinem Glauben entsprechen. Und so können diejenigen, die glauben, dass wahres Glück im persönlichen Leben zu finden ist, niemals an die Lehre Jesu glauben. Alle ihre Bemühungen, ihren Glauben darauf zu gründen, werden immer vergeblich sein. Um an die Lehre Jesu zu glauben, müssen sie das Leben auf eine völlig andere Weise betrachten. Ihre Taten werden immer mit ihrem Glauben übereinstimmen und nicht mit ihren Absichten und ihren Worten.

Bei Menschen, die von Jesus verlangen, Wunder zu wirken, können wir den Wunsch erkennen, an seine Lehre zu glauben; aber dieser Wunsch kann im Leben nie verwirklicht werden, wie mühsam auch die Bemühungen sein mögen, ihn zu erlangen. Vergeblich beten sie, feiern die Sakramente, spenden Almosen, bauen Kirchen und bekehren andere; sie können dem Beispiel Jesu nicht folgen, weil ihre Taten von einem Glauben inspiriert sind, der auf einer völlig anderen Lehre beruht als der, die sie bekennen. Sie konnten nicht ihren einzigen Sohn opfern, wie Abraham es bereit war zu tun, obwohl Abraham keinerlei Bedenken hatte, was er tun sollte, genauso wie Jesus und seine Jünger dazu bewegt wurden, ihr Leben für andere zu geben, weil nur eine solche Handlung für sie den wahren Sinn des Lebens darstellte. Diese Unfähigkeit, die Substanz des Glaubens zu verstehen, erklärt den seltsamen moralischen Zustand der Menschen, die zwar anerkennen, dass sie in Übereinstimmung mit der Lehre Jesu leben sollten, sich aber bemühen, im Widerspruch zu dieser Lehre zu leben, gemäß ihrem Glauben, dass das persönliche Leben ein souveränes Gut ist.

Die Grundlage des Glaubens ist der Sinn, den wir dem Leben geben, der Sinn, der bestimmt, ob wir das Leben als wichtig und gut oder als trivial und verdorben ansehen. Glaube ist die Wertschätzung von Gut und Böse. Menschen, deren Glaube auf ihren eigenen Lehren beruht, gelingt es überhaupt nicht, diesen Glauben mit dem Glauben in Einklang zu bringen, der durch die Lehren Jesu inspiriert wurde; und so war es auch bei den ersten Jüngern. Auf dieses Missverständnis wird in den Evangelien häufig in klaren und entschiedenen Worten hingewiesen. Mehrmals baten die Jünger Jesus, ihren Glauben an seine Worte zu stärken (Matthäus 20, 20-28; Markus 10, 35-48). Nach der Botschaft, die für jeden Menschen, der an das persönliche Leben glaubt und sein Glück in den Reichtümern dieser Welt sucht, so schrecklich ist, nach den Worten: „ *Wie schwer werden die Reichen in das Reich Gottes kommen* ", und nach noch schrecklicheren Worten für Menschen, die nur an das persönliche Leben glauben: „ *Verkaufe, was du hast, und gib es den Armen* "; Nach diesen warnenden Worten fragte Petrus: „ *Siehe, wir haben alles verlassen und sind dir nachgefolgt; was wird uns dafür zustehen?* " Dann baten ihn Jakobus und Johannes und, dem Matthäusevangelium zufolge, ihre Mutter, dass sie mit ihm in der Herrlichkeit sitzen dürften. Sie baten Jesus, ihren Glauben durch das Versprechen einer zukünftigen Belohnung zu stärken. Auf die Frage des Petrus antwortete Jesus mit einem Gleichnis (Matthäus 20, 1-16); Jakobus antwortete er, dass sie nicht wüssten, worum sie baten; dass sie Unmögliches verlangten; dass sie die Lehre nicht verstanden, die einen Verzicht auf das persönliche Leben bedeute, während sie persönlichen Ruhm, eine persönliche Belohnung forderten; dass sie den Kelch trinken sollten, aus dem er getrunken hatte (das heißt, so leben sollten, wie er lebte), aber zu seiner Rechten und zu seiner Linken zu sitzen, käme nicht in seine Zuständigkeit. Und Jesus fügte hinzu, dass die Großen dieser Welt ihren Gewinn und ihren Genuss von Ruhm und persönlicher Macht nur im weltlichen Leben hätten; dass seine Jünger jedoch wissen sollten, dass der wahre Sinn des menschlichen Lebens nicht im persönlichen Glück, sondern im Dienst an anderen liege; „ *Der Menschensohn ist nicht gekommen, um sich dienen zu lassen, sondern um zu dienen und sein Leben hinzugeben als Lösegeld für viele* ." Als Antwort auf die unvernünftigen Forderungen, die ihre Langsamkeit beim Verständnis seiner Lehre offenbarten, befahl Jesus seinen Jüngern nicht, an seine Lehre zu glauben, das heißt, die von ihrer eigenen Lehre inspirierten Ideen zu modifizieren (er wusste, dass das unmöglich war), sondern er erklärte ihnen den Sinn jenes Lebens, das die Grundlage des wahren Glaubens ist, das heißt, er lehrte sie, Gut von Böse, Wichtiges von Nebensächlichem zu unterscheiden.

Auf die Frage des Petrus: „ *Was werden wir empfangen?* " antwortet Jesus mit dem Gleichnis von den Arbeitern im Weinberg (Mt 20,1–16), das mit den Worten beginnt: „ *Denn das Himmelreich gleicht einem Hausherrn* ." Damit erklärt Jesus Petrus, dass das mangelnde Verständnis der Lehre die Ursache für mangelnden Glauben ist und dass eine Vergütung im Verhältnis zur geleisteten Arbeit nur im Hinblick auf das Privatleben von Bedeutung ist.

Dieser Glaube beruht auf der Annahme gewisser imaginärer Rechte; aber ein Mensch hat auf nichts ein Recht; er ist verpflichtet, Gutes zu tun, das er empfangen hat, und kann daher nichts verlangen. Selbst wenn er sein ganzes Leben in den Dienst anderer stellen würde, könnte er die Schulden, die er angehäuft hat, nicht bezahlen und kann sich daher nicht über Ungerechtigkeit beschweren. Wenn ein Mensch seinen Lebensrechten einen Wert beimisst, wenn er mit der übergeordneten Macht abrechnet, von der er das Leben erhalten hat, beweist er einfach, dass er den Sinn des Lebens nicht versteht. Menschen, die eine Wohltat empfangen haben, handeln ganz anders. Die im Weinberg beschäftigten Arbeiter fand der Hausbesitzer untätig und unglücklich vor; sie besaßen kein Leben im eigentlichen Sinne des Wortes. Und dann gab ihnen der Hausbesitzer das höchste Wohl des Lebens – Arbeit. Sie nahmen die angebotenen Wohltaten an und waren unzufrieden, weil ihre Entlohnung nicht nach ihren imaginären Verdiensten gestaffelt war. Sie verrichteten die Arbeit, da sie an ihre falsche Lehre von Leben und Arbeit als einem Recht glaubten und folglich eine Vorstellung von der Entlohnung hatten, auf die sie Anspruch hatten. Sie verstanden nicht, dass Arbeit das höchste Gut ist und dass sie für die Gelegenheit zur Arbeit dankbar sein sollten, anstatt eine Bezahlung zu verlangen. Und so können alle Menschen, die das Leben so betrachten wie diese Arbeiter, niemals wahren Glauben besitzen. Dieses Gleichnis von den Arbeitern, das

Jesus als Antwort auf die Bitte seiner Jünger erzählte, ihren Glauben zu stärken, zeigt deutlicher denn je die Grundlage des Glaubens, den Jesus lehrte.

Als Jesus seinen Jüngern sagte, sie müssten einem Bruder vergeben, der sich nicht nur einmal, sondern siebzig mal sieben Mal an ihnen vergangen hatte, waren die Jünger überwältigt von der Schwierigkeit, dieser Anweisung nachzukommen, und sagten: „ *Stärke unseren Glauben* ", genau wie sie kurz zuvor gefragt hatten: „ *Was sollen wir empfangen?* " Jetzt sprachen sie die Sprache von Möchtegern-Christen: „Wir möchten glauben, können es aber nicht; stärke unseren Glauben, damit wir gerettet werden; mache uns gläubig" (wie die Juden zu Jesus sagten, als sie Wunder verlangten); „lass uns durch Wunder oder durch Versprechen einer Belohnung an unsere Erlösung glauben."

Die Jünger sagten, was wir alle sagen: „Wie schön wäre es, wenn wir unser selbstsüchtiges Leben führen und gleichzeitig glauben könnten, dass es viel besser ist, die Lehre Gottes zu praktizieren , indem wir für andere leben." Diese Geisteshaltung ist uns allen gemeinsam; sie steht im Widerspruch zur Bedeutung der Lehre Jesu, und dennoch sind wir erstaunt über unseren Mangel an Glauben. Jesus räumte mit diesem Missverständnis auf, indem er ein Gleichnis über den wahren Glauben anfertigte. Glaube kann nicht aus dem Vertrauen in seine Worte entstehen; Glaube kann nur aus dem Bewusstsein unseres Zustands entstehen; Glaube beruht nur auf den Geboten der Vernunft, was in einer bestimmten Situation am besten zu tun ist. Er zeigte, dass dieser Glaube in anderen nicht durch Versprechen einer Belohnung oder Androhung einer Strafe geweckt werden kann, die nur ein schwaches Vertrauen wecken können, das bei der ersten Prüfung scheitert; sondern dass der Glaube, der Berge versetzt, der Glaube, den nichts erschüttern kann, durch das Bewusstsein unseres unvermeidlichen Verlustes inspiriert wird, wenn wir nicht von der angebotenen Erlösung profitieren.

Um Glauben zu haben, dürfen wir nicht auf ein Versprechen einer Belohnung zählen; wir müssen verstehen, dass der einzige Weg, einem ruinierten Leben zu entkommen, ein Leben ist, das dem Willen des Meisters entspricht. Wer dies versteht, wird nicht darum bitten, in seinem Glauben gestärkt zu werden, sondern wird seine Erlösung erarbeiten, ohne dass es einer Ermahnung bedarf. Der Hausherr, der mit seinem Arbeiter vom Feld kommt, bittet diesen nicht, sich sofort zum Essen zu setzen, sondern weist ihn an, sich zuerst um andere Pflichten zu kümmern und ihm, dem Meister, zu dienen und dann seinen Platz am Tisch einzunehmen und zu speisen. Dies tut der Arbeiter, ohne das Gefühl zu haben, dass ihm Unrecht getan wurde; er prahlt nicht mit seiner Arbeit und verlangt auch keine Anerkennung oder Belohnung, denn er weiß, dass Arbeit die unvermeidliche Bedingung seiner Existenz und das wahre Wohlergehen seines Lebens ist. Deshalb sagt Jesus, dass wir nur unsere Pflicht erfüllt haben, wenn wir alles getan haben, was uns befohlen wurde. Wer seine Beziehung zu seinem Meister versteht, wird verstehen, dass er nur dann Leben hat, wenn er dem Willen des Meisters gehorcht; Er wird wissen, worin sein Wohlergehen besteht, und er wird einen Glauben haben, der nicht das Unmögliche verlangt. Dies ist der Glaube, den Jesus lehrte und der auf einer gründlichen Wahrnehmung des wahren Sinns des Lebens beruht. Die Quelle des Glaubens ist Licht:

„ Das war das wahre Licht, das jeden Menschen erleuchtet , der in diese Welt kommt. Er war in der Welt, und die Welt ist durch ihn geworden, und die Welt erkannte ihn nicht. Er kam in sein Eigentum, und die Seinen nahmen ihn nicht auf. Allen aber, die ihn aufnahmen, gab er Macht, Kinder Gottes zu werden, denen, die an seinen Namen glauben. " (Johannes 1,9-12 .)

„ Das aber ist das Gericht, dass das Licht in die Welt gekommen ist, und die Menschen liebten die Finsternis mehr als das Licht, denn ihre Werke waren böse. Denn jeder, der Böses tut, hasst das Licht und kommt nicht zum Licht, damit seine Werke nicht aufgedeckt werden. Wer aber die Wahrheit tut, kommt zum Licht, damit seine Werke offenbar werden, weil sie in Gott gewirkt sind. " (Johannes 3, 19-21.)

Wer die Lehre Jesu versteht, wird nicht darum bitten, in seinem Glauben gestärkt zu werden. Die Lehre Jesu lehrt, dass der Glaube durch das Licht der Wahrheit inspiriert wird. Jesus verlangte von den Menschen nie, an ihn zu glauben; er forderte sie auf, an die Wahrheit zu glauben. Zu den Juden sagte er:

„ Ihr wollt mich töten, einen Menschen, der euch die Wahrheit gesagt hat, die ich von Gott gehört habe. " (Johannes 8,40)

„ Wer unter euch überführt mich einer Sünde? Wenn ich die Wahrheit sage, warum glaubt ihr mir nicht? " (Johannes 8,46).

„ Dazu bin ich geboren und dazu bin ich in die Welt gekommen, dass ich für die Wahrheit Zeugnis ablege. Wer aus der Wahrheit ist, der hört meine Stimme. " (Johannes 18, 37)

Zu seinen Schülern sagte er:

„ Ich bin der Weg und die Wahrheit und das Leben. " (Johannes 14,6)

„ Der Vater ... wird euch einen anderen Tröster geben, der für immer bei euch sein soll: den Geist der Wahrheit. Ihn kann die Welt nicht empfangen, denn sie sieht ihn nicht und kennt ihn nicht. Ihr kennt ihn, denn er bleibt bei euch und wird in euch sein. " (Johannes 14, 16-17)

Die Lehre Jesu ist also Wahrheit, und er selbst ist Wahrheit. Die Lehre Jesu ist die Lehre der Wahrheit. Der Glaube an Jesus ist kein Glaube an ein System, das auf seiner Persönlichkeit beruht, sondern ein Bewusstsein der Wahrheit. Niemand kann dazu überredet werden, an die Lehre Jesu zu glauben, noch kann jemand durch eine versprochene Belohnung dazu angeregt werden, sie zu praktizieren . Wer die Lehre Jesu versteht, wird an ihn glauben, weil diese Lehre wahr ist. Wer die Wahrheit kennt, die für sein Glück unverzichtbar ist, muss daran glauben, so wie ein Mann, der weiß, dass er ertrinkt, das Seil der Rettung ergreift. Daher ist die Frage: „Was muss ich tun, um zu glauben?" ein Hinweis darauf, dass derjenige, der sie stellt, die Lehre Jesu nicht versteht.

KAPITEL X.

WIR sagen: Es ist schwierig, nach der Lehre Jesu zu leben! Und warum sollte es nicht schwierig sein, wenn wir durch unsere Lebensführung unsere wahre Situation sorgfältig vor uns selbst verbergen; wenn wir uns einzureden versuchen, dass unsere Situation überhaupt nicht das ist, was sie ist, sondern etwas anderes? Wir nennen dies Glauben, und da wir ihn als heilig betrachten, versuchen wir mit allen möglichen Mitteln, durch Drohungen, Schmeicheleien, durch Lügen, durch Stimulierung der Emotionen, die Menschen zu seiner Unterstützung zu bewegen. In dieser verrückten Entschlossenheit, Dinge zu glauben, die dem Sinn und der Vernunft widersprechen, erreichen wir einen solchen Grad der Verirrung, dass wir bereit sind, die Absurdität des Gegenstandes, für den wir das Vertrauen der Menschen gewinnen, als Zeichen der Wahrheit zu betrachten. Gibt es nicht Christen, die bereit sind, mit Begeisterung „Credo quia absurdum" zu erklären, in der Annahme, dass das Absurde das beste Mittel ist, um den Menschen die Wahrheit zu lehren? Vor nicht allzu langer Zeit sagte mir ein intelligenter und sehr gelehrter Mann, dass die christliche Lehre als moralische Lebensregel keine Bedeutung habe. Moral, sagte er, müsse in den Lehren der Stoiker und Brahmanen und im Talmud gesucht werden. Das Wesen der christlichen Lehre liege nicht in der Moral, sagte er, sondern in der theosophischen Lehre, die in ihren Dogmen dargelegt werde. Demnach sollte ich an der christlichen Lehre nicht das schätzen, was sie an ewigem Wohl für die Menschheit enthält, nicht ihre Lehren, die für ein vernünftiges Leben unverzichtbar sind; ich sollte als das wichtigste Element des Christentums jenen Teil davon betrachten, der unmöglich zu verstehen und daher nutzlos ist – und dies im Namen von Tausenden von Menschen, die für ihren Glauben gestorben sind.

Wir haben eine falsche Vorstellung vom Leben, eine Vorstellung, die auf Fehlverhalten beruht und von selbstsüchtigen Leidenschaften inspiriert ist, und wir betrachten unseren Glauben an diese falsche Vorstellung (die wir in gewisser Weise mit der Lehre Jesu verknüpft haben) als das Wichtigste und Notwendigste, womit wir uns beschäftigen. Wenn die Menschen nicht jahrhundertelang an etwas geglaubt hätten, das nicht wahr ist, wäre diese falsche Vorstellung vom Leben sowie die Wahrheit der Lehre Jesu schon vor langer Zeit enthüllt worden.

Es ist schrecklich, das zu sagen, aber mir scheint, wenn es die Lehre Jesu und die der Kirche, die ihr aufgedrängt wurde, nie gegeben hätte, wären diejenigen, die sich heute Christen nennen, der Wahrheit der Lehre Jesu viel näher, das heißt der vernünftigen Lehre, die den wahren Sinn des Lebens lehrt. Die moralischen Lehren aller Propheten der Welt wären ihnen dann nicht verschlossen. Sie hätten ihre kleinen Vorstellungen von der Wahrheit und würden ihnen vertrauensvoll begegnen. Jetzt ist die ganze Wahrheit offenbart, und diese Wahrheit hat diejenigen, deren Lebensweise sie verurteilte, so entsetzt, dass sie sie in Lügen verkleidet haben, und die Menschen haben das Vertrauen in die Wahrheit verloren.

In unserer europäischen Gesellschaft wurden die Worte Jesu: „ *Ich bin dazu in die Welt gekommen, dass ich für die Wahrheit Zeugnis ablege. Jeder, der aus der Wahrheit ist, hört meine Stimme* ." – lange Zeit durch die Frage des Pilatus ersetzt: „ *Was ist Wahrheit?* " Diese Frage, die als bittere und tiefe Ironie gegen einen Römer zitiert wurde, haben wir als ernste Frage aufgefasst und zu einem Glaubensartikel gemacht.

Bei uns leben alle Menschen nicht nur ohne Wahrheit, nicht nur ohne das geringste Verlangen, die Wahrheit zu kennen, sondern mit der festen Überzeugung, dass unter allen nutzlosen Beschäftigungen das Bemühen, die Wahrheit zu finden, die das menschliche Leben bestimmt, die nutzloseste ist. Die Lebensregel, die Lehre, die alle Völker, mit Ausnahme unserer europäischen Gesellschaften, immer als das Wichtigste betrachtet haben, die Regel, von der Jesus als das einzig Notwendige sprach, ist ein Gegenstand allgemeiner Verachtung. Eine Institution namens Kirche, an die niemand, nicht einmal, wenn er ihr angehört, wirklich glaubt, hat seit langem den Platz dieser Regel eingenommen.

Die einzige Lichtquelle für diejenigen, die denken und leiden, ist verborgen. Zur Lösung der Fragen: Was bin ich? Was soll ich tun? Ich darf mich nicht auf die Lehre dessen verlassen, der gekommen ist, um zu retten; mir wird gesagt, ich solle den Autoritäten gehorchen und an die Kirche glauben. Aber warum ist das Leben so voller Bösem? Warum so viel Unrecht? Kann ich mich nicht davon enthalten, daran teilzunehmen? Ist es unmöglich, diese schwere Last, die mich niederdrückt, zu erleichtern? Die Antwort ist, dass dies unmöglich ist, dass der Wunsch, gut zu leben und anderen zu helfen, gut zu leben, nur eine Versuchung des Stolzes ist; dass eines möglich ist: die eigene Seele für das zukünftige Leben zu retten. Wer nicht bereit ist, an diesem elenden Leben teilzunehmen, kann sich davon fernhalten; dieser Weg steht allen offen; aber, so sagt die Lehre der Kirche, wer diesen Weg wählt, kann nicht am Leben der Welt teilnehmen; er hört auf zu leben. Unsere Meister sagen uns, dass es nur zwei Möglichkeiten gibt: an die bestehenden Mächte zu glauben und ihnen zu gehorchen, an dem organisierten Bösen um uns herum teilzunehmen oder der Welt zu entfliehen und Zuflucht in einem Kloster zu suchen; an den Ämtern der Kirche teilzunehmen, nichts für die Menschen zu tun und die Lehre Jesu für unmöglich zu erklären , die von der Kirche gebilligte Sündhaftigkeit des Lebens zu akzeptieren oder dem Leben zu entsagen, was einem langsamen Selbstmord gleichkommt.

So überraschend der Glaube auch sein mag, dass die Lehre Jesu ausgezeichnet, aber unmöglich in die Praxis umzusetzen ist, so gibt es doch eine noch überraschendere Tradition, dass derjenige, der diese Lehre nicht in Worten, sondern in Taten praktizieren möchte , sich von der Welt zurückziehen muss. Dieser irrige Glaube, dass es für einen Menschen besser sei, sich von der Welt zurückzuziehen, als sich Versuchungen auszusetzen, existierte unter den Hebräern der alten Zeit, ist aber nicht nur dem Geist des Christentums, sondern auch dem der jüdischen Religion völlig fremd. Die bezaubernde und bedeutsame Geschichte des Propheten Jona, die Jesus so gerne zitierte, wurde im Hinblick auf genau diesen Irrtum geschrieben. Der Prophet Jona, der aufrecht und tugendhaft bleiben möchte, zieht sich aus der perversen Gesellschaft der Menschen zurück. Aber Gott zeigt ihm, dass er als Prophet fehlgeleiteten Menschen die Erkenntnis der Wahrheit vermitteln und daher nicht vor den Menschen fliehen, sondern vielmehr in Gemeinschaft mit ihnen leben sollte. Jona, angewidert von der Verderbtheit der Einwohner von Ninive, flieht aus der Stadt; aber er kann seiner Berufung nicht entkommen. Er wird zurückgebracht und der Wille Gottes wird erfüllt; die Niniviten nehmen die Worte Jonas an und sind gerettet. Statt sich darüber zu freuen, dass er zum Werkzeug des Willens Gottes gemacht wurde, ist Jona zornig und verurteilt Gott für die Gnade, die er den Niniviten erwiesen hat , und nimmt für sich allein die Ausübung von Vernunft und Güte in Anspruch. Er geht in die Wüste und baut sich eine Unterkunft, von wo aus er seine Vorwürfe an Gott richtet. Da wächst ein Kürbis über Jona und schützt ihn vor der Sonne, aber am nächsten Tag verdorrt er. Jona, von der Hitze gequält, macht Gott erneut Vorwürfe, weil er den Kürbis verdorren ließ. Da sagt Gott zu ihm:

„ Du hast dich erbarmt über den Kürbis, an dem du nicht gearbeitet hast und den du nicht wachsen ließest , der in einer Nacht wuchs und in einer Nacht zugrunde ging. Und sollte ich mich nicht erbarmen über Ninive, die große Stadt, in der mehr als 80.000 Menschen sind, die nicht zwischen rechts und links unterscheiden können? "

Jesus kannte diese Geschichte und bezog sich oft darauf. In den Evangelien wird berichtet, wie Jesus nach dem Gespräch mit Johannes, der sich in die Wüste zurückgezogen hatte, selbst derselben Versuchung ausgesetzt war, bevor er seine Mission antrat. Er wurde vom Geist in die Wüste geführt und dort vom Teufel (Irrtum) versucht, über den er triumphierte und nach Galiläa zurückkehrte. Danach mischte er sich unter die verdorbensten Menschen und verbrachte sein Leben unter Zöllnern, Pharisäern und Fischern, denen er die Wahrheit lehrte. [20]

Auch nach der Lehre der Kirche hat Jesus uns als Gott in Menschengestalt ein Beispiel seines Lebens gegeben. Sein ganzes uns bekanntes Leben verbrachte er in der Gesellschaft von Zöllnern, Gefallenen und Pharisäern. Die wichtigsten Gebote Jesu sind, dass seine Anhänger andere lieben und seine Lehre verbreiten sollen. Beides erfordert ständige Gemeinschaft mit der Welt. Und doch wird daraus gefolgert, dass die Lehre Jesu einen Rückzug von der Welt erlaubt. Das heißt, um Jesus nachzuahmen, dürfen wir genau das Gegenteil von dem tun, was er selbst lehrte und tat.

Wie die Kirche erklärt, bietet sich die Lehre Jesu den Menschen der Welt und den Klosterbewohnern nicht als Lebensregel zur Verbesserung der eigenen Lage und der Lage anderer an, sondern als Lehre, die den Menschen der Welt lehrt, wie er ein böses Leben führen und sich gleichzeitig ein anderes Leben verschaffen kann, und den Mönch, wie er sich das Leben noch schwerer machen kann, als es von Natur aus ist. Aber Jesus lehrte dies nicht. Jesus lehrte die Wahrheit, und wenn die metaphysische Wahrheit die Wahrheit ist, wird sie dies auch in der Praxis bleiben. Wenn das Leben in Gott das einzig wahre Leben ist und an sich von Nutzen ist, dann ist es das auch hier in dieser Welt, trotz allem, was geschehen mag. Wenn in dieser Welt ein Leben gemäß der Lehre Jesu nicht von Nutzen ist, kann seine Lehre nicht wahr sein.

Jesus forderte uns nicht auf, vom Guten zum Schlechten zu gelangen, sondern im Gegenteil vom Schlechten zum Besseren. Er hatte Mitleid mit den Menschen, die für ihn wie Schafe ohne Hirten waren. Er sagte, dass seine Jünger wegen seiner Lehre verfolgt würden und dass sie die Verfolgungen der Welt mit Entschlossenheit ertragen müssten. Aber er sagte nicht, dass diejenigen, die seiner Lehre folgten, mehr leiden würden als diejenigen, die der Lehre der Welt folgten; im Gegenteil, er sagte, dass diejenigen, die der Lehre der Welt folgten, elend sein würden und dass diejenigen, die seiner Lehre folgten, Freude und Frieden haben würden. Jesus lehrte nicht die Erlösung durch Glauben an Askese oder freiwillige Folter, sondern er lehrte uns eine Lebensweise, die uns, während sie uns vor der Leere des persönlichen Lebens bewahrte, weniger Leiden und mehr Freude bringen würde. Jesus sagte den Menschen, dass sie, wenn sie seine Lehre unter Ungläubigen praktizierten , nicht unglücklicher, sondern im Gegenteil viel glücklicher sein würden als diejenigen, die sie nicht praktizierten . Es gebe, sagte er, eine unfehlbare Regel, und die sei, sich nicht um das weltliche Leben zu kümmern. Als Petrus zu Jesus sagte: *„ Wir haben alles verlassen und sind dir nachgefolgt; was bleibt uns dann? "*, antwortete Jesus:

„ Es gibt niemanden, der Haus oder Brüder oder Schwestern oder Mutter oder Vater oder Kinder oder Äcker um meinetwillen und um des Evangeliums willen verlässt, der nicht in dieser Zeit hundertfältig Häuser und Brüder und Schwestern und Mütter und Kinder und Äcker unter Verfolgungen empfange, in der kommenden Welt aber ewiges Leben. "
(Markus 10, 28-30.)

Jesus erklärte zwar, dass diejenigen, die seiner Lehre folgen, damit rechnen müssen, von denen verfolgt zu werden, die ihr nicht folgen, aber er sagte nicht, dass es seinen Jüngern deshalb schlechter gehen würde; im Gegenteil, er sagte, dass seine Jünger hier in dieser Welt mehr Vorteile haben würden als diejenigen, die ihm nicht folgten. Dass Jesus dies sagte und dachte, steht außer Zweifel, wie die Klarheit seiner Worte zu diesem Thema, die Bedeutung seiner gesamten Lehre, seines Lebens und des Lebens seiner Jünger deutlich zeigen. Aber war seine Lehre in dieser Hinsicht wahr?

Wenn wir die Frage untersuchen, welcher der beiden Zustände besser wäre, der der Jünger Jesu oder der der Jünger der Welt, müssen wir zu dem Schluss kommen, dass der Zustand der Jünger Jesu der wünschenswertere sein sollte, da die Jünger Jesu, indem sie allen Gutes tun , nicht den Hass der Menschen erregen würden. Die Jünger Jesu, die niemandem Böses tun, würden nur von den Bösen verfolgt werden. Die Jünger der Welt hingegen werden wahrscheinlich von jedem verfolgt , da das Gesetz der Jünger der Welt das Gesetz des „Jeder für sich" ist, das Gesetz des Kampfes, das heißt der gegenseitigen Verfolgung. Darüber hinaus wären die Jünger Jesu auf Leiden vorbereitet, während die Jünger der Welt alle möglichen Mittel anwenden, um Leiden zu vermeiden; die Jünger Jesu würden spüren, dass ihre Leiden der Welt nützlich sind; die Jünger der Welt hingegen wissen nicht, warum sie leiden. Aus abstrakten Gründen wäre also der Zustand der Jünger Jesu vorteilhafter als der der Jünger der Welt. Aber ist das in Wirklichkeit so? Um diese Frage zu beantworten, rufe sich jeder alle schmerzlichen Momente seines Lebens ins Gedächtnis, alle physischen und moralischen Leiden, die er ertragen hat, und frage sich, ob er diese Katastrophen im Namen der Lehre der Welt oder im Namen der Lehre Jesu erlitten hat. Jeder aufrichtige Mensch wird beim Rückblick auf sein vergangenes Leben feststellen, dass er nicht ein einziges Mal für die Ausübung der Lehre Jesu gelitten hat. Er wird feststellen, dass der größte Teil des Unglücks seines Lebens aus der Befolgung der Lehren der Welt resultierte. In meinem eigenen Leben (das aus weltlicher Sicht außergewöhnlich glücklich war) kann ich so viel Leid aufzählen, das durch die Befolgung der Lehren der Welt verursacht wurde, wie so mancher Märtyrer für die Lehre Jesu ertragen hat. Alle schmerzhaftesten Momente meines Lebens – die Orgien und Duelle, an denen ich als Student teilnahm, die Kriege, an denen ich beteiligt war, die Krankheiten, die ich erduldete, und die abnormen und unerträglichen Bedingungen, unter denen ich jetzt lebe – all dies sind nur ein Teil des Martyriums, das die Treue zur Weltlehre fordert. Aber ich spreche von einem Leben, das aus weltlicher Sicht außergewöhnlich glücklich war. Wie viele Märtyrer haben für die Weltlehre Qualen erlitten, dass ich kaum alle aufzählen könnte!

Wir erkennen die Schwierigkeiten und Gefahren nicht, die die Ausübung der Lehre dieser Welt mit sich bringt, einfach weil wir überzeugt sind, dass wir nichts anderes tun könnten, als dieser Lehre zu folgen. Wir sind überzeugt, dass alle Katastrophen, die wir uns selbst zufügen, das Ergebnis der unvermeidlichen Bedingungen des Lebens sind, und wir können nicht verstehen, dass die Lehre Jesu uns lehrt, wie wir uns von diesen Katastrophen befreien und unser Leben glücklich machen können. Um die Frage beantworten zu können: Welche dieser beiden Bedingungen ist die glücklichere?, müssen wir zumindest vorerst unsere Vorurteile beiseite legen und unsere Umgebung sorgfältig untersuchen.

Gehen Sie durch unsere großen Städte und betrachten Sie die ausgezehrten, kränklichen und entstellten Exemplare der Menschheit, die Sie dort finden; erinnern Sie sich an Ihr eigenes Leben und das aller Menschen, deren Leben Sie kennen; erinnern Sie sich an die Fälle von gewaltsamen Todesfällen und Selbstmorden, von denen Sie gehört haben – und fragen Sie sich dann, aus welchem Grund all dieses Leid und dieser Tod, diese Verzweiflung, die zum Selbstmord führt, ertragen wurde. Sie werden, vielleicht zu Ihrer Überraschung, feststellen, dass neun Zehntel allen menschlichen Leidens, das die Menschen ertragen, nutzlos sind und nicht existieren sollten, dass die Mehrheit der Menschen tatsächlich Märtyrer der Doktrin der Welt sind.

An einem verregneten Herbsttag fuhr ich mit der Straßenbahn am Sucharew-Turm in Moskau vorbei. Eine halbe Werst weit bahnte sich das Fahrzeug seinen Weg durch eine dichte Menge, die sich rasch neu formierte. Von morgens bis abends stapften diese Tausende von Männern, die meisten von ihnen verhungert und in Lumpen, wütend durch den Schlamm und ließen ihrem Hass in Beschimpfungen und Gewalttaten freien Lauf. Auf allen Marktplätzen Moskaus bietet sich derselbe Anblick. Bei Sonnenuntergang gehen diese Leute in die Tavernen und Spielhöllen; ihre Nächte verbringen sie in Schmutz und Elend. Denken Sie an das Leben dieser Menschen, daran, was sie freiwillig für ihre gegenwärtige Lage aufgeben; denken Sie an die schwere Bürde unentgeltlicher Arbeit, die auf diesen Männern und Frauen lastet, und Sie werden erkennen, dass sie wahre Märtyrer sind. Alle diese Menschen haben Häuser, Ländereien, Eltern, Frauen und Kinder aufgegeben; Sie haben auf alle Annehmlichkeiten des Lebens verzichtet und sind in die Städte gekommen, um sich das anzueignen, was nach dem Evangelium der Welt für jeden unentbehrlich ist . Und all diese Zehntausende unglücklicher Menschen schlafen in Hütten und ernähren sich von starkem Alkohol und schlechtem Essen. Aber abgesehen von dieser Klasse ertragen alle, vom Fabrikarbeiter, Taxifahrer, Nähmädchen und Lorette bis zum Kaufmann und Regierungsbeamten, die schmerzhaftesten und abnormsten Bedingungen, ohne sich das aneignen zu können, was nach der Lehre der Welt für jeden unentbehrlich ist.

Suchen Sie unter all diesen Menschen, vom Bettler bis zum Millionär, einen, der mit seinem Schicksal zufrieden ist, und Sie werden unter tausend keinen finden. Jeder von ihnen verschwendet seine Kraft darauf, das zu erreichen, was die Doktrin der Welt verlangt, und das, was er unglücklicherweise nicht besitzt, und kaum hat er ein Objekt seiner Wünsche erreicht, strebt er schon nach einem anderen und noch einem anderen, in jener unendlichen Sisyphosarbeit, die das Leben der Menschen zerstört. Gehen Sie die Skala der persönlichen Vermögen durch, die von einem Jahreseinkommen von dreihundert bis zu fünfzigtausend Rubel reicht , und Sie werden kaum einen Menschen finden, der nicht danach strebt, vierhundert Rubel zu verdienen , wenn er dreihundert hat, fünfhundert, wenn er vierhundert hat, und so weiter bis zur Spitze der Leiter. Unter ihnen allen werden Sie kaum einen finden, der mit fünfhundert Rubeln bereit ist, den Lebensstil eines Menschen anzunehmen, der nur vierhundert hat. Wenn ein solcher Fall eintritt, ist er nicht von dem Wunsch inspiriert, das Leben einfacher zu machen, sondern Geld anzuhäufen und es sicherer zu machen. Jeder versucht ständig, die schwere Bürde der Existenz noch schwerer zu machen, indem er sich mit Leib und Seele der Ausübung der Lehren dieser Welt hingibt. Heute müssen wir einen Mantel und Galochen kaufen , morgen eine Uhr und eine Kette; am nächsten Tag müssen wir uns in einem Zimmer mit einem Sofa und einer Bronzelampe einrichten; dann müssen wir Teppiche und Samtkleider haben; dann ein Haus, Pferde und Kutschen, Gemälde und Dekorationen, und dann – dann werden wir krank vor Überarbeitung und sterben. Ein anderer setzt dieselbe Arbeit fort, opfert sein Leben diesem gleichen Moloch und stirbt dann ebenfalls, ohne zu wissen, wofür er gelebt hat.

Aber ist diese Existenz vielleicht an sich attraktiv? Vergleichen Sie sie mit dem, was die Menschen immer Glück genannt haben, und Sie werden sehen, dass sie abscheulich ist. Denn was sind nach allgemeiner Auffassung die Hauptbedingungen für irdisches Glück? Eine der ersten Bedingungen für Glück ist, dass die Verbindung zwischen Mensch und Natur nicht unterbrochen wird, das heißt, dass er den Himmel über sich sehen und den Sonnenschein, die reine Luft, die Felder mit ihrem Grün und ihr vielfältiges Leben genießen kann. Die Menschen haben es immer als großes Unglück angesehen, all dieser Dinge beraubt zu sein. Aber wie ist der Zustand jener Menschen, die nach der Lehre der Welt leben? Je erfolgreicher sie darin sind, die Lehre der Welt zu praktizieren , desto mehr sind sie dieser Bedingungen des Glücks beraubt. Je größer ihr weltlicher Erfolg, desto weniger können sie das Licht der Sonne, die Frische der Felder und Wälder und alle Freuden des Landlebens genießen. Viele von ihnen – darunter fast alle Frauen – kommen im hohen Alter an, ohne je den Sonnenaufgang oder die Schönheit des frühen Morgens erlebt zu haben, ohne je einen Wald anders als vom Sitz einer Kutsche aus gesehen zu haben, ohne je ein Feld oder einen Garten angelegt zu haben und ohne die geringste Ahnung von den Lebensgewohnheiten stummer Tiere zu haben.

Diese Menschen, die von künstlichem Licht statt von Sonnenschein umgeben sind, sehen nur von Menschenhand gefertigte Gobelinstoffe, Stein und Holz; das Dröhnen der Maschinen, das Rollen der Fahrzeuge, das

Donnern der Kanonen, der Klang von Musikinstrumenten sind ständig in ihren Ohren; sie atmen eine Atmosphäre, die schwer ist von destilliertem Parfüm und Tabakrauch; wegen der Schwäche ihres Magens und ihres verdorbenen Geschmacks essen sie schwere und stark gewürzte Speisen. Wenn sie von Ort zu Ort reisen, reisen sie in geschlossenen Kutschen. Wenn sie aufs Land gehen, haben sie dieselben Stoffe unter den Füßen; dieselben Vorhänge schließen das Sonnenlicht aus; und dieselbe Schar von Bediensteten schneidet sie von jeglicher Kommunikation mit den Menschen, der Erde, der Vegetation und den Tieren um sie herum ab. Wohin sie auch gehen, sind sie wie so viele Gefangene, die von den Bedingungen des Glücks ausgeschlossen sind. Wie sich Häftlinge manchmal mit einem Grashalm trösten, der sich durch das Pflaster ihres Gefängnishofes zwängt, oder eine Spinne oder eine Maus zu ihren Haustieren machen, so vergnügen sich diese Menschen manchmal mit kränklichen Pflanzen, einem Papagei, einem Pudel oder einem Affen, um deren Bedürfnisse sie sich jedoch nicht selbst kümmern.

Eine weitere unausweichliche Bedingung für Glück ist die Arbeit: erstens die geistige Arbeit, die man frei wählen kann und die man liebt; zweitens die Ausübung körperlicher Kraft, die einen guten Appetit und einen ruhigen und tiefen Schlaf beschert. Auch hier gilt: Je größer der eingebildete Wohlstand ist, der den Menschen gemäß der Lehre der Welt zuteil wird, desto mehr werden sie dieser Bedingung des Glücks beraubt. Alle wohlhabenden Menschen der Welt, die Männer von Würde und Reichtum, sind der Vorteile der Arbeit so vollständig beraubt, als wären sie in Einzelhaft. Sie kämpfen erfolglos gegen die Krankheiten, die durch das Bedürfnis nach körperlicher Bewegung verursacht werden, und gegen die Langeweile, die sie verfolgt – erfolglos, weil Arbeit nur dann ein Vergnügen ist, wenn sie notwendig ist und sie nichts brauchen; oder sie übernehmen Arbeit, die ihnen zuwider ist, wie die Bankiers, Anwälte, Verwalter und Regierungsbeamten und ihre Frauen, die Empfänge und Touren planen und Toiletten für sich und ihre Kinder ausarbeiten. (Ich sage abscheulich, weil ich noch nie jemanden dieser Klasse getroffen habe, der mit seiner Arbeit zufrieden war oder so viel Befriedigung darin fand wie der Lastenträger, der den Schnee vor seiner Haustür wegschaufelt.) Alle diese Lieblinge des Glücks werden entweder ihrer Arbeit beraubt oder sind gezwungen, Dinge zu verrichten, die ihnen nicht gefallen, wie Kriminelle, die zu harter Arbeit verurteilt werden.

Die dritte unzweifelhafte Voraussetzung für Glück ist die Familie. Doch je mehr die Menschen vom weltlichen Erfolg versklavt sind, desto mehr sind sie von häuslichen Freuden abgeschnitten. Die meisten von ihnen sind Libertiner, die bewusst auf die Freuden des Familienlebens verzichten und nur dessen Sorgen behalten. Wenn sie keine Libertiner sind, sind ihre Kinder keine Quelle der Freude, sondern eine Last, und sie setzen alle möglichen

Mittel ein, um die Ehe unfruchtbar zu machen. Wenn sie Kinder haben, bemühen sie sich nicht, die Freuden der Kameradschaft mit ihnen zu pflegen. Sie überlassen ihre Kinder fast ständig der Obhut von Fremden, vertrauen sie zuerst der Erziehung von Personen an, die normalerweise Ausländer sind, und schicken sie dann in öffentliche Bildungseinrichtungen, so dass sie vom Familienleben nur die Sorgen haben, und die Kinder sind von Kindheit an genauso unglücklich wie ihre Eltern und wünschen sich den Tod ihrer Eltern, damit sie die Erben werden können. [21] Diese Leute sind zwar nicht in Gefängnissen eingesperrt, aber die Folgen ihrer Lebensweise hinsichtlich der Familie sind trauriger als der Entzug der häuslichen Beziehungen, der denjenigen auferlegt wird, die aufgrund eines gesetzlichen Urteils in Gefängnissen festgehalten werden.

Die vierte Voraussetzung für Glück ist ein sympathischer und uneingeschränkter Umgang mit allen Menschenklassen. Und je höher ein Mensch auf der sozialen Leiter steht, desto sicherer ist er dieser wesentlichen Voraussetzung für Glück beraubt. Je höher er steigt, desto enger wird sein Kreis von Freunden; desto tiefer sinkt das moralische und intellektuelle Niveau derer, deren Gesellschaft er vorbehalten ist.

Der Bauer und seine Frau können mit jedem freundschaftliche Beziehungen eingehen, und wenn eine Million Menschen nichts mit ihnen zu tun haben wollen, bleiben ihnen immer noch achtzig Millionen Menschen, von Archangelsk bis Astrachan, mit denen sie freundschaftliche Beziehungen pflegen können, ohne auf einen zeremoniellen Besuch oder eine Einführung warten zu müssen. Ein Beamter und seine Frau finden Hunderte von Menschen, die ihnen ebenbürtig sind, aber die Beamten höheren Ranges lassen sie nicht in den sozialen Gleichstand eintreten, und sie werden ihrerseits von anderen ausgeschlossen. Der reiche Mann von Welt zählt die Familien, mit denen er gesellschaftliche Beziehungen unterhalten möchte, in Dutzenden von Fällen – der ganze Rest der Welt sind Fremde. Für den Minister und den Millionär gibt es nur ein Dutzend Menschen, die so reich und wichtig sind wie sie selbst. Für Könige und Kaiser ist der Kreis noch enger. Ist das ganze System nicht wie ein großes Gefängnis, in dem jeder Insasse auf den Umgang mit wenigen Mitgefangenen beschränkt ist?

Schließlich ist die fünfte Bedingung für Glück die körperliche Gesundheit. Und wieder einmal stellen wir fest, dass diese Bedingung für Glück für die Anhänger der Weltlehre immer weniger erreichbar ist, je höher wir auf der sozialen Leiter aufsteigen. Vergleichen Sie eine Familie mittleren sozialen Status mit einer Bauernfamilie. Letztere schuften unermüdlich und sind körperlich robust; erstere besteht aus Männern und Frauen, die mehr oder weniger anfällig für Krankheiten sind. Erinnern Sie sich an die reichen Männer und Frauen, die Sie kennen; sind nicht die meisten von ihnen Invaliden? Eine Person dieser Klasse, die aufgrund ihrer körperlichen

Behinderungen nicht zu regelmäßigen hygienischen und medizinischen Behandlungen gezwungen ist, ist ebenso selten wie ein Invalide unter den Arbeiterklassen. Alle diese Lieblinge des Glücks sind Opfer und Ausübende sexueller Laster, die ihnen zur zweiten Natur geworden sind, und sie sind zahnlos, grau und kahl in einem Alter, in dem ein Arbeiter in der Blüte seiner Männlichkeit steht. Fast alle leiden an Nerven- oder anderen Krankheiten, die durch exzessives Essen, Trunkenheit, Luxus und ständige Medikamenteneinnahme verursacht werden. Wer nicht jung stirbt, verbringt die Hälfte seines Lebens unter dem Einfluss von Morphium oder anderen Drogen, als melancholische Wracks der Menschheit, unfähig, sich um sich selbst zu kümmern, und führt ein parasitäres Dasein wie eine bestimmte Ameisenart, die von ihren Sklaven ernährt wird. Hier ist die Todesliste. Einer hat sich das Gehirn weggeblasen, ein anderer ist an den Folgen eines syphilitischen Giftes verfault; dieser alte Mann erlag sexuellen Exzessen, dieser junge Mann einem wilden Ausbruch der Sinnlichkeit; einer starb an Trunkenheit, ein anderer an Völlerei, ein anderer an Morphiummissbrauch, ein anderer an einer Abtreibung. Einer nach dem anderen starben sie als Opfer der Doktrin der Welt. Und eine Menge drängt hinter ihnen her, wie eine Armee von Märtyrern, um dieselben Leiden, dasselbe Verderben zu erleiden.

Der Lehre Jesu zu folgen ist schwierig! Jesus sagte, dass diejenigen, die Häuser, Ländereien und Brüder aufgeben und seiner Lehre folgen, hundertfach Häuser, Ländereien und Brüder und darüber hinaus ewiges Leben erhalten sollten. Und niemand ist bereit, auch nur das Experiment zu machen. Die Lehre der Welt befiehlt ihren Anhängern, Häuser, Ländereien und Brüder zu verlassen; das Land für den Schmutz der Stadt zu verlassen, um dort als Bademeister zu schuften und die Rücken anderer einzuseifen; als Lehrling in einer kleinen unterirdischen Werkstatt, der sein Leben damit verbringt, Kopeken zu zählen; als Staatsanwalt, der dabei hilft, unglückliche Elende vor Gericht zu bringen; als Kabinettsminister, der ständig Dokumente ohne Bedeutung unterzeichnet; als Oberbefehlshaber einer Armee, der Menschen tötet. – „Gebt alles auf und lebt dieses abscheuliche Leben, das mit einem grausamen Tod endet, und ihr werdet weder in dieser noch in der anderen Welt etwas erhalten", lautet das Gebot, und jeder hört zu und gehorcht. Jesus sagt uns, wir sollen das Kreuz auf uns nehmen und ihm folgen, das uns zugeteilte Los unterwürfig ertragen. Niemand hört seine Worte oder befolgt seinen Befehl. Aber wenn ein Mann in einer mit Goldborten geschmückten Uniform, ein Mann, dessen Spezialität es ist, seine Mitmenschen zu töten, sagt: „Nimm nicht dein Kreuz, sondern deinen Tornister und deine Karabiner und marschiere ins Leiden und in den sicheren Tod" – und eine mächtige Schar ist bereit, seine Befehle entgegenzunehmen. Eltern, Frauen und Kinder, in groteske Kostüme gekleidet, dem Willen des Erstankömmlings von höherem Rang unterworfen, ausgehungert, betäubt und erschöpft von Gewaltmärschen, gehen sie wie eine Viehherde zum Schlachthaus, ohne zu wissen, wohin — und doch sind dies keine Rinder, sondern Menschen.

Mit Verzweiflung im Herzen ziehen sie weiter, um zu verhungern, zu erfrieren oder an Krankheiten zu sterben, oder, wenn sie überleben, in den Bereich eines Kugelhagels gebracht zu werden und den Befehl zum Töten zu erhalten. Sie töten und werden getötet, keiner von ihnen weiß, warum oder zu welchem Zweck. Ein ehrgeiziger Jüngling braucht nur sein Schwert zu schwingen und ein paar großspurige Worte zu rufen, um sie dazu zu bewegen, in den sicheren Tod zu eilen. Und doch fällt dies niemandem schwer. Weder die Opfer noch diejenigen, die sie verlassen haben, finden solche Opfer, an denen die Eltern ihre Kinder zu beteiligen ermutigen, schwierig. Es scheint ihnen nicht nur, dass solche Dinge sein sollten, sondern dass sie nicht anders sein könnten und dass sie durch und durch bewundernswert und moralisch sind.

Wäre die Ausübung der Weltlehre leicht, angenehm und ohne Gefahr, könnten wir vielleicht glauben, dass die Ausübung der Lehre Jesu schwierig, furchtbar und grausam ist. Aber die Weltlehre ist viel schwieriger, gefährlicher und grausamer als die Lehre Jesu. Früher, so wird uns gesagt, gab es Märtyrer für die Sache Jesu; aber sie waren Ausnahmen. Wir können im Laufe von achtzehnhundert Jahren nicht mehr als etwa dreihundertachtzigtausend von ihnen zählen, freiwillige und unfreiwillige; aber wer soll die Märtyrer der Weltlehre zählen? Auf jeden christlichen Märtyrer kamen tausend Märtyrer der Weltlehre, und die Leiden eines jeden von ihnen waren hundertmal grausamer als die der anderen. Die Zahl der Kriegsopfer in unserem Jahrhundert allein beträgt dreißig Millionen Menschen. Dies sind die Märtyrer der Weltlehre, die Leiden und Tod entgangen wären, selbst wenn sie sich geweigert hätten, der Weltlehre zu folgen, ganz zu schweigen davon, der Lehre Jesu zu folgen.

Wenn ein Mensch aufhört, an die Doktrin der Welt zu glauben, und es nicht für unabdingbar hält, lackierte Stiefel und eine Goldkette zu tragen, einen nutzlosen Salon zu unterhalten oder die verschiedenen anderen dummen Dinge zu tun, die die Doktrin der Welt verlangt, wird er niemals die Auswirkungen brutaler Beschäftigungen, unbegrenzten Leidens und der Ängste eines ewigen Kampfes kennenlernen. Er wird im Einklang mit der Natur bleiben. Er wird weder seiner geliebten Arbeit noch seiner Familie noch seiner Gesundheit beraubt werden, und er wird nicht eines grausamen und brutalen Todes umkommen.

Die Lehre Jesu fordert kein Martyrium wie die Lehre der Welt; sie lehrt uns vielmehr, wie wir den Leiden ein Ende setzen können, die die Menschen im Namen der falschen Lehre der Welt ertragen müssen. Die Lehre Jesu hat eine tiefe metaphysische Bedeutung; sie hat eine Bedeutung als Ausdruck der Bestrebungen der Menschheit; aber sie hat auch für jeden Einzelnen eine sehr einfache, sehr klare und sehr praktische Bedeutung im Hinblick auf die Führung seines eigenen Lebens. Tatsächlich könnten wir sagen, dass Jesus die Menschen lehrte, keine Dummheiten zu begehen. Die Bedeutung der Lehre Jesu ist einfach und für alle zugänglich.

Jesus sagte, wir sollten nicht zornig sein und uns nicht für besser halten als andere; wenn wir zornig wären und andere beleidigten, umso schlimmer für uns. Wieder sagte er, wir sollten Libertinismus vermeiden und zu diesem Zweck eine Frau wählen, der wir treu bleiben sollten. Wieder sagte er, wir sollten uns nicht durch Versprechen oder Eide an den Dienst derer binden, die uns zu törichten und bösen Taten zwingen könnten. Dann sagte er, wir sollten Böses nicht mit Bösem vergelten, damit das Böse nicht mit doppelter Kraft auf uns zurückfällt. Und schließlich sagt er, wir sollten Menschen nicht als Ausländer betrachten, nur weil sie in einem anderen Land leben und eine andere Sprache sprechen als wir. Und die Schlussfolgerung ist, dass wir glücklich sein werden, wenn wir es vermeiden, diese törichten Dinge zu tun.

Das ist alles schön und gut (sagen wir), aber die Welt ist so organisiert, dass unsere Lage viel schlimmer sein wird, wenn wir uns ihr widersetzen, als wenn wir nach ihrer Lehre leben. Wenn ein Mann sich weigert, den Militärdienst zu leisten, wird er in eine Festung gesperrt und möglicherweise erschossen. Wenn ein Mann nicht das tut, was für den Lebensunterhalt für sich und seine Familie notwendig ist, werden er und seine Familie verhungern. So argumentieren die Leute, die sich verpflichtet fühlen, die bestehende soziale Organisation zu verteidigen; aber sie glauben nicht an die Wahrheit ihrer eigenen Worte. Sie sagen das nur, weil sie die Wahrheit der Lehre Jesu, die sie bekennen, nicht leugnen können und weil sie sich irgendwie für ihr Versagen, sie zu praktizieren , rechtfertigen müssen . Sie glauben nicht nur nicht an das, was sie sagen; sie haben sich nie ernsthaft mit dem Thema befasst. Sie glauben an die Lehre der Welt und benutzen nur das Plädoyer, das sie von der Kirche gelernt haben – dass viel Leid für diejenigen unvermeidlich ist, die die Lehre Jesu praktizieren wollen ; und deshalb haben sie nie versucht, die Lehre Jesu überhaupt zu praktizieren .

Wir sehen genug von dem schrecklichen Leid, das die Menschen ertragen, wenn sie der Lehre der Welt folgen, aber in diesen Zeiten hören wir nichts von Leiden im Namen der Lehre Jesu. Dreißig Millionen Menschen sind in Kriegen umgekommen, die im Namen der Lehre der Welt gekämpft wurden; Tausende Millionen von Wesen sind umgekommen, erdrückt von einem sozialen System, das auf dem Prinzip der Lehre der Welt beruhte; aber wo werden wir in unseren Tagen eine Million, einen Tausend, ein Dutzend oder einen einzigen finden, der im Namen der Lehre Jesu einen grausamen Tod gestorben ist oder sogar Hunger und Kälte erlitten hat? Diese Angst vor dem

Leiden ist nur eine kindische Ausrede, die beweist, wie wenig wir wirklich über die Lehre Jesu wissen. Wir folgen ihr nicht nur nicht, wir nehmen sie nicht einmal ernst. Die Kirche hat sie auf eine solche Weise erklärt, dass sie nicht wie die Lehre eines glücklichen Lebens, sondern wie ein Schreckgespenst, eine Quelle des Schreckens erscheint.

Jesus ruft die Menschen auf, aus einer Quelle lebendigen Wassers zu trinken, die allen kostenlos zur Verfügung steht. Die Menschen sind ausgetrocknet, sie haben Schmutz gegessen und Blut getrunken, aber ihnen wurde gesagt, dass sie umkommen werden, wenn sie von diesem Wasser trinken, das Jesus ihnen anbietet, und die Menschen glauben an die Warnungen des Aberglaubens. Sie sterben unter Qualen, während das Wasser, das sie nicht zu berühren wagen, in ihrer Reichweite ist. Wenn sie nur an die Worte Jesu glauben und zu dieser Quelle lebendigen Wassers gehen und ihren Durst löschen würden, würden sie erkennen, wie hinterlistig die Betrügerei war, die die Kirche an ihnen verübt hat , und wie unnötig ihre Leiden verlängert wurden. Wenn sie nur die Lehre Jesu offen und einfach akzeptieren würden, würden sie sofort den schrecklichen Irrtum erkennen, dessen Opfer wir alle sind.

Eine Generation nach der anderen versucht, die Sicherheit ihrer Existenz in Gewalt zu finden und ihre Privilegien durch Gewalt zu schützen. Wir glauben, dass das Glück unseres Lebens in Macht, Herrschaft und einem Überfluss an weltlichen Gütern liegt. Wir sind so sehr an diese Idee gewöhnt, dass wir über die Opfer erschrecken, die die Lehre Jesu fordert, die lehrt, dass das Glück des Menschen nicht von Vermögen und Macht abhängt und dass die Reichen nicht in das Königreich Gottes gelangen können. Aber das ist eine falsche Vorstellung von der Lehre Jesu, die uns lehrt, nicht das Schlimmste zu tun, sondern das zu tun, was für uns hier in diesem Leben das Beste ist. Inspiriert von seiner Liebe zu den Menschen lehrte Jesus sie, sich nicht auf Sicherheit zu verlassen, die auf Gewalt beruht, und nicht nach Reichtum zu streben, so wie wir den einfachen Leuten lehren, sich in ihrem eigenen Interesse von Streit und Maßlosigkeit fernzuhalten. Er sagte, wenn die Menschen lebten, ohne sich gegen Gewalt zu verteidigen und ohne Reichtum zu besitzen, wären sie glücklicher; und er bestätigt seine Worte durch das Beispiel seines Lebens. Er sagte, dass ein Mensch, der nach seiner Lehre lebt, jederzeit bereit sein muss, Gewalt von anderen zu ertragen und möglicherweise an Hunger und Kälte zu sterben. Aber diese Warnung, die so große und unerträgliche Opfer zu fordern scheint, ist lediglich eine Feststellung der Bedingungen, unter denen die Menschen immer gelebt haben und immer weiter existieren werden.

Ein Jünger Jesu sollte auf alles vorbereitet sein, besonders auf Leiden und Tod. Aber ist der Jünger der Welt in einer wünschenswerteren Situation? Wir sind so daran gewöhnt, an alles zu glauben, was wir für die sogenannte

Sicherheit des Lebens tun (die Organisation von Armeen, den Bau von Festungen, die Versorgung von Truppen), dass unsere Garderobe, unsere medizinischen Behandlungssysteme, unsere Möbel und unser Geld alle wie echte und stabile Pfande unserer Existenz erscheinen. Wir vergessen das Schicksal dessen, der beschloss, größere Lagerhäuser zu bauen, um viele Jahre lang für Überfluss zu sorgen: Er starb über Nacht. Alles, was wir tun, um unsere Existenz zu sichern, ist wie die Tat des Straußes, der seinen Kopf in den Sand steckt und nicht sieht, dass seine Zerstörung nahe ist. Aber wir sind noch dümmer als der Strauß. Um die zweifelhafte Sicherheit eines unsicheren Lebens in einer unsicheren Zukunft zu etablieren, opfern wir ein Leben der Gewissheit in einer Gegenwart, das wir wirklich besitzen könnten.

Die Illusion besteht in der festen Überzeugung, dass unsere Existenz durch einen Kampf mit anderen gesichert werden kann. Wir sind so an diese illusorische sogenannte Sicherheit unserer Existenz und unseres Eigentums gewöhnt, dass wir nicht erkennen, was wir verlieren, wenn wir danach streben. Wir verlieren alles – wir verlieren das Leben selbst. Unser ganzes Leben ist mit der Sorge um persönliche Sicherheit und mit den Vorbereitungen für das Leben beschäftigt, so dass wir in Wirklichkeit überhaupt nicht leben.

Wenn wir einen Überblick über unser Leben werfen, werden wir sehen, dass all unsere Bemühungen um die sogenannte Sicherheit der Existenz keineswegs der Gewährleistung dieser Sicherheit dienen, sondern nur dazu, uns vergessen zu lassen, dass die Existenz nie sicher war und nie sicher sein kann. Aber es genügt nicht zu sagen, dass wir unseren eigenen Illusionen zum Opfer fallen und das wahre Leben für ein imaginäres Leben aufgeben; unsere Bemühungen um Sicherheit führen oft zur Zerstörung dessen, was wir am meisten bewahren möchten. Im Jahr 1870 griffen die Franzosen zu den Waffen, um ihre nationale Existenz zu sichern, und dieser Versuch führte zum Tode Hunderttausender von Franzosen. Alle Menschen, die zu den Waffen greifen, machen dieselbe Erfahrung. Der reiche Mann glaubt, seine Existenz sei sicher, weil er Geld besitzt, und sein Geld lockt einen Dieb an, der ihn tötet. Der Kranke glaubt, sein Leben durch Medikamente sicher zu machen, und die Medikamente vergiften ihn langsam; wenn sie seinen Tod nicht herbeiführen, so berauben sie ihn doch zumindest des Lebens, bis er dem ohnmächtigen Mann gleicht, der 35 Jahre lang am Teich wartete, bis ein Engel herabsteigen und das Wasser aufwühlen würde. Die Lehre Jesu, die uns lehrt, dass wir unser Leben unmöglich sichern können, sondern bereit sein müssen, jeden Augenblick zu sterben, ist zweifellos der Lehre der Welt vorzuziehen, die uns zwingt, um die Sicherheit der Existenz zu kämpfen. Sie ist vorzuziehen, weil die Unmöglichkeit, dem Tod zu entgehen, und die Unmöglichkeit, unser Leben zu sichern, für die Jünger Jesu dieselbe ist wie für die Jünger der Welt; doch gemäß der Lehre Jesu wird das Leben selbst nicht in dem müßigen Versuch aufgebraucht, die Existenz zu sichern. Für den Anhänger Jesu ist das Leben frei und kann dem Zweck gewidmet werden, dessen es würdig ist – seinem eigenen Wohlergehen und dem Wohlergehen anderer. Der Jünger Jesu wird arm sein, aber das bedeutet nur, dass er immer die Gaben genießen wird, die Gott den Menschen geschenkt hat. Er wird seine eigene Existenz nicht ruinieren. Wir machen das Wort Armut zu einem Synonym für Unglück, aber in Wahrheit ist sie eine Quelle des Glücks, und wie sehr wir sie auch als Unglück betrachten mögen, sie bleibt dennoch eine Quelle des Glücks. Arm zu sein bedeutet, nicht in der Stadt zu leben, sondern auf dem Land, nicht in engen Räumen eingesperrt zu sein, sondern draußen, in den Wäldern und auf den Feldern zu arbeiten, die Freuden des Sonnenscheins, des freien Himmels und der Erde zu genießen und die Gewohnheiten stummer Tiere zu beobachten; sich nicht den Kopf darüber zu zerbrechen, Gerichte zu erfinden, die den Appetit anregen, und keine Verdauungsstörungen zu ertragen. Arm zu sein bedeutet, dreimal am Tag hungrig zu sein, zu schlafen, ohne stundenlang als Opfer von Schlaflosigkeit auf dem Kissen herumzuwälzen, Kinder zu haben und sie immer bei uns zu haben, nichts zu tun, was wir nicht tun möchten (das ist wesentlich) und keine Angst vor dem zu haben, was geschehen könnte. Der Arme wird krank sein und leiden; er wird sterben wie der Rest der Welt; aber seine Leiden und sein Tod werden wahrscheinlich weniger schmerzlich sein als die der Reichen; und er wird sicherlich glücklicher leben. Armut ist eine der Voraussetzungen dafür, der Lehre Jesu zu folgen, eine unabdingbare Voraussetzung für diejenigen, die in das Reich Gottes eintreten und glücklich sein möchten.

Der Einwand dagegen ist, dass sich niemand um uns kümmern wird und wir dem Hungertod überlassen werden. Auf diesen Einwand können wir mit den Worten Jesu antworten (Worte, die so interpretiert wurden, dass sie die Untätigkeit der Geistlichen rechtfertigen):

„ Ihr sollt euch kein Gold, Silber oder Erz in euren Beuteln nehmen, auch keine Tasche auf den Weg, nicht zwei Röcke, keine Schuhe, keinen Wanderstab; denn der Arbeiter ist seiner Nahrung wert “ (Matthäus 10,10).

„ Und wo ihr in ein Haus geht, da bleibt und esst und trinkt, was man euch gibt; denn der Arbeiter ist seines Lohnes wert “ (Lukas 10, 5, 7).

Der Arbeiter ist würdig (ἄξιος ἐστί bedeutet wörtlich: „kann und soll seine Nahrung haben.“ Es ist ein sehr kurzer Satz, aber wer ihn so versteht, wie Jesus ihn verstanden hat, wird keine Angst mehr haben, zu verhungern. Um die wahre Bedeutung dieser Worte zu verstehen, müssen wir uns von der traditionellen Vorstellung lösen, die wir aus der Lehre der Erlösung entwickelt haben, nämlich, dass das Glück des Menschen in Müßiggang besteht. Wir müssen zu dem Standpunkt zurückkehren, der allen Menschen, die nicht gefallen sind, natürlich ist, nämlich dass Arbeit und nicht Müßiggang die unabdingbare Voraussetzung für das Glück eines jeden Menschen ist; dass der Mensch tatsächlich nicht auf die Arbeit verzichten kann. Wir müssen uns von dem wilden Vorurteil befreien, das uns glauben lässt, dass ein Mensch, der ein Einkommen aus einer staatlichen Stellung, aus Grundbesitz oder aus Wertpapieren und Obligationen hat, sich in einer natürlichen und glücklichen Lage befindet, weil er von der Notwendigkeit der Arbeit befreit ist. Wir müssen dem menschlichen Gehirn wieder die Vorstellung von Arbeit einhauchen, die unentwickelte Menschen haben, die Vorstellung, die Jesus hat, wenn er sagt, dass der Arbeiter seiner Nahrung würdig ist. Jesus glaubte nicht, dass die Menschen Arbeit als Fluch betrachten würden, und hatte daher auch keinen Menschen im Sinn, der nicht arbeiten wollte oder nicht arbeiten wollte. Er nahm an, dass alle seine Jünger arbeiten würden, und so sagte er, dass, wenn ein Mensch arbeiten würde, seine Arbeit ihm Nahrung bringen würde. Wer die Arbeit eines anderen nutzt, wird dem Arbeiter Nahrung geben, einfach weil er von dieser Arbeit profitiert. Und so wird derjenige, der arbeitet, immer Nahrung haben; er mag kein Eigentum haben, aber was die Nahrung betrifft, muss es keinerlei Unsicherheit geben.

In Bezug auf die Arbeit gibt es einen Unterschied zwischen der Lehre Jesu und der Lehre der Welt. Nach der Lehre der Welt ist es ein großes Verdienst eines Menschen, bereit zu arbeiten; dadurch wird er in die Lage versetzt, mit anderen in Wettbewerb zu treten und einen Lohn zu verlangen, der seinen Qualifikationen angemessen ist. Nach der Lehre Jesu ist Arbeit die unvermeidliche Bedingung des menschlichen Lebens und Nahrung die unvermeidliche Folge der Arbeit. Arbeit erzeugt Nahrung und Nahrung erzeugt Arbeit. Wie grausam und habgierig der Arbeitgeber auch sein mag, er wird seinen Arbeiter immer füttern, so wie er immer sein Pferd füttern wird; er füttert ihn, damit er so viel Arbeit wie möglich bekommt, und auf diese Weise trägt er zum Wohlergehen des Arbeiters bei.

„ Denn auch der Sohn des Menschen ist nicht gekommen, um sich dienen zu lassen, sondern um zu dienen und sein Leben hinzugeben als Lösegeld für viele. “

Nach der Lehre Jesu wird jeder Mensch umso glücklicher sein, je klarer er versteht, dass seine Berufung nicht darin besteht, anderen zu dienen, sondern anderen zu dienen, sein Leben für das Lösegeld vieler hinzugeben. Ein Mensch, der dies tut, wird seiner Nahrung würdig sein und wird sie nicht versäumen. Mit den Worten „Ich *bin nicht gekommen, um bedient zu werden, sondern um zu dienen* “ begründete Jesus eine Methode, die die materielle Existenz des Menschen sicherstellen würde; und mit den Worten *„ Der Arbeiter ist seiner Nahrung wert* “ beantwortete er ein für alle Mal den Einwand, dass ein Mensch, der die Lehre Jesu inmitten derer praktizieren sollte, die sie nicht praktizieren , in Gefahr wäre, an Hunger und Kälte zu sterben. Jesus praktizierte seine eigene Lehre trotz großer Opposition und starb nicht an

Hunger und Kälte. Er zeigte, dass ein Mensch seinen Lebensunterhalt nicht dadurch sichert, dass er weltliche Güter auf Kosten anderer anhäuft, sondern indem er sich für andere nützlich und unentbehrlich macht. Je notwendiger er für andere ist, desto sicherer ist seine Existenz.

Es gibt in der Welt, wie sie heute organisiert ist, Millionen von Menschen, die kein Eigentum besitzen und die Lehre Jesu nicht praktizieren , indem sie anderen dienen, aber sie sterben nicht an Hunger. Wie können wir dann der Lehre Jesu widersprechen, dass diejenigen, die sie praktizieren , indem sie für andere arbeiten, aus Mangel an Nahrung umkommen werden? Menschen können nicht an Hunger sterben, während die Reichen Brot haben. In Russland gibt es Millionen von Menschen, die nichts besitzen und ganz von ihrer eigenen Arbeit leben. Die Existenz eines Christen wäre unter Heiden ebenso sicher wie unter denen seines eigenen Glaubens. Er würde für andere arbeiten; er wäre für sie notwendig und würde deshalb ernährt werden. Sogar ein Hund wird gefüttert und versorgt, wenn er nützlich ist; und sollte nicht ein Mensch ernährt und versorgt werden, dessen Dienst für die ganze Welt notwendig ist?

Doch jene, die mit allen möglichen Mitteln versuchen, das Privatleben zu rechtfertigen, haben einen anderen Einwand. Sie sagen, wenn ein Mensch krank ist, selbst wenn er eine Frau, Eltern und Kinder hat, die von ihm abhängig sind, – wenn dieser Mensch nicht arbeiten kann, wird er nicht ernährt. Sie sagen das und werden es weiterhin sagen; doch ihre eigenen Taten beweisen, dass sie nicht glauben, was sie sagen. Dieselben Leute, die nicht zugeben wollen, dass die Lehre Jesu umsetzbar ist, praktizieren sie bis zu einem gewissen Grad selbst. Sie hören nicht auf, sich um ein krankes Schaf, einen kranken Ochsen oder einen kranken Hund zu kümmern. Sie töten kein altes Pferd, sondern geben ihm Arbeit im Verhältnis zu seiner Kraft. Sie kümmern sich um alle möglichen Tiere, ohne dafür irgendeinen Nutzen zu erwarten ; und kann es sein, dass sie sich nicht um einen nützlichen Menschen kümmern, der krank geworden ist, dass sie keine Arbeit finden, die der Kraft des alten Mannes und des Kindes entspricht, dass sie sich nicht um die Babys kümmern, die später im Gegenzug für sie arbeiten können? Tatsächlich tun sie all das. Neun Zehntel der Menschen werden von den anderen Zehnteln versorgt, wie so viele Tiere. Und wie groß auch die Dunkelheit sein mag, in der dieses Zehntel lebt, wie falsch seine Ansichten in Bezug auf die anderen neun Zehntel der Menschheit auch sein mögen, das Zehntel würde, selbst wenn es die Macht dazu hätte, den anderen neun Zehnteln nicht die Nahrung vorenthalten. Die Reichen werden den Armen nicht das Nötigste vorenthalten, weil sie wollen, dass sie sich vermehren und arbeiten, und so sorgt heute die kleine Minderheit der Reichen direkt oder indirekt für die Ernährung der Mehrheit, damit diese ein Maximum an Arbeit leisten, sich vermehren und einen neuen Nachschub an Arbeitern hervorbringen kann. Ameisen sorgen für die Vermehrung und das Wohlergehen ihrer Sklaven. Sollen die Menschen nicht für diejenigen sorgen, deren Arbeit sie für notwendig erachten? Arbeiter sind notwendig. Und diejenigen, die von der Arbeit profitieren, werden immer darauf achten, denjenigen, die arbeiten wollen, die Arbeitsmittel zur Verfügung zu stellen.

Der Einwand bezüglich der Möglichkeit, die Lehre Jesu umzusetzen , dass sich niemand um die Familie kümmern wird, wenn die Menschen nichts für sich selbst erwerben und Reichtum in Reserve haben, ist wahr, aber er ist nur wahr in Bezug auf faule, nutzlose und widerwärtige Menschen, wie sie die Mehrheit unserer wohlhabenden Klassen ausmachen. Niemand (mit Ausnahme törichter Eltern) macht sich die Mühe, sich um faule Menschen zu kümmern, weil faule Menschen niemandem von Nutzen sind, nicht einmal ihnen selbst; was die Arbeiter betrifft, so werden die selbstsüchtigsten und grausamsten Menschen zu ihrem Wohlergehen beitragen. Die Menschen züchten, trainieren und pflegen Ochsen, und ein Mensch ist als Lasttier viel nützlicher als ein Ochse, wie der Tarif des Sklavenmarkts zeigt. Aus diesem Grund werden Kinder nie ohne Unterstützung bleiben.

Der Mensch ist nicht auf der Welt, um für sich selbst zu arbeiten; er ist auf der Welt, um für andere zu arbeiten, und der Arbeiter ist seines Lohnes würdig. Diese Wahrheiten werden durch die allgemeine Erfahrung bestätigt; jetzt, immer und überall erhält der Mensch, der arbeitet, die Mittel zum körperlichen Lebensunterhalt. Dieser Lebensunterhalt ist demjenigen sicher, der gegen seinen Willen arbeitet; denn ein solcher Arbeiter möchte sich nur von der Notwendigkeit der Arbeit befreien und erwirbt alles, was er nur kann, um das Joch von seinem eigenen Nacken zu nehmen und es auf den Nacken eines anderen zu legen. Einem solchen Arbeiter – neidisch, habgierig, gegen seinen Willen schuftend – wird es nie an Nahrung mangeln und er wird glücklicher sein als einer, der ohne Arbeit von der Arbeit anderer lebt. Wie viel glücklicher wird dann der Arbeiter sein, der im Gehorsam gegenüber der Lehre Jesu arbeitet, mit dem Ziel, alle Arbeit zu vollbringen, deren er fähig ist, und sich dafür den geringstmöglichen Gegenwert zu wünschen? Wie viel wünschenswerter wird sein Zustand sein, wenn er nach und nach sieht, dass andere seinem Beispiel folgen. Für die erbrachten Leistungen erhält er dann eine gleichwertige Gegenleistung.

Die Lehre Jesu hinsichtlich der Arbeit und der Früchte der Arbeit kommt in der Geschichte von den Broten und Fischen zum Ausdruck. Darin wird gezeigt, dass der Mensch die größten Vorteile, die der Menschheit zugänglich sind, nicht dadurch erlangt, dass er sich alles aneignet, was er nur greifen kann, und das, was er hat, für sein persönliches Vergnügen verwendet, sondern indem er sich um die Bedürfnisse anderer kümmert, wie Jesus es in den Grenzen von Galiläa tat.

Es mussten mehrere tausend Männer und Frauen gespeist werden. Einer der Jünger erzählte Jesus, dass da ein Junge war, der fünf Brote und zwei Fische hatte. Jesus verstand, dass einige der Leute, die von weit her kamen, Proviant mitgebracht hatten und andere nicht, denn nachdem alle satt waren, sammelten die Jünger zwölf Körbe voll Brocken ein. (Wenn niemand außer dem Jungen etwas mitgebracht hatte, wie konnte dann so viel übrig bleiben, nachdem so viele gespeist worden waren?) Wenn Jesus ihnen kein Beispiel gegeben hätte, hätten die Leute so gehandelt, wie die Menschen der Welt heute handeln. Einige von denen, die Essen hatten, hätten aus Völlerei oder Gier alles aufgegessen, was sie hatten, und andere hätten, nachdem sie gegessen hatten, was sie essen konnten, den Rest mit nach Hause genommen. Diejenigen, die nichts hatten, wären ausgehungert gewesen und hätten ihre glücklicheren Gefährten mit Neid und Hass betrachtet; einige von ihnen hätten vielleicht versucht, denen, die es hatten, mit Gewalt das Essen wegzunehmen, und so wären Hunger, Wut und Streit die Folge gewesen. Das heißt, die Menge hätte genauso gehandelt, wie die Menschen heute handeln.

Aber Jesus wusste genau, was zu tun war. Er bat darum, dass sich alle hinsetzen sollten, und befahl dann seinen Jüngern, von dem, was sie hatten, denen zu geben, die nichts hatten, und andere zu bitten, dasselbe zu tun. Das Ergebnis war, dass diejenigen, die etwas zu essen hatten, dem Beispiel von Jesus und seinen Jüngern folgten und anderen anboten, was sie hatten. Jeder aß und war satt, und mit den übrig gebliebenen Brocken füllten die Jünger zwölf Körbe.

Jesus lehrt jeden Menschen, sein Leben nach dem Gesetz der Vernunft und des Gewissens zu führen, denn das Gesetz der Vernunft ist auf den Einzelnen ebenso anwendbar wie auf die Menschheit als Ganzes. Arbeit ist die unvermeidliche Bedingung des menschlichen Lebens, die wahre Quelle menschlichen Wohlergehens. Aus diesem Grund ist die Weigerung, die Früchte der eigenen Arbeit mit anderen zu teilen, eine Weigerung, die Bedingungen wahren Glücks zu akzeptieren. Die Früchte der eigenen Arbeit an andere abzugeben bedeutet, zum Wohlergehen aller Menschen beizutragen. Man entgegnet, dass die Menschen verhungern würden, wenn sie anderen nicht das Essen entreißen würden. Mir scheint es vernünftiger zu sagen, dass einige von ihnen verhungern werden, wenn die Menschen einander das Essen entreißen, und die Erfahrung bestätigt diese Ansicht.

Jeder Mensch, ob er nun nach der Lehre Jesu oder nach der Lehre der Welt lebt, lebt nur durch das Leid und die Fürsorge anderer. Von Geburt an wird der Mensch von anderen umsorgt und genährt. Nach der Lehre der Welt hat der Mensch das Recht zu verlangen, dass andere ihn und seine Familie weiterhin ernähren und versorgen, aber nach der Lehre Jesu hat er nur Anspruch auf Versorgung und Nahrung unter der Bedingung, dass er alles in seiner Macht Stehende für andere tut und sich so für die Menschheit nützlich und unentbehrlich macht. Menschen, die nach der Lehre der Welt leben, sind normalerweise bestrebt, sich von jedem zu befreien, der nutzlos ist und den sie ernähren müssen; bei der ersten möglichen Gelegenheit hören sie auf, einen solchen Menschen zu ernähren und lassen ihn wegen seiner Nutzlosigkeit sterben; aber wer nach der Lehre Jesu für andere lebt, den werden alle Menschen, wie böse sie auch sein mögen, immer ernähren und versorgen, damit er weiterhin für sie arbeiten kann.

Was ist also vernünftiger, was bietet mehr Freude und größere Sicherheit: ein Leben nach der Lehre dieser Welt oder ein Leben nach der Lehre Jesu?

KAPITEL XI.

DIE Lehre Jesu soll das Reich Gottes auf die Erde bringen. Die Ausübung dieser Lehre ist nicht schwierig; und nicht nur das, ihre Ausübung ist ein natürlicher Ausdruck des Glaubens aller, die ihre Wahrheit erkennen. Die Lehre Jesu bietet die einzig mögliche Chance auf Erlösung für diejenigen, die dem Verderben entgehen möchten, das das persönliche Leben bedroht. Die Erfüllung dieser Lehre wird die Menschen nicht nur von den Entbehrungen und Leiden dieses Lebens befreien, sondern auch neun Zehntel des Leidens beenden, das im Namen der Lehre der Welt ertragen wurde.

Als ich das begriff, fragte ich mich, warum ich nie eine Lehre praktiziert hatte , die mir so viel Glück, Frieden und Freude bringen würde; warum ich andererseits immer eine völlig andere Lehre praktiziert und mich dadurch unglücklich gemacht hatte? Warum? Die Antwort war einfach. Weil ich nie die Wahrheit gekannt hatte. Die Wahrheit war vor mir verborgen worden.

Als mir die Lehre Jesu zum ersten Mal offenbart wurde, glaubte ich nicht, dass diese Entdeckung mich dazu bringen würde, die Lehre der Kirche abzulehnen. [22] Ich fürchtete diese Trennung und versuchte im Laufe meiner Studien nicht, die Irrtümer in der Lehre der Kirche aufzuspüren. Ich versuchte vielmehr, meine Augen vor Aussagen zu verschließen, die dunkel und merkwürdig erschienen, vorausgesetzt, sie standen nicht in offensichtlichem Widerspruch zu dem, was ich als die Substanz der christlichen Lehre ansah.

Doch je weiter ich im Studium der Evangelien fortschritt und je klarer mir die Lehre Jesu offenbart wurde, desto unvermeidlicher wurde die Entscheidung. Entweder musste ich die Lehre Jesu annehmen, eine vernünftige und einfache Lehre, die meinem Gewissen und meiner Hoffnung auf Erlösung entsprach, oder ich musste eine ganz andere Lehre annehmen, eine Lehre, die der Vernunft und dem Gewissen widersprach und mir nichts bot außer der Gewissheit meines eigenen Verderbens und des Verderbens anderer. Ich war daher gezwungen, die Dogmen der Kirche nacheinander abzulehnen. Dies tat ich gegen meinen Willen und kämpfte mit dem Wunsch, meine Meinungsverschiedenheit mit der Kirche so weit wie möglich zu mildern, damit ich mich nicht von der Kirche trennen und mich dadurch der Gemeinschaft mit meinen Glaubensbrüdern berauben musste, des größten Glücks, das die Religion gewähren kann. Doch als ich meine Aufgabe erfüllt hatte, sah ich, dass trotz all meiner Bemühungen, eine Verbindung zur Kirche aufrechtzuerhalten, die Trennung vollständig war. Ich wusste schon vorher, dass das Band der Vereinigung, wenn es überhaupt existierte, nur sehr schwach sein musste, aber ich war bald davon überzeugt, dass es überhaupt nicht existierte.

Eines Tages, nachdem ich meine Untersuchung der Evangelien abgeschlossen hatte, kam mein Sohn zu mir und erzählte mir von einer Diskussion zwischen zwei Hausangestellten (ungebildeten Personen, die kaum lesen konnten) über eine Passage in einem religiösen Buch, in der behauptet wurde, es sei keine Sünde, Verbrecher hinzurichten oder Feinde im Krieg zu töten. Ich konnte nicht glauben, dass eine solche Behauptung in einem Buch gedruckt sein konnte, und bat darum, es zu sehen. Der Band trug den Titel „ *Ein Buch ausgewählter Gebete* ; dritte Ausgabe; 8. Zehntausend; Moskau: 1879". Auf Seite 163 dieses Buches las ich:

„Was ist das sechste Gebot Gottes?

"Du sollst nicht töten.

„Was verbietet Gott mit diesem Gebot?

„Er verbietet uns zu töten, einem Menschen das Leben zu nehmen.

„Ist es eine Sünde, einen Verbrecher nach dem Gesetz mit dem Tod zu bestrafen oder einen Feind im Krieg zu töten?

„Nein, das ist keine Sünde. Wir nehmen dem Verbrecher das Leben, um dem Unrecht, das er begeht, ein Ende zu setzen; wir töten einen Feind im Krieg, weil wir im Krieg für unseren Herrscher und unser Vaterland kämpfen."

Und auf diese Weise wurde die Aufhebung des Gesetzes Gottes angeordnet! Ich konnte kaum glauben, dass ich richtig gelesen hatte.

Ich wurde nach meiner Meinung zu dem betreffenden Thema gefragt. Demjenigen, der behauptete, dass die Anweisungen im Buch richtig seien, sagte ich, dass die Erklärung nicht korrekt sei.

„Warum drucken sie dann unwahre und gesetzeswidrige Erklärungen?" war seine Frage, auf die ich nichts erwidern konnte.

Ich behielt den Band und sah mir seinen Inhalt an. Das Buch enthielt einunddreißig Gebete mit Anweisungen zu Kniebeugen und Fingerfalten, eine Erklärung des *Credo* , ein Zitat aus dem fünften Kapitel des Matthäusevangeliums ohne jegliche Erklärung, aber mit der Überschrift „Gebote für jene, die die Seligpreisungen erlangen wollen", die zehn Gebote mit Kommentaren, die die meisten davon ungültig machten, und Hymnen für jeden Heiligentag.

Wie ich bereits sagte, hatte ich nicht nur versucht, Kritik an der Religion der Kirche zu vermeiden; ich hatte mein Bestes getan, nur ihre positivsten Seiten zu sehen; und obwohl ich ihre akademische Literatur von Anfang bis Ende kannte, hatte ich ihrer populären Literatur keinerlei Aufmerksamkeit geschenkt. Dieses Andachtsbuch, das in enormen Auflagen verbreitet wurde, weckte Zweifel in den Köpfen der ungebildetsten Menschen und brachte mich zum Nachdenken. Der Inhalt des Buches erschien mir so durch und durch heidnisch, so völlig im Widerspruch zum Christentum, dass ich nicht glauben konnte, dass es die bewusste Absicht der Kirche war, eine solche Lehre zu verbreiten. Um meinen Glauben zu bestätigen, kaufte und las ich alle Bücher, die die Synode mit ihrem „Segen" (*blagoslovnia*) veröffentlichte und die kurze Darlegungen der Religion der Kirche für Kinder und das einfache Volk enthielten.

Ihr Inhalt war für mich fast völlig neu, denn zu der Zeit, als ich meinen ersten Religionsunterricht erhielt, waren sie noch nicht erschienen. Soweit ich mich erinnern konnte, gab es keine Gebote in Bezug auf die Seligpreisungen, und es gab keine Lehre, die lehrte, dass Töten keine Sünde sei. In den alten Katechismen kamen solche Lehren nicht vor; sie waren weder im Katechismus von Peter Mogilas noch in dem von Beliokof oder in den gekürzten katholischen Katechismen zu finden. Die Neuerung wurde vom Metropoliten Philaret eingeführt , der einen Katechismus unter angemessener Berücksichtigung der Empfindlichkeiten der Militärklasse verfasste, und aus diesem Katechismus wurde das *Buch der ausgewählten Gebete* zusammengestellt. Philarets Werk trägt den Titel *Der christliche Katechismus der Orthodoxen Kirche zum Gebrauch aller orthodoxen Christen* und wird „auf Befehl seiner kaiserlichen Majestät" veröffentlicht. [23]

Das Buch ist in drei Teile gegliedert: „Über den Glauben", „Über die Hoffnung" und „Über die Liebe". Der erste Teil enthält die Analyse des Glaubenssymbols, wie es das Konzil von Nicäa vorlegte. Der zweite Teil besteht aus einer Auslegung des *Vaterunsers und den ersten acht Versen des fünften Kapitels des Matthäusevangeliums, die als Einleitung zur Bergpredigt dienen und (ich weiß nicht warum)* „*Gebote für diejenigen* , die die Seligpreisungen erlangen wollen" genannt werden. Diese ersten beiden Teile behandeln die Dogmen der Kirche, Gebete und Sakramente, enthalten jedoch keine Regeln für die Lebensführung. Der dritte Teil, „Über die Liebe", enthält eine Auslegung der christlichen Pflichten, die nicht auf den Geboten Jesu, sondern auf den zehn Geboten Moses beruht. Diese Auslegung der Gebote Moses scheint speziell zu dem Zweck verfasst worden zu sein, die Menschen zu lehren, sie nicht zu befolgen. Auf jedes Gebot folgt ein Vorbehalt, der seine Aussagekraft völlig zerstört. In Bezug auf das erste Gebot, das die Anbetung nur Gottes vorschreibt, lehrt der Katechismus die Anbetung von Heiligen und Engeln, ganz zu schweigen von der Mutter Gottes und den drei Personen der Dreifaltigkeit („Besonderer Katechismus", S. 107, 108). In Bezug auf das zweite Gebot, das die Anbetung von Götzen verbietet, gebietet der Katechismus die Anbetung von Bildern (S. 108). In Bezug auf das dritte Gebot gebietet der Katechismus das Ablegen von Eiden als wichtigstes Zeichen legitimer Autorität (S. 111). In Bezug auf das vierte Gebot, das die Einhaltung des Sabbats betrifft, lehrt der Katechismus die Einhaltung des

Sonntags, der dreizehn Hauptfeste, einer Reihe von Festen von geringerer Bedeutung, die Einhaltung der Fastenzeit und des Fastens am Mittwoch und Freitag (S. 112-115). In Bezug auf das fünfte Gebot „ *Ehre Vater und Mutter* " schreibt der Katechismus Ehre für den Herrscher, das Land, die geistlichen Väter und alle Personen in Autorität vor. Letztere werden auf drei Seiten aufgezählt, einschließlich der Universitätsbehörden , der Zivil-, Justiz- und Militärbehörden und der Besitzer von Leibeigenen, mit Anweisungen, wie jede dieser Klassen zu ehren ist (S. 116-119). Meine Zitate stammen aus der 64. Ausgabe des Katechismus von 1880. Zwanzig Jahre sind seit der Abschaffung der Leibeigenschaft vergangen, und niemand hat sich die Mühe gemacht, den Satz zu streichen, der im Zusammenhang mit dem Gebot Gottes, die Eltern zu ehren, in den Katechismus aufgenommen wurde, um die Sklaverei zu unterstützen und zu rechtfertigen.

Im Hinblick auf das sechste Gebot „ *Du sollst nicht töten* " sprechen die Vorschriften des Katechismus von vornherein für Mord.

" *Frage:* „Was verbietet das sechste Gebot?"

„ *Antwort:* Es verbietet Totschlag, also das Töten des Nächsten auf irgendeine Weise.

" *Frage:* Ist jeder Totschlag ein Verstoß gegen das Gesetz?

" *Antwort:* Totschlag ist kein Verstoß gegen das Gesetz, wenn in Ausübung seines Auftrags ein Leben genommen wird. Zum Beispiel:

„1. Wenn ein vor Gericht verurteilter Verbrecher mit dem Tod bestraft wird.

„2. Wenn wir *im Krieg* für den Souverän und unser Land töten."

Die Kursivschrift ist im Original. Weiter heißt es:

" *Frage:* Wann wird das Gesetz im Hinblick auf Totschlag übertreten?

„ *Antwort:* Wenn jemand einen Mörder versteckt oder freilässt" (*sic*).

All dies wird in Hunderttausenden von Exemplaren gedruckt und unter dem Namen der christlichen Lehre zwangsweise jedem Russen beigebracht, der sie bei Strafandrohung annehmen muss. Dies wird dem gesamten russischen Volk beigebracht. Es wird den unschuldigen Kindern beigebracht — den Kindern, die Jesus befahl, zu ihm gebracht zu werden, da sie zum Reich Gottes gehören; den Kindern, denen wir in Unkenntnis falscher Lehren gleichen müssen, um in das Reich Gottes zu gelangen; den Kindern, die Jesus zu beschützen versuchte, indem er verkündete: Wehe dem, der einen der Kleinen zu Fall bringen sollte! Und die kleinen Kinder müssen all dies lernen, und ihnen wird gesagt, dass es das einzige und heilige Gesetz Gottes ist. Dies sind keine heimlich verbreiteten Proklamationen, deren Verfasser mit

Zuchthaus bestraft werden; es sind Proklamationen, die allen, die mit den Lehren, die sie einschärfen, nicht einverstanden sind, Zuchthaus auferlegen.

Während ich diese Zeilen schreibe, überkommt mich ein Gefühl der Unsicherheit, einfach weil ich mir erlaubt habe, mit Worten wie diesen zu sagen, dass die Menschen das grundlegende Gesetz Gottes, das in allen Gesetzbüchern und in allen Herzen eingeschrieben ist, nicht außer Kraft setzen können:

„Totschlag ist kein Verstoß gegen das Gesetz, wenn im Rahmen seines Auftrags ein Leben genommen wird … wenn wir im Krieg für unseren Souverän und unser Land töten."

Ich zittere, weil ich mir erlaubt habe zu sagen, dass man Kindern solche Dinge nicht beibringen sollte.

Vor solchen Lehren warnte Jesus die Menschen, als er sagte:

„ Sieh also, ob das Licht, das in dir ist, nicht Finsternis ist. " (Lukas 11,35)

Das Licht in uns ist zur Dunkelheit geworden, und die Dunkelheit unseres Lebens ist voller Schrecken.

„ Wehe euch, Schriftgelehrte und Pharisäer, ihr Heuchler! Denn ihr verschließt das Himmelreich vor den Menschen! Ihr selbst geht nicht hinein und jene, die hineinwollen, lasst ihr nicht hinein. Wehe euch, Schriftgelehrte und Pharisäer, ihr Heuchler! Denn ihr verschlingt die Häuser der Witwen, während ihr zum Schein lange Gebete verrichtet! Darum werdet ihr ein noch schwereres Urteil empfangen. Wehe euch, Schriftgelehrte und Pharisäer, ihr Heuchler! Denn ihr durchzieht Land und Meer, um einen einzigen Proselyten zu gewinnen; und wenn er es geworden ist, macht ihr aus ihm einen Sohn der Hölle, der doppelt so schlimm ist wie ihr selbst. Wehe euch, ihr blinden Führer …

„ Wehe euch, Schriftgelehrte und Pharisäer, ihr Heuchler! Denn ihr baut die Gräber der Propheten und schmückt die Grabmäler der Gerechten und sagt: Wären wir in den Tagen unserer Väter gewesen, so hätten wir nicht mit ihnen am Blut der Propheten teilgehabt. So bezeugt ihr euch selbst, dass ihr Söhne derer seid, die die Propheten töteten. Macht also das Maß eurer Väter voll … Ich sende Propheten und Weise und Schriftgelehrte zu euch. Einige von ihnen werdet ihr töten und kreuzigen; und einige von ihnen werdet ihr in euren Synagogen geißeln und von Stadt zu Stadt verfolgen, damit über euch komme all das gerechte Blut, das auf der Erde vergossen wurde, vom Blut Abels …

„ Jede Sünde und Gotteslästerung wird den Menschen vergeben werden; aber die Gotteslästerung gegen den Geist wird nicht vergeben werden. "

Wir könnten mit Recht sagen, dass all dies erst gestern geschrieben wurde, nicht gegen Menschen, die nicht mehr zu Land und zu Meer reisen, um den Geist zu lästern oder Menschen zu einer Religion zu bekehren, die ihre Anhänger schlimmer macht als sie vorher waren, sondern gegen Menschen, die Menschen absichtlich zwingen, ihre Religion anzunehmen, und alle Propheten und Rechtschaffenen verfolgen und töten, die der Menschheit ihre Lügen offenbaren wollen. Ich gelangte zu der Überzeugung, dass die Lehre der Kirche, obwohl sie den Namen „christlich" trägt, eins ist mit der Dunkelheit, gegen die Jesus kämpfte und gegen die er seinen Jüngern zu kämpfen befahl.

Die Lehre Jesu wird wie alle religiösen Lehren auf zweierlei Weise betrachtet: erstens als moralisches und ethisches System, das den Menschen beibringt, wie sie als Individuen und in Bezug zueinander leben sollen; zweitens als metaphysische Theorie, die erklärt, warum die Menschen auf eine bestimmte Weise leben sollen und nicht anders. Das eine bedingt das andere. Der Mensch soll so leben, weil dies sein Schicksal ist; oder das Schicksal des Menschen ist so, und deshalb soll er ihm folgen. Diese beiden Methoden des Lehrausdrucks sind allen Religionen der Welt gemeinsam, der Religion der Brahmanen, der Religion des Konfuzius, der Religion Buddhas, der Religion des Moses und der Religion Christi. Aber was die Lehre Jesu betrifft, wie auch was alle anderen Lehren betrifft, weichen die Menschen von ihren Vorschriften ab und finden immer jemanden , der ihre Abweichungen rechtfertigt. Diejenigen, die, wie Jesus sagte, auf Moses' Stuhl sitzen, erklären die metaphysische Theorie so, dass die ethischen Vorschriften der Lehre nicht mehr als obligatorisch angesehen werden und durch äußere Formen der Anbetung, durch Zeremoniell, ersetzt werden. Dies ist ein allen Religionen gemeinsamer Zustand, aber mir scheint, dass er nie mit so viel Pomp zum Ausdruck gekommen ist wie im Zusammenhang mit dem Christentum – und zwar aus zwei Gründen: Erstens, weil die Lehre Jesu die erhabenste aller Lehren ist (die erhabenste, weil die metaphysischen und ethischen Teile so eng miteinander verbunden sind, dass man sie nicht vom anderen trennen kann, ohne die Vitalität des Ganzen zu zerstören); zweitens, weil die Lehre Jesu an sich ein Protest gegen alle Formen ist, eine Negierung nicht nur des jüdischen Zeremoniells, sondern aller äußeren Riten der Anbetung. Daher entstellt die willkürliche Trennung der metaphysischen und ethischen Aspekte des Christentums die Lehre völlig und beraubt sie jeder Art von Bedeutung. Die Trennung begann mit der Predigt des Paulus, der die ethische Lehre des Matthäusevangeliums nur unvollkommen kannte und eine metaphysisch -kabbalistische Theorie predigte, die der Lehre Jesu völlig fremd war; und diese Theorie wurde unter Konstantin vervollkommnet, als die bestehende heidnische Gesellschaftsordnung einfach dadurch christlich erklärt wurde, dass man sie mit dem Mantel des Christentums bedeckte. Nach Konstantin, diesem Erzheiden, den die Kirche trotz all seiner Verbrechen und Laster in die Kategorie der Heiligen aufnimmt, begann die Herrschaft der Konzile, und der Schwerpunkt des Christentums wurde dauerhaft verschoben, bis nur noch der metaphysische Teil im Blickfeld blieb. Und diese metaphysische Theorie mit dem sie begleitenden

Zeremoniell wich immer mehr von ihrer wahren und ursprünglichen Bedeutung ab, bis sie ihr gegenwärtiges Entwicklungsstadium als Lehre erreichte, die die Geheimnisse eines himmlischen Lebens jenseits des Verständnisses der menschlichen Vernunft erklärt und mit all ihren komplizierten Formeln keinerlei religiöse Anleitung hinsichtlich der Regelung dieses irdischen Lebens gibt.

Alle Religionen, mit Ausnahme der Religion der christlichen Kirche, verlangen von ihren Anhängern neben Formen und Zeremonien die Ausübung bestimmter Handlungen, die als gut bezeichnet werden, und die Enthaltsamkeit von bestimmten Handlungen, die als schlecht bezeichnet werden. Die jüdische Religion schreibt die Beschneidung, die Einhaltung des Sabbats, das Geben von Almosen, das Passahfest vor. Der Mohammedanismus schreibt die Beschneidung, fünfmal täglich Gebet, das Geben des Zehnten an die Armen, eine Pilgerfahrt zum Grab des Propheten und viele andere Dinge vor. Dasselbe gilt für alle anderen Religionen. Ob diese Vorschriften nun gut oder schlecht sind, es sind Vorschriften, die die Durchführung bestimmter Handlungen verlangen. Nur das Pseudochristentum schreibt nichts vor. Es gibt nichts, was ein Christ einhalten muss, außer Fasten und Gebete, die die Kirche selbst nicht als obligatorisch anerkennt. Alles, was der Pseudochrist braucht, ist das Sakrament. Aber das Sakrament wird nicht vom Gläubigen vollzogen; es wird ihm von anderen gespendet. Der Pseudochrist ist verpflichtet, für sein eigenes Seelenheil nichts zu tun oder sich von nichts zu enthalten, da die Kirche ihm alles gibt, was er braucht. Die Kirche tauft ihn, salbt ihn, gibt ihm die Eucharistie , beichtet ihn, selbst wenn er das Bewusstsein verloren hat, spendet ihm die letzte Ölung und betet für ihn – und er ist gerettet. Seit Konstantin hat die christliche Kirche ihren Anhängern keine religiösen Pflichten vorgeschrieben. Sie hat nie von ihnen verlangt, sich von irgendetwas zu enthalten. Die christliche Kirche hat Scheidung, Sklaverei, Gerichte, alle weltlichen Mächte, die Todesstrafe und den Krieg anerkannt und gebilligt; sie hat nichts verlangt außer dem Verzicht auf den Vorsatz, Böses zu tun, anlässlich der Taufe, und dies nur in ihren frühen Tagen: Später, als die Kindertaufe eingeführt wurde, wurde selbst diese Forderung nicht mehr beachtet.

Die Kirche bekennt sich theoretisch zur Lehre Jesu, leugnet sie aber in der Praxis. Anstatt das Leben der Welt zu leiten, legt die Kirche aus Zuneigung zur Welt die metaphysische Lehre Jesu so dar, dass daraus keine Verpflichtung hinsichtlich der Lebensführung abgeleitet werden kann, keine Notwendigkeit für die Menschen, anders zu leben als bisher. Die Kirche hat sich der Welt ergeben und folgt einfach dem Gefolge ihres Siegers. Die Welt tut, was sie will, und überlässt der Kirche die Aufgabe, ihr Handeln mit Erklärungen über den Sinn des Lebens zu rechtfertigen. Die Welt organisiert ein Leben in absolutem Widerspruch zur Lehre Jesu, und die Kirche bemüht sich zu beweisen, dass Menschen, die im Widerspruch zur Lehre Jesu leben, wirklich im Einklang mit dieser Lehre leben. Das Endergebnis ist, dass die Welt ein schlechteres Leben führt als die heidnische Welt, und die Kirche billigt dies nicht nur, sondern behauptet auch, dass dieses Leben in völliger Übereinstimmung mit der Lehre Jesu steht.

Doch wird eine Zeit kommen, in der das Licht der wahren Lehre Jesu aus den Evangelien hervorstrahlt, ungeachtet der schuldhaften Bemühungen der Kirche, diese vor den Augen der Menschen zu verbergen, wie zum Beispiel durch das Verbot der Bibelübersetzung. Es wird eine Zeit kommen, in der das Licht die Menschen erreicht, sogar durch Sektierer und Freidenker, und die Falschheit der Lehre der Kirche so klar aufgezeigt wird, dass die Menschen beginnen, die Lebensweise zu ändern, die die Kirche gerechtfertigt hat.

So haben die Menschen aus eigenem Antrieb und gegen die Zustimmung der Kirche die Sklaverei abgeschafft, das Gottesgnadentum der Kaiser und Päpste abgeschafft und sind jetzt dabei, Eigentum und Staat abzuschaffen. Und die Kirche kann solche Maßnahmen nicht verbieten, denn die Abschaffung dieser Missstände steht im Einklang mit der christlichen Lehre, die die Kirche predigt, nachdem sie sie widerlegt hat.

Und auf diese Weise wird die Lebensführung des Menschen von der Kontrolle der Kirche befreit und einer ganz anderen Autorität unterworfen. Die Kirche behält ihre Dogmen, aber was sind ihre Dogmen wert? Eine metaphysische Erklärung kann nur dann von Nutzen sein, wenn es eine Lebenslehre gibt, die sie zu offenbaren dient. Aber die Kirche besitzt nur die Erklärung einer Organisation, die sie einst sanktionierte und die nicht mehr existiert. Der Kirche bleiben nichts als Tempel und Schreine und Kanoniker und Gewänder und Worte.

Achtzehn Jahrhunderte lang hat die Kirche das Licht des Christentums hinter ihren Formen und Zeremonien verborgen und wird durch eben dieses Licht beschämt. Die Welt hat mit einer von der Kirche sanktionierten Organisation die Kirche im Namen der Grundsätze des Christentums, zu denen sich die Kirche bekannt hat, abgelehnt. Die Trennung zwischen beiden ist vollständig und kann nicht verborgen werden. Alles, was heute in der europäischen Welt wirklich lebt (alles, was nicht kalt und stumm in hasserfüllter Isolation ist), — alles, was lebt, ist von der Kirche, von allen Kirchen, losgelöst und hat eine von der Kirche unabhängige Existenz. Man soll nicht sagen, dass dies nur für die verfallenen Zivilisationen Westeuropas gilt. Russland mit seinen Millionen zivilisierter und unzivilisierter christlicher Rationalisten, die die Lehre der Kirche abgelehnt haben, beweist unwiderlegbar, dass es sich, was die Befreiung vom Joch der Kirche betrifft, Gott sei Dank, in einem schlimmeren Verfall befindet als der Rest Europas.

Alles Lebende ist unabhängig von der Kirche. Die Macht des Staates beruht auf Tradition, auf Wissenschaft, auf dem Wahlrecht des Volkes, auf roher Gewalt, auf allem außer der Kirche. Kriege, die Beziehungen zwischen Staaten, werden von den Prinzipien der Nationalität und des Kräftegleichgewichts bestimmt, nicht aber von der Kirche. Die vom Staat geschaffenen Institutionen ignorieren die Kirche offen. Die Vorstellung, dass die Kirche in diesen Zeiten als Grundlage für Gerechtigkeit oder den Schutz des Eigentums dienen kann, ist einfach absurd. Die Wissenschaft unterstützt nicht nur nicht die Doktrin der Kirche, sondern ist in ihrer Entwicklung der Kirche gegenüber völlig feindlich eingestellt. Die Kunst, die früher ausschließlich dem Dienst der Kirche gewidmet war, hat die Kirche völlig aufgegeben. Es ist nicht viel gesagt, dass das menschliche Leben jetzt völlig von der Kirche emanzipiert ist; es empfindet jetzt gegenüber der Kirche nur noch Verachtung, wenn die Kirche sich nicht in menschliche Angelegenheiten einmischt, und Hass, wenn die Kirche versucht, ihre alten Privilegien wiederherzustellen. Der Kirche wird weiterhin eine formelle Existenz zugestanden, einfach weil die Menschen Angst davor haben, den Kelch zu zerbrechen, der einst das Wasser des Lebens enthielt. Nur so können wir in unserer Zeit die Existenz des Katholizismus, der Orthodoxie und der verschiedenen protestantischen Kirchen erklären.

Alle diese Kirchen – die katholische, die orthodoxe und die protestantische – sind wie so viele Wachposten, die immer noch sorgfältig vor den Gefängnistoren Wache halten, obwohl die Gefangenen vor ihren Augen schon lange auf freiem Fuß sind und sogar ihre Existenz bedrohen. Alles, was tatsächlich Leben ausmacht, das heißt die Aktivität der Menschheit in Richtung Fortschritt und eigenes Wohlergehen, Sozialismus, Kommunismus, die neuen politisch- ökonomischen Theorien, Utilitarismus, die Freiheit und Gleichheit aller sozialen Klassen und von Männern und Frauen, alle moralischen Prinzipien der Menschheit, die Heiligkeit der Arbeit, Vernunft, Wissenschaft, Kunst – all dies, was dem Fortschritt der Welt in Feindseligkeit gegenüber der Kirche einen Impuls verleiht, sind nur Bruchstücke der Lehre, die die Kirche bekannt hat und so sorgfältig zu verbergen versucht hat. In diesen Zeiten ist das Leben der Welt völlig unabhängig von der Lehre der Kirche. Die Kirche ist so weit zurückgelassen, dass die Menschen die Stimmen derer, die ihre Lehren predigen, nicht mehr hören. Dies ist leicht verständlich, da die Kirche immer noch an einer Organisation des weltlichen Lebens festhält, die aufgegeben wurde und schnell dem Untergang geweiht ist.

Stellen Sie sich eine Anzahl Männer vor, die ein Boot rudern, wobei ein Lotse steuert. Die Männer verlassen sich auf den Lotsen, und der Lotse steuert gut;

doch nach einiger Zeit wird der gute Lotse durch einen anderen ersetzt, der überhaupt nicht steuert. Das Boot fährt schnell und problemlos. Zunächst bemerken die Männer die Nachlässigkeit des neuen Lotsen nicht; sie sind nur erfreut, dass das Boot so problemlos fährt. Dann entdecken sie, dass der neue Lotse völlig nutzlos ist, und sie verspotten ihn und vertreiben ihn von seinem Platz.

ungeschickten Lotsen beiseite schoben , nicht vergessen hätten, dass sie ohne Lotsen wahrscheinlich einen falschen Kurs einschlagen. Aber so ist es mit unserer christlichen Gesellschaft. Die Kirche hat ihre Kontrolle verloren; wir bewegen uns reibungslos vorwärts und sind weit von unserem Ausgangspunkt entfernt. Die Wissenschaft, dieser besondere Stolz dieses neunzehnten Jahrhunderts, ist manchmal beunruhigt; aber das liegt an der Abwesenheit eines Lotsen. Wir bewegen uns vorwärts, aber zu welchem Ziel? Wir organisieren unser Leben, ohne im Geringsten zu wissen, warum oder zu welchem Zweck. Aber wir können uns nicht länger damit zufrieden geben, zu leben, ohne zu wissen, warum, genauso wenig wie wir ein Boot steuern können, ohne den Kurs zu kennen, dem wir folgen.

Wenn die Menschen nichts aus sich selbst tun könnten, wenn sie nicht für ihre Lage verantwortlich wären, könnten sie auf die Frage: „Warum seid ihr in dieser Lage?" ganz vernünftig antworten: „Wir wissen es nicht, aber wir sind hier und fügen uns." Aber die Menschen sind die Erbauer ihres eigenen Schicksals und insbesondere des Schicksals ihrer Kinder. Daher fragen wir: „Warum versammelt ihr Millionen von Soldaten, warum macht ihr euch selbst zu Soldaten und zerstückelt und ermordet einander? Warum habt ihr eine enorme Menge menschlicher Energie für den Bau nutzloser und ungesunder Städte aufgewendet und warum wendet ihr sie immer noch auf? Warum organisiert ihr lächerliche Tribunale und schickt Menschen, die ihr als Kriminelle betrachtet, von Frankreich nach Cayenne, von Russland nach Sibirien, von England nach Australien, wenn ihr doch wisst, wie hoffnungslos töricht das ist? Warum gebt ihr die Landwirtschaft auf, die ihr liebt, um in Fabriken und Mühlen zu arbeiten, die ihr verachtet? Warum erzieht ihr eure Kinder auf eine Weise, die sie zu einem Leben zwingt, das ihr für wertlos haltet? Warum tut ihr das?" Auf alle diese Fragen fühlen sich die Menschen verpflichtet, eine Antwort zu geben.

Wäre dieses Leben angenehm und fänden die Menschen Freude daran, würden sie selbst dann versuchen zu erklären, warum sie weiterhin unter solchen Bedingungen leben. Aber all diese Dinge sind furchtbar schwierig; sie werden mit Murren und schmerzhaften Kämpfen ertragen, und die Menschen können nicht umhin, über die Motive nachzudenken, die sie zu einem solchen Weg treiben. Sie müssen aufhören, die akzeptierte Organisation des Lebens aufrechtzuerhalten, oder sie müssen erklären, warum sie sie unterstützen. Und so haben die Menschen diese Frage nie unbeantwortet gelassen. Wir finden in allen Zeitaltern irgendeinen Versuch einer Antwort. Der Jude lebte, wie er lebte, das heißt, er führte Krieg, ließ Verbrecher hinrichten, baute den Tempel, organisierte sein gesamtes Leben auf diese und nicht auf eine andere Weise, weil er, wie er überzeugt war, damit den Gesetzen folgte, die Gott selbst verkündet hatte. Dasselbe können wir vom Hindu, vom Chinesen, vom Römer und vom Mohammedaner sagen. Eine ähnliche Antwort gaben die Christen vor einem Jahrhundert und geben sie heute von der großen Masse der Christen.

Vor einem Jahrhundert und heute unter den Unwissenden gibt der nominelle Christ folgende Antwort: „Wehrpflicht, Kriege, Tribunale und die Todesstrafe existieren alle im Gehorsam gegenüber dem Gesetz Gottes, das uns von der Kirche überliefert wurde. Dies ist eine gefallene Welt. Alles Böse, das existiert, existiert durch Gottes Willen, als Strafe für die Sünden der Menschen. Aus diesem Grund können wir nichts tun, um das Böse zu lindern. Wir können unsere eigenen Seelen nur durch Glauben, durch die Sakramente, durch Gebete und durch Unterwerfung unter den Willen Gottes retten, wie er von der Kirche überliefert wird. Die Kirche lehrt uns, dass alle Christen ihren Herrschern, die die Gesalbten des Herrn sind, ohne Zögern gehorchen sollen und auch Personen gehorchen sollen, die von Herrschern in Autorität versetzt wurden; dass sie ihr Eigentum und das anderer mit Gewalt verteidigen, Krieg führen, die Todesstrafe verhängen und sich in allen Dingen den Autoritäten unterwerfen sollen, die durch den Willen Gottes befehlen."

Was auch immer wir von der Vernünftigkeit dieser Erklärungen halten mögen, sie genügten einst einem gläubigen Christen, so wie ähnliche Erklärungen einen Juden oder einen Mohammedaner zufriedenstellten, und die Menschen waren nicht gezwungen, allen Sinn eines Lebens nach einem Gesetz aufzugeben, das sie als göttlich anerkannten. Aber heute glauben nur noch die unwissendsten Menschen an solche Erklärungen, und ihre Zahl nimmt jeden Tag und jede Stunde ab. Es ist unmöglich, dieser Tendenz Einhalt zu gebieten. Die Menschen folgen unaufhaltsam denen, die den Weg weisen, und müssen früher oder später denselben Boden durchqueren wie die Vorhut. Die Vorhut befindet sich jetzt in einer kritischen Lage; diejenigen, die sie bilden, organisieren das Leben nach ihren eigenen Vorstellungen, bereiten dieselben Bedingungen für diejenigen vor, die ihnen folgen sollen, und haben absolut nicht die geringste Ahnung, warum sie dies tun. Kein zivilisierter Mensch in der Vorhut des Fortschritts ist heute in der Lage, auf die direkte Frage zu antworten: „Warum führen Sie das Leben, das Sie führen? Warum schaffen Sie die Bedingungen, die Sie schaffen?" Ich habe diese Fragen Hunderten von Menschen gestellt und nie eine direkte Antwort von ihnen erhalten. Statt einer direkten Antwort auf die direkte Frage habe ich im Gegenzug eine Antwort auf eine Frage erhalten, die ich nicht gestellt hatte.

Wenn wir einen Katholiken, Protestanten oder Orthodoxen fragen, warum er ein Leben führt, das im Widerspruch zu den Lehren Jesu steht, beginnt er, statt einer direkten Antwort, von dem melancholischen Zustand des Skeptizismus zu sprechen , der für diese Generation charakteristisch ist, von böswilligen Menschen, die Zweifel unter den Massen verbreiten, von der Bedeutung der Zukunft der bestehenden Kirche. Aber er wird Ihnen nicht sagen, warum er nicht im Einklang mit den Geboten der Religion handelt, zu der er sich bekennt. Statt über seine eigene Lage zu sprechen, wird er mit Ihnen über die Lage der Menschheit im Allgemeinen und der Kirche sprechen, als ob sein eigenes Leben nicht die geringste Bedeutung hätte und seine einzigen Sorgen die Rettung der Menschheit und dessen wären, was er die Kirche nennt.

Ein Philosoph, welcher Schule er auch angehört, sei er Idealist oder Spiritualist, Pessimist oder Positivist, wird, wenn wir ihn fragen, warum er so lebt, wie er lebt, das heißt im Widerspruch zu seiner philosophischen Lehre, sofort anfangen, über den Fortschritt der Menschheit zu sprechen und über das historische Gesetz dieses Fortschritts, das er entdeckt hat und aufgrund dessen die Menschheit zur Rechtschaffenheit tendiert. Aber er wird nie direkt auf die Frage antworten, warum er selbst nicht im Einklang mit dem lebt, was er als Gebot der Vernunft anerkennt. Es scheint, als wäre der Philosoph ebenso wie der Gläubige nicht mit seinem persönlichen Leben beschäftigt, sondern mit der Beobachtung der Auswirkungen allgemeiner Gesetze auf die Entwicklung der Menschheit.

Der „durchschnittliche" Mensch (das heißt einer aus der überwältigenden Mehrheit der zivilisierten Menschen, die halb Skeptiker und halb Gläubige sind und die alle ohne Ausnahme die Existenz beklagen, ihre Organisation verurteilen und die allgemeine Zerstörung vorhersagen) – der durchschnittliche Mensch gibt, wenn wir ihn fragen, warum er weiterhin ein Leben führt, das er verurteilt, ohne sich um seine Verbesserung zu bemühen, keine direkte Antwort, sondern beginnt sofort, über Dinge im Allgemeinen zu sprechen, über Gerechtigkeit, über den Staat, über Handel, über Zivilisation. Wenn er ein Mitglied der Polizei oder ein Staatsanwalt ist, fragt er: „Und was würde aus dem Staat werden, wenn ich, um meine Existenz zu verbessern, aufhören würde, ihm zu dienen?" „Was würde aus Handel werden?", ist seine Frage, wenn er ein Kaufmann ist; „Was wäre mit der Zivilisation, wenn ich aufhöre, für sie zu arbeiten, und nur noch danach strebe, meine eigene Lage zu verbessern?", wird der Einwand eines anderen sein. Seine Antwort wird immer in dieser Form sein, als ob die Pflicht seines Lebens nicht darin bestünde, das Gute zu suchen, das seiner Natur entspricht, sondern dem Staat, dem Handel oder der Zivilisation zu dienen.

Der Durchschnittsmensch antwortet genau so wie der Gläubige oder der Philosoph. Anstatt die Frage zu einer persönlichen zu machen, gleitet er sofort zu Allgemeinheiten ab. Diese Ausrede wird einfach deshalb angewandt, weil der Gläubige und der Philosoph und der Durchschnittsmensch keine positive Lehre über die Existenz haben und daher nicht auf die persönliche Frage „Was ist mit Ihrem eigenen Leben?“ antworten können. Sie sind angewidert und gedemütigt, weil sie nicht die geringste Spur einer Lehre über das Leben besitzen, denn niemand kann in Frieden leben, ohne ein gewisses Verständnis davon zu haben, was das Leben wirklich bedeutet. Aber heutzutage klammern sich nur Christen an einen phantastischen und abgenutzten Glauben als Erklärung dafür, warum das Leben so ist, wie es ist, und nicht anders. Nur Christen geben einem System den Namen Religion, das für niemanden den geringsten Nutzen hat. Nur unter Christen ist das Leben von jeder oder allen Lehren getrennt und ohne jegliche Definition. Darüber hinaus hat die Wissenschaft, wie die Tradition, aus dem zufälligen und abnormalen Zustand der Menschheit ein allgemeines Gesetz formuliert. Gelehrte wie Tiele und Spencer behandeln Religion als eine ernste Angelegenheit und verstehen unter Religion die metaphysische Lehre des universellen Prinzips, ohne zu ahnen, dass sie die Religion als Ganzes aus den Augen verloren haben, indem sie ihre Aufmerksamkeit ausschließlich auf einen ihrer Aspekte beschränkt haben.

Aus all dem ziehen wir ganz außergewöhnliche Ergebnisse. Wir sehen gelehrte und intelligente Menschen, die arglos glauben, sie seien von aller Religion befreit, nur weil sie die metaphysische Erklärung des universellen Prinzips ablehnen, die eine frühere Generation zufriedenstellte. Es kommt ihnen nicht in den Sinn, dass Menschen ohne irgendeine Theorie der Existenz nicht leben können; dass jeder Mensch nach irgendeinem Prinzip lebt und dass dieses Prinzip, nach dem er sein Leben lenkt, seine Religion ist. Die Menschen, von denen wir gesprochen haben, sind überzeugt, dass sie vernünftige Überzeugungen haben, aber keine Religion. Trotzdem, wie ernst ihre Behauptungen auch sein mögen, haben sie eine Religion von dem Moment an, in dem sie sich verpflichten, ihre Handlungen nach der Vernunft zu lenken, denn eine vernünftige Handlung wird durch eine Art Glauben bestimmt. Nun, ihr Glaube besteht in dem, was ihnen zu tun befohlen wird. Der Glaube derjenigen, die die Religion ablehnen, besteht in einer Religion des Gehorsams gegenüber dem Willen der herrschenden Mehrheit; mit einem Wort, der Unterwerfung unter die etablierte Autorität.

Wir können ein rein tierisches Leben gemäß der Weltlehre führen, ohne ein bestimmendes Motiv anzuerkennen, das verbindlicher ist als die Regeln der etablierten Autorität. Aber wer so lebt, kann nicht behaupten, dass er ein vernünftiges Leben führt. Bevor wir behaupten, dass wir ein vernünftiges Leben führen, müssen wir bestimmen, welche Lehre des Lebens wir als vernünftig betrachten. Ach, wir elenden Menschen besitzen nicht den Anschein einer solchen Lehre, und mehr noch, wir haben jede Wahrnehmung der Notwendigkeit einer vernünftigen Lebenslehre verloren.

Fragen Sie die Gläubigen oder Skeptiker dieser Zeit, welcher Lebenslehre sie folgen. Sie werden gestehen müssen, dass sie nur einer Lehre folgen, der Lehre, die auf Gesetzen beruht, die von der Justiz oder von gesetzgebenden Versammlungen formuliert und von der Polizei durchgesetzt werden – der Lieblingslehre der meisten Europäer. Sie wissen, dass diese Lehre nicht von oben kommt, oder von Propheten oder Weisen; sie finden ständig Fehler an den Gesetzen, die von der Justiz oder von gesetzgebenden Versammlungen formuliert werden, aber dennoch unterwerfen sie sich der Polizei, die mit ihrer Durchsetzung beauftragt ist. Sie unterwerfen sich ohne Murren den schrecklichsten Forderungen. Die von der Justiz oder den gesetzgebenden Versammlungen beschäftigten Beamten verfügen per Gesetz, dass jeder junge Mann bereit sein muss, zu den Waffen zu greifen, andere zu töten und selbst zu sterben, und dass alle Eltern, die erwachsene Söhne haben, den Gehorsam gegenüber diesem Gesetz befürworten müssen, das gestern von einem Söldnerbeamten erlassen wurde und morgen möglicherweise widerrufen wird.

Wir haben die Vorstellung aus den Augen verloren, dass ein Gesetz an sich vernünftig und für jeden sowohl im Geiste als auch im Wortlaut bindend sein kann. Die Hebräer besaßen ein Gesetz, das das Leben nicht durch erzwungenen Gehorsam gegenüber seinen Anforderungen regelte, sondern indem es an das Gewissen jedes Einzelnen appellierte; und die Existenz dieses Gesetzes wird als außergewöhnliches Merkmal des hebräischen Volkes angesehen. Dass die Hebräer nur bereit waren, dem zu gehorchen, was sie durch geistige Wahrnehmung als die unbestreitbare Wahrheit direkt von Gott erkannten, wird als bemerkenswertes nationales Merkmal angesehen. Aber es scheint, dass der natürliche und normale Zustand zivilisierter Menschen darin besteht, dem zu gehorchen, was nach ihrem eigenen Wissen von verachtenswerten Beamten verordnet und durch die Zusammenarbeit bewaffneter Polizisten durchgesetzt wird.

Das besondere Merkmal des zivilisierten Menschen ist, dass er dem gehorcht, was die Mehrheit der Menschen als ungerecht und gegen das Gewissen erachtet. Ich suche in der heutigen zivilisierten Gesellschaft vergeblich nach klar formulierten moralischen Grundlagen des Lebens. Es gibt keine. Es besteht kein Bewusstsein für ihre Notwendigkeit. Im Gegenteil, wir sind zutiefst davon überzeugt, dass sie überflüssig sind; dass Religion nichts weiter ist als ein paar Worte über Gott und ein zukünftiges Leben und ein paar Zeremonien, die nach Ansicht einiger sehr nützlich für die Rettung der Seele sind und nach Ansicht anderer zu nichts taugen; dass das Leben vielmehr von selbst geschieht und keiner grundlegenden Regel bedarf, und dass wir nur das tun müssen, was uns gesagt wird.

Die beiden wesentlichen Quellen des Glaubens, die Lehre, die das Leben bestimmt, und die Erklärung des Sinns des Lebens, werden als sehr ungleich wertvoll angesehen. Die erste wird als sehr unwichtig angesehen und hat keinerlei Bezug zum Glauben; die zweite wird als Erklärung eines vergangenen Daseinszustands oder als aus Spekulationen über die historische Entwicklung des Lebens bestehende Lehre als sehr bedeutsam angesehen. Was alles betrifft, was das Leben des Menschen ausmacht und sich in Handlungen ausdrückt, verlassen sich die Mitglieder unserer modernen Gesellschaft bereitwillig auf Menschen, die wie sie selbst nicht wissen, warum sie ihre Mitmenschen anweisen, so zu leben und nicht anders. Diese Einstellung gilt unabhängig davon, ob es darum geht, zu entscheiden, ob man töten oder nicht töten soll, ob man urteilen oder nicht urteilen soll, ob man Kinder so oder so erziehen soll. Und die Menschen betrachten eine solche Existenz als vernünftig und haben kein Schamgefühl!

Die Erklärungen der Kirche, die als Glauben gelten, und der wahre Glaube unserer Generation, der den sozialen Gesetzen und den Gesetzen des Staates gehorcht, haben ein Stadium scharfer Feindseligkeit erreicht. Die Mehrheit der zivilisierten Menschen hat nichts, was ihr Leben regelt, außer dem Glauben an die Polizei. Dieser Zustand wäre unerträglich, wenn er allgemein wäre. Glücklicherweise gibt es einen Rest, der aus den edelsten Köpfen der Zeit besteht, die sich mit dieser Religion nicht zufrieden geben, sondern einen völlig anderen Glauben in Bezug auf das haben, was das Leben des Menschen sein sollte. Diese Menschen werden als die bösartigsten, gefährlichsten und allgemein als die ungläubigsten aller Menschen angesehen, und doch sind sie die einzigen Menschen unserer Zeit, die an die Lehre des Evangeliums glauben, wenn nicht als Ganzes, so doch zumindest teilweise. Diese Menschen wissen im Allgemeinen wenig über die Lehre Jesu; sie verstehen sie nicht, und wie ihre Gegner weigern sie sich, das Hauptprinzip der Religion Jesu zu akzeptieren, das darin besteht, dem Bösen nicht zu widerstehen; oft empfinden sie nichts als Hass gegen den Namen Jesu; aber ihr ganzer Glaube an das, was das Leben sein sollte, beruht unbewusst auf den menschlichen und ewigen Wahrheiten, die in der christlichen Lehre enthalten sind. Dieser Überrest ist trotz Verleumdung und Verfolgung der einzige, der sich den Befehlen des Erstbesten nicht brav unterwirft. Folglich sind sie heutzutage die einzigen, die ein vernünftiges und kein tierisches Leben führen, die einzigen, die Glauben haben.

Das Bindeglied zwischen Welt und Kirche wird, obwohl von der Kirche sorgfältig gepflegt, immer schwächer. Heute ist es kaum mehr als ein Hindernis. Die Verbindung zwischen Kirche und Welt hat keine Berechtigung mehr. Der geheimnisvolle Reifungsprozess vollzieht sich vor unseren Augen. Das Bindeglied wird bald zerrissen sein, und der lebendige soziale Organismus wird beginnen, seine Funktionen als völlig unabhängiges Dasein auszuüben. Die Lehre der Kirche mit ihren Dogmen, ihren Konzilen und ihrer Hierarchie ist offensichtlich mit der Lehre Jesu verbunden. Das Bindeglied ist so wahrnehmbar wie die Schnur, die das neugeborene Kind an seine Mutter bindet; aber wie die Nabelschnur und die Plazenta nach der Geburt zu nutzlosen Fleischstücken werden, die aus Rücksicht auf das, was sie einst nährten, sorgfältig begraben werden, so ist auch die Kirche zu einem nutzlosen Organismus geworden, der, wenn überhaupt, aus Rücksicht auf das, was er einmal war, in irgendeinem Kuriositätenmuseum aufbewahrt wird. Sobald Atmung und Kreislauf wiederhergestellt sind, wird die frühere Nahrungsquelle zu einem Lebenshindernis. Es wäre vergeblich und töricht, zu versuchen, die Bindung aufrechtzuerhalten und das Kind, das das Licht der Welt erblickt, zu zwingen, seine Nahrung durch einen vorgeburtlichen Prozess zu erhalten. Aber die Befreiung des Kindes von der mütterlichen Bindung garantiert kein Leben. Das Leben des Neugeborenen hängt von einer anderen Verbindung ab, die zwischen ihm und seiner Mutter hergestellt wird, damit seine Nahrung aufrechterhalten werden kann.

Und so muss es auch mit unserer heutigen christlichen Welt sein. Die Lehre Jesu hat die Welt ans Licht gebracht. Die Kirche, eines der Organe der Lehre Jesu, hat ihre Mission erfüllt und ist nun nutzlos. Die Welt kann nicht an die Kirche gebunden werden; aber die Befreiung der Welt von der Kirche wird das Leben nicht sichern. Das Leben wird beginnen, wenn die Welt ihre eigene Schwäche und die Notwendigkeit einer anderen Kraftquelle erkennt. Die christliche Welt spürt diese Notwendigkeit: Sie verkündet ihre Hilflosigkeit, sie spürt die Unmöglichkeit, sich auf ihre früheren Nahrungsquellen zu verlassen, die Unzulänglichkeit jeder anderen Nahrungsform außer der der Lehre, durch die sie hervorgebracht wurde. Unsere moderne europäische Welt, die scheinbar so selbstsicher, so kühn, so entschlossen und innerlich so von Angst und Verzweiflung geplagt ist, befindet sich genau in der Lage eines neugeborenen Tieres: Sie windet sich, sie schreit laut, sie ist ratlos, sie weiß nicht, was sie tun soll; sie spürt, dass ihre frühere Nahrungsquelle versiegt ist, aber sie weiß nicht, wo sie nach einer anderen suchen soll. Ein neugeborenes Lamm schüttelt den Kopf, öffnet die Augen und schaut sich um, springt und springt und lässt uns durch seine scheinbar intelligenten Bewegungen glauben, dass es das Geheimnis des Lebens bereits gemeistert hat; aber davon weiß das arme kleine Geschöpf nichts. Die Ungestümheit und Energie, die es zeigt, hat es von seiner Mutter durch ein Übertragungsmedium erhalten, das gerade unterbrochen wurde und nie wieder erneuert werden kann. Die Situation des Neuankömmlings ist eine Freude und gleichzeitig voller Gefahr. Es ist beseelt von Jugend und Kraft, aber es ist verloren, wenn es nicht auf die Nahrung zurückgreifen kann, die es nur von seiner Mutter bekommen kann.

Und so ist es auch mit unserer europäischen Welt. Welch komplexe Aktivitäten, welch Energie, welch Intelligenz besitzt sie offenbar! Es scheint, als ob all ihre Taten von der Vernunft bestimmt würden. Mit welcher Begeisterung, welcher Kraft, welcher Jugendlichkeit offenbaren die Bewohner dieser modernen Welt ihre überschäumende Vitalität! Die Künste und Wissenschaften, die verschiedenen Industrien, die politischen und administrativen Einzelheiten, alles ist voller Leben. Aber dieses Leben verdankt es der Inspiration, die es durch das Bindeglied empfängt, das es mit seiner Quelle verbindet. Die Kirche hat der Welt Leben gegeben, indem sie die Wahrheit der Lehre Jesu übermittelt hat. Auf dieser Grundlage ist die Welt gewachsen und hat sich entwickelt. Aber die Kirche hat ihre Zeit hinter sich und ist jetzt überflüssig.

Die Welt besitzt einen lebendigen Organismus; die Mittel, durch die sie früher ihre Nahrung erhielt, sind verdorrt, und sie hat noch keine anderen gefunden; und sie sucht überall, überall, nur nicht an der wahren Quelle des Lebens. Sie besitzt noch die Belebung, die sie aus der bereits erhaltenen Nahrung bezieht, und sie versteht noch nicht, dass sie ihre zukünftige Nahrung nur aus einer Quelle und durch ihre eigenen Anstrengungen erhalten kann. Die Welt muss jetzt verstehen, dass die Schwangerschaftsperiode beendet ist und dass ein neuer Prozess bewusster Ernährung von nun an ihr Leben aufrechterhalten muss. Die Wahrheit der Lehre Jesu, die einst unbewusst von der Menschheit durch den Organismus der Kirche aufgenommen wurde, muss jetzt bewusst erkannt werden; denn in der Wahrheit dieser Lehre hat die Menschheit immer ihre Lebenskraft erhalten. Die Menschen müssen die Fackel der Wahrheit, die so lange verborgen blieb, erheben und sie vor sich her tragen und ihr Handeln von ihrem Licht leiten lassen.

Die Lehre Jesu als Religion, die das Handeln der Menschen bestimmt und ihnen den Sinn des Lebens erklärt, steht der Welt heute genauso offen wie vor 1800 Jahren. Früher hatte die Welt die Erklärungen der Kirche, die, indem sie die Lehre verbarg, in sich selbst eine zufriedenstellende Interpretation des Lebens zu bieten schienen; aber jetzt ist die Zeit gekommen, in der die Kirche ihre Nützlichkeit verloren hat, und die Welt, die keine anderen Mittel hat, um ihre wahre Existenz aufrechtzuerhalten, kann nur ihre Hilflosigkeit spüren und sich direkt an die Lehre Jesu wenden.

Nun lehrte Jesus die Menschen zuerst, an das Licht zu glauben und dass das Licht in ihnen selbst ist. Jesus lehrte die Menschen, das Licht der Vernunft hoch zu erheben. Er lehrte sie, ihr Leben nach diesem Licht zu gestalten und nichts zu tun, was der Vernunft zuwiderläuft. Es ist unvernünftig, es ist töricht, hinauszugehen, um Türken oder Deutsche zu töten; es ist unvernünftig, die Arbeitskraft anderer auszunutzen, damit Sie und die Ihren nach der neuesten Mode gekleidet sind und diese tödliche Quelle der

Langeweile, einen Salon, unterhalten können; es ist unvernünftig, Menschen, die bereits durch Müßiggang und Verderbtheit verdorben sind, in Gefängnismauern einzusperren und sie so einem Dasein in völliger Müßiggang und Entbehrung zu überlassen; es ist unvernünftig, in der pestilenzialischen Luft der Städte zu leben, wenn eine reinere Atmosphäre in Ihrer Reichweite ist; es ist unvernünftig, die Erziehung Ihrer Kinder auf den grammatikalischen Gesetzen toter Sprachen zu basieren – all dies ist unvernünftig, und doch ist es heute das Leben der europäischen Welt, die ein Leben ohne Bedeutung führt; die handelt, aber ohne Ziel handelt, kein Vertrauen in die Vernunft hat und im Widerspruch zu ihren Beschlüssen steht.

Die Lehre Jesu ist das Licht. Das Licht leuchtet, und die Dunkelheit kann es nicht verbergen. Die Menschen können es nicht leugnen, die Menschen können es nicht ablehnen, seine Führung anzunehmen. Sie müssen sich auf die Lehre Jesu verlassen, die alle Irrtümer durchdringt, von denen das Leben der Menschen umgeben ist. Wie der unmerkliche Äther, der den universellen Raum erfüllt und alle geschaffenen Dinge umhüllt, so ist die Lehre Jesu für jeden Menschen unvermeidlich, in welcher Situation er sich auch befinden mag. Die Menschen können es nicht ablehnen, die Lehre Jesu anzuerkennen; sie können die metaphysische Erklärung des Lebens leugnen, die sie gibt (wir können alles leugnen), aber nur die Lehre Jesu bietet Regeln für die Lebensführung, ohne die die Menschheit nie gelebt hat und nie leben können wird; ohne die kein Mensch gelebt hat oder leben kann, wenn er so leben würde, wie der Mensch leben sollte, nämlich ein vernünftiges Leben. Die Kraft der Lehre Jesu liegt nicht in ihrer Erklärung des Sinns des Lebens, sondern in den Regeln, die sie für die Lebensführung gibt. Die metaphysische Lehre Jesu ist nicht neu; Es ist die ewige Lehre der Menschheit, die in die Herzen aller Menschen eingeschrieben ist und von allen Propheten aller Zeiten gepredigt wurde. Die Kraft der Lehre Jesu liegt in der Anwendung dieser metaphysischen Lehre auf das Leben.

Die metaphysische Grundlage der alten Lehre der Hebräer, die Liebe zu Gott und den Menschen vorschrieb, ist identisch mit der metaphysischen Grundlage der Lehre Jesu. Aber die Anwendung dieser Lehre auf das Leben, wie sie von Moses dargelegt wurde, unterschied sich sehr von den Lehren Jesu. Die Hebräer waren bei der Anwendung des mosaischen Gesetzes auf das Leben verpflichtet, 613 Gebote zu erfüllen, von denen viele absurd und grausam waren, und doch beruhten alle auf der Autorität der Heiligen Schrift. Die Lehre des Lebens, wie sie Jesus auf derselben metaphysischen Grundlage gab, wird in fünf vernünftigen und wohltätigen Geboten ausgedrückt, die eine offensichtliche und gerechtfertigte Bedeutung haben und in ihren Beschränkungen das gesamte menschliche Leben umfassen. Ein Jude, ein Schüler des Konfuzius, ein Buddhist oder ein Mohammedaner, der ernsthaft an der Wahrheit seiner eigenen Religion zweifelt, kann sich der Lehre Jesu nicht verweigern; noch weniger kann diese Lehre von der heutigen christlichen Welt abgelehnt werden, die jetzt ohne moralisches Gesetz lebt. Die Lehre Jesu kann in keiner Weise mit der Art und Weise interferieren, wie die Menschen heute die Welt betrachten. Sie steht zunächst im Einklang mit ihrer Metaphysik, gibt ihnen jedoch, was sie jetzt nicht haben, was für ihre Existenz unentbehrlich ist und wonach sie alle suchen: Sie bietet ihnen einen Lebensweg; keinen unbekannten Weg, sondern einen bereits erforschten und allen vertrauten Weg.

Nehmen wir an, Sie sind ein aufrichtiger Christ, egal, welcher Konfession Sie angehören. Sie glauben an die Erschaffung der Welt, an die Dreifaltigkeit, an den Sündenfall und die Erlösung des Menschen, an die Sakramente, an das Gebet und an die Kirche. Die Lehre Jesu steht nicht im Widerspruch zu Ihrem dogmatischen Glauben und ist vollkommen im Einklang mit Ihrer Theorie vom Ursprung des Universums; und sie bietet Ihnen etwas, das Sie nicht besitzen. Solange Sie an Ihrer gegenwärtigen Religion festhalten, spüren Sie, dass Ihr eigenes Leben und das Leben der Welt voller Übel ist, gegen das Sie nichts zu tun wissen. Die Lehre Jesu (die für Sie bindend sein sollte, da es die Lehre Ihres eigenen Gottes ist) bietet Ihnen einfache und praktische Regeln, die Sie und Ihre Mitmenschen sicher von den Übeln befreien werden, die Sie quälen.

Glauben Sie, wenn Sie wollen, an das Paradies, an die Hölle, an den Papst, an die Kirche, an die Sakramente, an die Erlösung; beten Sie gemäß den Vorschriften Ihres Glaubens, nehmen Sie an Ihren Andachten teil, singen Sie Ihre Hymnen – aber all das wird Sie nicht davon abhalten, die fünf Gebote zu befolgen , die Jesus Ihnen zu Ihrem Wohl gegeben hat: Zürne nicht; Du sollst nicht die Ehe brechen; Lehne keine Eide; Widerstehe dem Bösen nicht; führe keinen Krieg. Es kann passieren, dass Sie eine dieser Regeln brechen; vielleicht werden Sie der Versuchung nachgeben und eine davon verletzen, genau wie Sie die Regeln Ihrer gegenwärtigen Religion verletzen, oder die Artikel des Zivilgesetzbuches, oder die Gesetze der Sitten. Auf die gleiche Weise kann es Ihnen vielleicht in Momenten der Versuchung misslingen, alle Gebote Jesu zu befolgen. Aber sitzen Sie in diesem Fall nicht ruhig da wie jetzt und organisieren Sie Ihr Leben nicht so, dass es zu einer äußerst schwierigen Aufgabe wird, nicht zornig zu werden, keinen Ehebruch zu begehen , keine Eide zu schwören, dem Bösen nicht zu widerstehen, keinen Krieg zu führen; Organisieren Sie vielmehr eine Existenz, die das Erfüllen all dieser Dinge ebenso schwierig macht, wie das Nichterfüllen dieser Dinge jetzt mühsam ist. Sie können sich nicht weigern, die Gültigkeit dieser Regeln anzuerkennen, denn sie sind die Gebote des Gottes, den Sie angeblich anbeten.

Nehmen wir an, Sie sind ein Ungläubiger, ein Philosoph, egal welcher Schule. Sie behaupten, dass der Fortschritt der Welt einem Gesetz entspricht, das Sie entdeckt haben. Die Lehre Jesu widerspricht Ihren Ansichten nicht; sie steht im Einklang mit dem Gesetz, das Sie entdeckt haben. Aber abgesehen von diesem Gesetz, bei dessen Befolgung die Welt im Laufe von tausend Jahren einen Zustand der Glückseligkeit erreichen wird, ist immer noch Ihr eigenes persönliches Leben zu berücksichtigen. Dieses Leben können Sie nutzen, indem Sie im Einklang mit der Vernunft leben, oder Sie können es verschwenden, indem Sie im Widerspruch zur Vernunft leben, und Sie haben jetzt keinerlei Regeln zur Orientierung, außer den Dekreten, die von Männern erstellt wurden, die Sie nicht schätzen, und die von der Polizei durchgesetzt werden. Die Lehre Jesu bietet Ihnen Regeln, die sicherlich mit Ihrem Gesetz des „Altruismus" übereinstimmen, das nichts weiter als eine schwache Umschreibung dieser gleichen Lehre Jesu ist.

Nehmen wir an, Sie sind ein Durchschnittsmensch, halb Skeptiker, halb Gläubiger, einer, der keine Zeit hat, den Sinn des menschlichen Lebens zu analysieren, und der daher keine bestimmte Theorie der Existenz hat. Sie leben wie der Rest der Welt um Sie herum. Die Lehre Jesu widerspricht Ihrem Zustand keineswegs. Sie sind nicht in der Lage, vernünftig zu denken und die Wahrheiten der Lehren, die Ihnen beigebracht werden, zu überprüfen; es fällt Ihnen leichter, es anderen gleichzutun. Aber wie bescheiden Sie Ihre Vernunft auch einschätzen mögen, Sie wissen, dass Sie in sich einen Richter haben, der Ihre Handlungen manchmal billigt und manchmal verurteilt. Wie bescheiden Ihre soziale Stellung auch sein mag, es gibt Gelegenheiten, bei denen Sie sich fragen müssen: „Soll ich dem Beispiel des Rests der Welt folgen oder soll ich nach meinem eigenen Urteil handeln?" Gerade bei diesen Gelegenheiten, wenn Sie aufgefordert werden, ein Problem in Bezug auf die Lebensführung zu lösen, sprechen Sie die Gebote Jesu in ihrer ganzen Wirksamkeit an. Die Gebote Jesu werden Ihre Frage sicherlich beantworten, denn sie gelten für Ihr gesamtes Dasein. Die Antwort wird mit Ihrer Vernunft und Ihrem Gewissen übereinstimmen. Wenn Sie dem Glauben näher sind als dem Unglauben, werden Sie, wenn Sie diese Gebote befolgen, im Einklang mit dem Willen Gottes handeln. Wenn Sie dem Skeptizismus näher sind als dem Glauben, werden Sie, wenn Sie der Lehre Jesu folgen, Ihr Handeln nach den Gesetzen der Vernunft bestimmen, denn die Gebote Jesu offenbaren ihre eigene Bedeutung und ihre eigene Rechtfertigung.

„Jetzt findet das Gericht dieser Welt statt; jetzt wird der Fürst dieser Welt hinausgeworfen werden." (Johannes 12, 31)

„Dies habe ich zu euch geredet, damit ihr in mir Frieden habt. In der Welt habt ihr Angst; aber seid getrost, ich habe die Welt überwunden." (Johannes 16, 33)

Die Welt, das heißt das Böse in der Welt, ist überwunden. Wenn es in der Welt noch Böses gibt, dann nur aufgrund der Trägheit; es enthält nicht länger das Prinzip der Vitalität. Für diejenigen, die an die Gebote Jesu glauben, existiert es überhaupt nicht. Es wird durch ein erwachtes Gewissen, durch die Erhebung des Menschensohnes besiegt. Ein in Bewegung gesetzter Zug fährt weiter in die Richtung, in die er gestartet wurde; aber die Zeit kommt, wenn die intelligente Anstrengung einer kontrollierenden Hand sichtbar wird und die Bewegung umgekehrt wird.

„ Ihr seid aus Gott und habt jene überwunden, weil der, der in euch ist, größer ist als der, der in der Welt ist. " (1. Johannes 5,4)

Der Glaube, der über die Lehren der Welt triumphiert, ist der Glaube an die Lehre Jesu.

KAPITEL XII.

ICH GLAUBE an die Lehre Jesu, und dies ist meine Religion:

Ich glaube, dass nur die Erfüllung der Lehre Jesu den Menschen wahres Glück bringen kann. Ich glaube, dass die Erfüllung dieser Lehre möglich, einfach und angenehm ist. Ich glaube, dass ich mich nicht weigern kann, ihr zu gehorchen, wenn ich mein Leben vor der Gewissheit des ewigen Verlusts retten möchte, obwohl niemand sonst dieser Lehre folgt und ich allein bin, sie zu praktizieren . So wie ein Mann in einem brennenden Haus, wenn er eine Tür zur Rettung findet, hinausgehen muss, so muss ich den Weg zur Erlösung beschreiten. Ich glaube, dass mein Leben gemäß der Lehre der Welt eine Qual war und dass nur ein Leben gemäß der Lehre Jesu mir in dieser Welt das Glück bringen kann, für das ich vom Vater des Lebens bestimmt wurde. Ich glaube, dass diese Lehre für das Wohlergehen der Menschheit wesentlich ist, mich vor der Gewissheit des ewigen Verlusts retten und mir in dieser Welt das größtmögliche Maß an Glück bringen wird. Wenn ich das glaube, bin ich verpflichtet, ihre Gebote zu praktizieren .

„ *Das Gesetz wurde durch Mose gegeben; Gnade und Wahrheit kamen durch Jesus Christus.* “ (Johannes 1,17)

Die Lehre Jesu ist eine Lehre der Gnade und Wahrheit. Einst kannte ich weder Gnade noch Wahrheit. Ich verwechselte Böses mit Gutem, fiel dem Bösen zu und zweifelte an der Rechtmäßigkeit meiner Neigung zum Guten. Jetzt verstehe und glaube ich, dass das Gute, zu dem ich mich hingezogen fühlte, der Wille des Vaters ist, die Essenz des Lebens.

Jesus hat uns gesagt, wir sollen nach dem Guten streben und uns vor Fallen und Versuchungen (σκάνδαλον) hüten, die uns mit dem Anschein des Guten verführen, uns aber vom wahren Guten abbringen und uns ins Böse führen. Er hat uns gelehrt, dass unser Wohlergehen in der Gemeinschaft mit allen Menschen zu suchen ist; dass das Böse eine Verletzung der Gemeinschaft mit dem Menschensohn ist und dass wir uns das Wohlergehen, das wir durch Gehorsam gegenüber seiner Lehre erlangen können, nicht entgehen lassen dürfen.

Jesus hat gezeigt, dass die Gemeinschaft mit dem Menschensohn, die Liebe der Menschen zueinander, nicht nur ein Ideal ist, nach dem die Menschen streben sollten; er hat uns gezeigt, dass diese Liebe und diese Gemeinschaft natürliche Eigenschaften der Menschen in ihrem normalen Zustand sind, dem Zustand, in dem Kinder geboren werden, dem Zustand, in dem alle Menschen leben würden, wenn sie nicht durch Irrtümer, Illusionen und Versuchungen abgelenkt würden.

In seinen Geboten hat Jesus klar und unmissverständlich die Versuchungen aufgezählt, die diesen natürlichen Zustand der Liebe und Gemeinschaft stören und ihn dem Bösen ausliefern. Die Gebote Jesu bieten die Heilmittel, mit denen ich mich vor den Versuchungen retten muss, die mich des Glücks beraubt haben; und so bin ich gezwungen zu glauben, dass diese Gebote wahr sind. Das Glück war in meiner Reichweite und ich habe es zerstört. In seinen Geboten hat Jesus mir die Versuchungen gezeigt, die zur Zerstörung des Glücks führen. Ich kann nicht länger auf die Zerstörung meines Glücks hinarbeiten, und in dieser Entschlossenheit, und nur darin, liegt der Kern meiner Religion.

Jesus hat mir gezeigt, dass die erste Versuchung, die das Glück zerstört, Feindseligkeit gegenüber Menschen ist, Zorn auf sie. Ich kann mich nicht weigern, das zu glauben, und deshalb kann ich nicht freiwillig in Feindschaft mit anderen verharren. Ich kann nicht, wie früher, Zorn hegen, stolz darauf sein, ihn anfachen, ihn rechtfertigen, indem ich mich selbst als intelligenten und überlegenen Menschen und andere als nutzlose und dumme Menschen betrachte. Wenn ich jetzt dem Zorn nachgebe, kann ich nur erkennen, dass ich allein schuldig bin, und versuchen, Frieden mit denen zu schließen, die etwas gegen mich haben.

Aber das ist nicht alles. Während ich jetzt sehe, dass Wut ein abnormaler, schädlicher und krankhafter Zustand ist, erkenne ich auch die Versuchung, die mich in ihn geführt hat. Die Versuchung bestand darin, mich von meinen Mitmenschen zu trennen, nur wenige von ihnen als meine Gleichen anzuerkennen und alle anderen als unbedeutende Personen (*rekim*) oder unkultivierte Tiere (*Narren*) zu betrachten. Ich sehe jetzt, dass diese vorsätzliche Trennung von anderen Menschen, dieses Urteil über andere als *raca* oder *Narr* , die Hauptquelle meiner Meinungsverschiedenheiten war. Wenn ich auf mein vergangenes Leben zurückblicke, sehe ich, dass ich meiner Wut selten erlaubt habe, sich gegen diejenigen zu erheben, die ich als meine Gleichen betrachtete, die ich selten beschimpfte. Aber die am wenigsten unangenehme Handlung von jemandem, den ich als unterlegen betrachtete, entfachte meine Wut und verleitete mich zu beleidigenden Worten oder Handlungen, und je überlegener ich mich fühlte, desto weniger achtete ich auf mein Temperament; manchmal genügte die bloße Annahme, dass ein Mann eine niedrigere soziale Stellung als ich hatte, um mich zu einem ungeheuerlichen Verhalten zu provozieren.

Ich verstehe jetzt, dass nur der über den anderen steht, der demütig mit anderen umgeht und sich zum Diener aller macht. Ich verstehe jetzt, warum diejenigen, die in den Augen der Menschen groß sind, für Gott ein Gräuel sind, der den Reichen und Mächtigen Wehe verordnet und den Armen und Demütigen Segen zugerufen hat. Jetzt verstehe ich diese Wahrheit, ich glaube daran, und dieser Glaube hat meine Wahrnehmung dessen, was richtig und wichtig und was falsch und verachtenswert ist, verändert. Alles, was mir einst richtig und wichtig erschien, wie Ehre, Ruhm, Zivilisation, Reichtum, die Komplikationen und Verfeinerungen des Daseins, Luxus, reichhaltiges Essen, schöne Kleidung, Etikette, ist für mich falsch und verachtenswert geworden. Alles, was mir früher falsch und verachtenswert erschien, wie Ländlichkeit, Dunkelheit, Armut, Strenge, Einfachheit der Umgebung, des Essens, der Kleidung, der Manieren, all das ist mir jetzt richtig und wichtig geworden. Und obwohl ich mich manchmal meinem Zorn hingeben und andere beschimpfen kann, kann ich meinem Zorn nicht bewusst nachgeben und mich so der wahren Quelle des Glücks berauben – der Gemeinschaft und der Liebe. Denn es ist möglich, dass ein Mensch sich selbst eine Falle stellt und so verloren geht. Jetzt kann ich nichts mehr unterstützen, was mich über andere erhebt oder mich von ihnen unterscheidet. Ich kann nicht mehr, wie ich es früher tat, in mir selbst oder anderen Titel, Ränge oder Qualitäten erkennen, die nicht dem Titel und der Qualität des Mannseins entsprechen. Ich kann nicht mehr nach Ruhm und Ehre streben; ich kann nicht mehr ein Erziehungssystem pflegen, das mich von den Menschen trennt. Ich kann in meiner Umgebung, meiner Nahrung, meiner Kleidung, meinen Manieren nicht nach etwas streben, das mich nicht nur von anderen trennt, sondern mich auch zu einer Schande für die Mehrheit der Menschheit macht.

Jesus zeigte mir eine weitere Versuchung, die mein Glück zerstört: die Ausschweifung, das Verlangen, eine andere Frau zu besitzen als die, mit der ich verbunden bin. Ich kann meine Sinnlichkeit nicht mehr wie früher als erhabenen Zug der menschlichen Natur betrachten. Ich kann sie nicht mehr mit meiner Liebe zum Schönen, meiner Verliebtheit oder den Fehlern meiner Gefährtin rechtfertigen. Beim ersten Hang zur Ausschweifung muss ich erkennen, dass ich mich in einem krankhaften und abnormalen Zustand befinde, und versuchen, mich von dieser hartnäckigen Sünde zu befreien.

Da ich weiß, dass Ausschweifung ein Übel ist, kenne ich auch ihre Ursache und kann ihr so ausweichen. Ich weiß jetzt, dass die Hauptursache dieser Versuchung nicht die Notwendigkeit des Geschlechtsverkehrs ist, sondern das Verlassen der Ehefrauen durch ihre Ehemänner und das Verlassen der Ehemänner durch ihre Ehefrauen. Ich weiß jetzt, dass ein Mann, der eine Frau verlässt, oder eine Frau, die einen Mann verlässt, wenn die beiden einmal vereint waren, sich der Scheidung schuldig macht, die Jesus verboten hat, weil Männer und Frauen, die von ihren ersten Gefährten verlassen werden, die ursprüngliche Ursache aller Ausschweifung in der Welt sind.

Als ich versuchte, die Einflüsse zu entdecken, die zur Ausschweifung führten, fand ich heraus, dass einer davon eine barbarische körperliche und geistige Erziehung war, die die erotische Leidenschaft entwickelte, die die Welt mit den subtilsten Argumenten zu rechtfertigen versucht . Aber der Haupteinfluss war meiner Meinung nach die Verlassenheit der Frau, mit der ich zuerst vereint war, und die Situation der verlassenen Frauen um mich herum. Die Hauptquelle der Versuchung waren nicht fleischliche Gelüste, sondern die Tatsache, dass diese Gelüste bei den Männern und Frauen, von denen ich umgeben war, nicht befriedigt wurden. Jetzt verstehe ich die Worte Jesu, wenn er sagt:

„ Er, der sie am Anfang schuf, schuf sie als Mann und Frau ... So dass sie nicht mehr zwei sind, sondern ein Fleisch. Was nun Gott zusammengefügt hat, das soll der Mensch nicht scheiden. " (Matthäus 19,4-6.)

Ich verstehe jetzt, dass Monogamie das Naturgesetz der Menschheit ist, das nicht ungestraft verletzt werden kann. Ich verstehe jetzt vollkommen die Worte, die besagen, dass der Mann oder die Frau, die sich von einem Gefährten trennen, um einen anderen zu suchen, den Verlassenen zwingt, sich der Ausschweifung zuzuwenden, und so ein Übel in die Welt bringt, das auf diejenigen zurückfällt, die es verursachen.

Das glaube ich, und mein jetziger Glaube hat meine Ansichten über die richtigen und wichtigen und die falschen und verachtenswerten Dinge des Lebens verändert. Was mir einst als das herrlichste Leben der Welt erschien, ein Leben voller zierlicher, ästhetischer Freuden und Leidenschaften, ist mir jetzt zuwider. Und ein Leben in Einfachheit und Armut, das die sexuellen Wünsche mäßigt, scheint mir jetzt gut. Die menschliche Institution der Ehe, die der Verbindung von Mann und Frau eine formale Genehmigung erteilt, halte ich für weniger wichtig als die Tatsache, dass diese Verbindung, wenn sie einmal zustande gekommen ist, als Gottes Wille angesehen und niemals gebrochen werden sollte.

Wenn ich jetzt in Momenten der Schwäche den Eingebungen der Begierde nachgebe, kenne ich die Falle, die mich ins Böse führen würde, und kann daher meine Lebensweise nicht mehr so bewusst planen, wie ich es früher gewohnt war. Ich hege nicht mehr die Gewohnheit, körperliche Trägheit und Luxus zu pflegen, die zu übermäßiger Sinnlichkeit anregen. Ich kann nicht mehr Vergnügungen nachgehen, die Öl für das Feuer der Liebeslust sind – das Lesen von Romanen und den Großteil der Poesie, das Hören von Musik, der Besuch von Theatern und Bällen – Vergnügungen, die mir einst erhaben und kultiviert erschienen, die ich jetzt aber als schädlich erkenne. Ich kann die Frau, mit der ich vereint war, nicht mehr verlassen, denn ich weiß, dass ich mir, ihr und anderen eine Falle stelle, indem ich sie verlasse. Ich kann die grobe und müßige Existenz anderer nicht mehr fördern. Ich kann nicht mehr zu ausschweifenden Zeitvertreib, romantischer Literatur, Theaterstücken, Opern, Bällen ermutigen oder daran teilnehmen, die für mich und andere so viele Fallen sind. Ich kann das Zölibat von Personen, die für eine Ehe geeignet sind, nicht befürworten. Ich kann die Trennung von Ehefrauen und Ehemännern nicht befürworten. Ich kann keinen Unterschied zwischen

Verbindungen machen, die Ehe genannt werden, und solchen, denen dieser Name verwehrt bleibt. Ich bin verpflichtet, die einzige und einzigartige Verbindung, durch die der Mann ein für alle Mal unauflöslich an die erste Frau gebunden ist, mit der er vereint wurde, als heilig und absolut anzusehen.

Jesus hat mir gezeigt, dass die dritte Versuchung, die wahres Glück zerstört, der Eid ist. Ich bin verpflichtet, seinen Worten zu glauben; folglich kann ich mich nicht mehr wie früher durch einen Eid verpflichten, irgendjemandem zu irgendeinem Zweck zu dienen, und ich kann mich nicht mehr wie früher dafür rechtfertigen, einen Eid geschworen zu haben, weil „es niemandem schaden würde", weil alle das Gleiche täten, weil es für den Staat notwendig sei, weil die Folgen für mich oder für jemand anderen schlimm sein könnten, wenn ich mich weigere, mich dieser Forderung zu unterwerfen. Ich weiß jetzt, dass es ein Übel für mich und für andere ist, und ich kann mich nicht daran halten.

Doch das ist noch nicht alles. Ich kenne jetzt die Falle, die mich ins Böse geführt hat, und ich kann nicht länger als Komplize auftreten. Ich weiß, dass die Falle darin besteht, Gottes Namen zu verwenden, um einen Betrug zu billigen, und dass der Betrug darin besteht, im Voraus zu versprechen, den Befehlen eines Menschen oder vieler Menschen zu gehorchen, während ich nur den Befehlen Gottes gehorchen sollte. Ich weiß jetzt, dass die in ihren Folgen schrecklichsten Übel – Krieg, Gefängnis, Todesstrafe – nur aufgrund des Eides existieren, kraft dessen die Menschen sich selbst zu Werkzeugen des Bösen machen und glauben, sich von aller Verantwortung zu befreien. Wenn ich jetzt an die vielen Übel denke, die mich zu Feindseligkeit und Hass getrieben haben, sehe ich, dass sie alle ihren Ursprung im Eid haben , der Verpflichtung, sich dem Willen anderer zu unterwerfen. Ich verstehe jetzt die Bedeutung der Worte:

„ Eure Rede aber sei: Ja, ja; nein, nein; und was darüber hinausgeht, das ist böse. " (Matthäus 5,37)

Wenn ich das verstehe, bin ich überzeugt, dass der Eid mein wahres Wohlergehen und das anderer zerstört, und dieser Glaube verändert meine Einschätzung von Gut und Böse, von Wichtigkeit und Verwerflichkeit. Was mir einst richtig und wichtig erschien – das durch den Eid unterstützte Treueversprechen gegenüber der Regierung, das Abverlangen von Eiden von anderen und alle Handlungen gegen das Gewissen, die aufgrund des Eides begangen werden –, erscheint mir jetzt falsch und verwerflich. Daher kann ich dem Gebot Jesu, das den Eid verbietet, nicht mehr ausweichen, ich kann mich niemandem mehr durch einen Eid verpflichten, ich kann niemandem einen Eid abverlangen, ich kann niemanden dazu ermutigen, einen Eid zu schwören, oder andere dazu veranlassen, einen Eid zu schwören; noch kann ich den Eid als notwendig, wichtig oder gar harmlos betrachten.

Jesus hat mir gezeigt, dass die vierte Versuchung, die mein Glück zerstört, die Anwendung von Gewalt ist, um dem Bösen zu widerstehen. Ich muss glauben, dass dies ein Übel für mich und für andere ist; daher kann ich nicht, wie ich es einst tat, absichtlich auf Gewalt zurückgreifen und versuchen, meine Handlung mit dem Vorwand zu rechtfertigen, dass sie zur Verteidigung meiner Person und meines Eigentums oder der Personen und des Eigentums anderer unerlässlich ist. Ich kann dem ersten Impuls, auf Gewalt zurückzugreifen, nicht mehr nachgeben; ich muss ihr abschwören und mich ganz davon enthalten.

Aber das ist nicht alles. Ich verstehe jetzt die Falle, die mich in dieses Übel geraten ließ. Ich weiß jetzt, dass die Falle in dem irrigen Glauben bestand, mein Leben könne durch Gewalt gesichert werden, durch die Verteidigung meiner Person und meines Eigentums gegen die Übergriffe anderer. Ich weiß jetzt, dass ein großer Teil der Übel, die die Menschheit heimsuchen, darauf zurückzuführen ist – dass die Menschen, anstatt ihre Arbeit für andere zu geben, sich selbst vollständig des Vorrechts der Arbeit berauben und sich die Arbeit ihrer Mitmenschen gewaltsam aneignen. Jeder betrachtet die Zuflucht zur Gewalt als die bestmögliche Sicherheit für Leben und Eigentum, und ich sehe jetzt, dass ein großer Teil des Übels, das ich selbst getan habe und das andere tun sahen, aus dieser Praxis resultierte. Ich verstand jetzt die Bedeutung der Worte:

„ Nicht um bedient zu werden, sondern um zu dienen. “ „ Der Arbeiter ist seiner Nahrung wert. “

Ich glaube jetzt, dass mein wahres Wohlergehen und das anderer nur möglich ist, wenn ich nicht für mich selbst, sondern für andere arbeite, und dass ich mich nicht weigern darf, für andere zu arbeiten, sondern ihnen mit Freude das geben muss, was sie brauchen. Dieser Glaube hat meine Einschätzung dessen verändert, was richtig und wichtig und was falsch und verachtenswert ist. Was mir einst richtig und wichtig erschien – Reichtum, Eigentumsrechte, Ehre, die Wahrung der persönlichen Würde und persönlicher Privilegien – ist für mich jetzt falsch und verachtenswert geworden. Arbeit für andere, Armut, Demut, der Verzicht auf Eigentum und persönliche Privilegien sind in meinen Augen richtig und wichtig geworden.

Wenn ich jetzt in einem Augenblick der Vergesslichkeit dem Impuls nachgebe, Gewalt anzuwenden, um meine Person oder mein Eigentum oder die Person oder das Eigentum anderer zu verteidigen , kann ich diese Falle nicht länger bewusst zu meiner eigenen Vernichtung und zur Vernichtung anderer nutzen. Ich kann kein Eigentum mehr erwerben. Ich kann zu meiner eigenen Verteidigung oder zur Verteidigung anderer nicht länger Gewalt in irgendeiner Form anwenden . Ich kann nicht länger mit irgendeiner Macht zusammenarbeiten, deren Ziel die Verteidigung von Menschen und ihres

Eigentums durch Gewalt ist. Ich kann nicht länger in richterlicher Funktion handeln, mich mit irgendeiner Autorität ausstatten oder an der Ausübung irgendeiner Gerichtsbarkeit teilnehmen. Ich kann andere nicht länger dazu ermutigen, Gerichte zu unterstützen oder eine autoritäre Verwaltung auszuüben.

Jesus hat mir gezeigt, dass die fünfte Versuchung, die mich meines Wohlergehens beraubt, die Unterscheidung ist, die wir zwischen Landsleuten und Ausländern treffen. Ich muss das glauben; wenn ich in einem Moment der Vergesslichkeit ein Gefühl der Feindseligkeit gegenüber einem Menschen einer anderen Nationalität habe, bin ich daher gezwungen, dieses Gefühl in Momenten des Nachdenkens als falsch zu betrachten. Ich kann meine Feindseligkeit nicht mehr wie früher mit der Überlegenheit meines eigenen Volkes gegenüber anderen oder mit der Unwissenheit, Grausamkeit oder Barbarei einer anderen Rasse rechtfertigen. Ich kann nicht länger davon absehen, danach zu streben, mit einem Ausländer noch freundlicher zu sein als mit einem meiner eigenen Landsleute.

Ich weiß jetzt, dass die Unterscheidung, die ich einst zwischen meinem eigenen Volk und dem anderer Länder machte, mein Wohlergehen zerstört; aber mehr noch, ich kenne jetzt die Falle, die mich in dieses Übel geführt hat, und ich kann nicht mehr, wie ich es einst tat, bewusst und ruhig in diese Falle tappen. Ich weiß jetzt, dass diese Falle in dem irrigen Glauben besteht, dass mein Wohlergehen nur vom Wohlergehen meiner Landsleute und nicht vom Wohlergehen der gesamten Menschheit abhängt. Ich weiß jetzt, dass meine Gemeinschaft mit anderen nicht durch eine Grenze oder durch einen Regierungsbeschluss, der festlegt, dass ich einer bestimmten politischen Organisation angehöre, unterbrochen werden kann. Ich weiß jetzt, dass alle Menschen überall Brüder und Gleichgestellte sind. Wenn ich jetzt an all das Böse denke, das ich getan, ertragen und um mich herum gesehen habe, das aus nationalen Feindseligkeiten entstand, sehe ich klar, dass dies alles auf jene grobe Betrügerei namens Patriotismus zurückzuführen ist – die Liebe zum Heimatland. Wenn ich jetzt an meine Erziehung denke, sehe ich, wie diese hasserfüllten Gefühle in meinen Geist eingepflanzt wurden. Ich verstehe jetzt die Bedeutung der Worte:—

„ Liebt eure Feinde und betet für die, die euch verfolgen, damit ihr Söhne eures Vaters im Himmel werdet. Denn er lässt seine Sonne aufgehen über Böse und Gute und lässt regnen über Gerechte und Ungerechte. "

Ich verstehe jetzt, dass wahres Wohlergehen für mich nur unter der Bedingung möglich ist, dass ich meine Gemeinschaft mit der ganzen Welt anerkenne. Ich glaube das, und dieser Glaube hat meine Einschätzung dessen verändert, was richtig und falsch, wichtig und verachtenswert ist. Was mir einst richtig und wichtig erschien – Liebe zum Vaterland, Liebe zu den

Angehörigen meiner eigenen Rasse, zu der Organisation, die sich Staat nennt, Dienste, die auf Kosten des Wohlergehens anderer Menschen geleistet werden, militärische Heldentaten – erscheint mir jetzt verabscheuungswürdig und bemitleidenswert. Was mir einst beschämend und falsch erschien – Verzicht auf die Nationalität und die Pflege des Kosmopolitismus – erscheint mir jetzt richtig und wichtig. Wenn ich jetzt in einem Moment der Vergesslichkeit einen Russen einem Ausländer vorziehe und mir den Erfolg Russlands oder des russischen Volkes wünsche, kann ich mich in klaren Momenten nicht mehr von Illusionen beherrschen lassen, die mein Wohlergehen und das Wohlergehen anderer so zerstören. Ich kann Staaten oder Völker nicht mehr anerkennen; ich kann mich nicht mehr an irgendwelchen Unterschieden zwischen Völkern oder Staaten beteiligen oder an irgendwelchen Diskussionen zwischen ihnen, weder mündlich noch schriftlich, geschweige denn an irgendeinem Dienst im Interesse eines bestimmten Staates. Ich kann nicht länger an Maßnahmen mitwirken, die durch die Trennung zwischen Staaten aufrechterhalten werden – etwa an der Erhebung von Zöllen und Steuern, der Herstellung von Waffen und Geschossen oder an irgendwelchen Gesetzen zur Begünstigung von Rüstung, Militärdienst und, aus einem noch wichtigeren Grund, Kriegen – noch kann ich andere dazu ermutigen, sich an ihnen zu beteiligen.

Ich verstehe, worin mein wahres Wohlergehen besteht, ich glaube daran und kann daher nichts tun, was dieses Wohlergehen unweigerlich zerstören würde. Ich glaube nicht nur, dass ich so leben sollte, sondern ich glaube auch, dass mein Leben, wenn ich so und nur so lebe, seinen einzig möglichen Sinn erhält und vernünftig, angenehm und durch den Tod unzerstörbar ist. Ich glaube, dass mein vernünftiges Leben, das Licht, das ich in mir trage, mir nur gegeben wurde, damit es vor den Menschen leuchten kann, nicht nur in Worten, sondern in guten Taten, damit die Menschen dadurch den Vater verherrlichen. Ich glaube, dass mein Leben und mein Bewusstsein der Wahrheit das Talent ist, das mir für einen guten Zweck anvertraut wurde, und dass dieses Talent seine Aufgabe nur erfüllt, wenn es anderen von Nutzen ist. Ich glaube, dass ich ein Ninive bin im Hinblick auf andere Jonas , von denen ich die Wahrheit gelernt habe und lernen werde; aber dass ich ein Jona bin im Hinblick auf andere Ninive , denen ich die Wahrheit übermitteln muss. Ich glaube, dass der einzige Sinn meines Lebens darin besteht, im Einklang mit dem Licht zu leben, das in mir ist, und dass ich dieses Licht erstrahlen lassen muss, damit es von allen Menschen gesehen wird. Dieser Glaube gibt mir neue Kraft, die Lehre Jesu zu befolgen und die Hindernisse zu überwinden, die sich mir noch immer auf meinem Weg stellen. Alles, was mich einst an der Möglichkeit zweifeln ließ, die Lehre Jesu zu praktizieren , alles, was mich einst davon abhielt, die Möglichkeit von Entbehrungen, Leiden und Tod, die mir von denen auferlegt werden, die die Lehre Jesu nicht kennen, bestätigen jetzt ihre Wahrheit und ziehen mich in ihren Dienst. Jesus sagte: „ *Wenn ihr den Menschensohn erhöht habt, dann werdet ihr erkennen, dass ich es bin* " – dann werdet ihr in meinen Dienst gezogen werden – und ich fühle, dass ich durch den Einfluss seiner Lehre unwiderstehlich zu ihm hingezogen werde. „ *Die Wahrheit* ", sagt er wieder, „ *die Wahrheit wird euch frei machen* ", und ich weiß, dass ich in vollkommener Freiheit bin.

Früher dachte ich, dass ich im Falle einer Invasion aus dem Ausland oder selbst wenn mich böswillige Menschen angreifen und ich mich nicht verteidige, mit denen, die ich zu beschützen verpflichtet war, ausgeraubt, geschlagen, gefoltert und getötet werden würde, und diese Möglichkeit beunruhigte mich. Doch was mich einst beunruhigte, scheint mir jetzt wünschenswert und der Wahrheit entsprechend. Ich weiß jetzt, dass der ausländische Feind und die Übeltäter oder Räuber alle Menschen wie ich sind; dass sie wie ich das Gute lieben und das Böse hassen; dass sie wie ich am Rande des Todes leben; und dass sie mit mir nach Erlösung suchen und diese in der Lehre Jesu finden werden. Das Böse, das sie mir antun, wird ihnen böse sein und kann daher nur gut für mich sein. Doch wenn ihnen die Wahrheit unbekannt ist und sie Böses tun, weil sie denken, dass sie Gutes tun, bin ich, der ich die Wahrheit kenne, verpflichtet, sie ihnen zu offenbaren, und dies kann ich nur tun, indem ich mich weigere, am Bösen teilzunehmen, und so die Wahrheit durch mein Beispiel bekenne.

„Aber hier kommt der Feind – Deutsche, Türken, Wilde; wenn ihr ihnen keinen Krieg führt, werden sie euch ausrotten!" Sie werden nichts dergleichen tun. Gäbe es eine Gesellschaft von Christen, die niemandem Böses täten und ihre Arbeit zum Wohle anderer einsetzten, hätte eine solche Gesellschaft keine Feinde, die sie töten oder foltern könnten. Die Ausländer würden nur das nehmen, was die Mitglieder dieser Gesellschaft freiwillig hergaben, und dabei keinen Unterschied zwischen Russen, Türken oder Deutschen machen. Aber wenn Christen inmitten einer nichtchristlichen Gesellschaft leben, die sich mit Waffengewalt verteidigt und die Christen auffordert, sich am Krieg zu beteiligen, dann haben die Christen die Möglichkeit, denen die Wahrheit zu offenbaren, die sie nicht kennen. Ein Christ, der die Wahrheit kennt, legt vor anderen Zeugnis für die Wahrheit ab, und dieses Zeugnis kann nur durch sein Beispiel deutlich werden. Er muss dem Krieg abschwören und allen Menschen Gutes tun, ob sie nun Ausländer oder Landsleute sind.

„Aber es gibt böse Menschen unter den Landsleuten; sie werden einen Christen angreifen und, wenn dieser sich nicht verteidigt, ihn und seine Familie plündern und massakrieren." Nein, das werden sie nicht tun. Wenn alle Mitglieder dieser Familie Christen sind und folglich ihr Leben nur in den Dienst anderer stellen, wird kein Mensch für verrückt genug befunden, solchen Menschen das Lebensnotwendige zu entziehen oder sie zu töten.

Der berühmte Maclay lebte unter den blutrünstigsten Wilden; sie töteten ihn nicht, sie verehrten ihn und folgten seinen Lehren, einfach weil er sie nicht fürchtete, nichts von ihnen verlangte und sie immer freundlich behandelte.

„Was aber, wenn ein Christ in einer nichtchristlichen Familie lebt, die es gewohnt ist, sich und ihr Eigentum mit Gewalt zu verteidigen, und aufgefordert wird, an Verteidigungsmaßnahmen teilzunehmen? " Diese Aufforderung ist einfach ein Appell an den Christen, die Gebote der Wahrheit zu erfüllen. Ein Christ kennt die Wahrheit nur, um sie anderen zu zeigen, insbesondere seinen Nachbarn und denen, die ihm durch Blutsbande und Freundschaft verbunden sind, und ein Christ kann die Wahrheit nur zeigen, indem er sich weigert, die Fehler anderer zu teilen, indem er weder mit Angreifern noch mit Verteidigern zusammenarbeitet, sondern indem er alles, was er hat, denen überlässt, die es ihm wegnehmen, und so durch seine Taten zeigt, dass er nichts braucht außer der Erfüllung des Willens Gottes und dass er nichts fürchtet außer dem Ungehorsam gegenüber diesem Willen.

„Aber wie, wenn die Regierung es einem Mitglied der Gesellschaft, über die sie herrscht, nicht erlaubt, die grundlegenden Prinzipien der Regierungsordnung nicht anzuerkennen oder die Pflichten eines Bürgers nicht zu erfüllen? Die Regierung verlangt von einem Christen den Eid, die Geschworenenpflicht, den Militärdienst, und seine Weigerung, diesen Forderungen nachzukommen, kann mit Verbannung, Gefängnis und sogar mit dem Tod bestraft werden." Dann sind die Forderungen der Autoritäten wiederum nur ein Appell an den Christen, die Wahrheit zu offenbaren, die in ihm steckt. Die Forderungen der Autoritäten sind für einen Christen die Forderungen derjenigen, die die Wahrheit nicht kennen. Folglich muss ein Christ, der die Wahrheit kennt, denen, die sie nicht kennen, von der Wahrheit Zeugnis ablegen. Verbannung, Gefängnis und Tod bieten dem Christen die Möglichkeit, von der Wahrheit Zeugnis abzulegen, nicht in Worten, sondern in Taten. Gewalt, Krieg, Banditentum, Hinrichtungen werden nicht durch die Kräfte der unbewussten Natur vollbracht; sie werden von Menschen vollbracht, die geblendet sind und die Wahrheit nicht kennen. Je mehr Böses diese Menschen den Christen also antun, desto weiter sind sie von der Wahrheit entfernt, desto unglücklicher sind sie und desto notwendiger ist es, dass sie die Wahrheit kennen. Ein Christ kann seine Kenntnis der Wahrheit nur dadurch kundtun, dass er sich von den Irrtümern fernhält, die die Menschen zum Bösen führen; er muss Böses mit Gutem vergelten. Dies ist die Lebensaufgabe eines Christen, und wenn er sie erfüllt, kann ihm der Tod nichts anhaben, denn der Sinn seines Lebens kann nie zerstört werden.

Die Menschen werden durch den Irrtum zu einer kompakten Masse vereint. Die vorherrschende Macht des Bösen ist die verbindende Kraft, die sie zusammenhält. Die vernünftige Tätigkeit der Menschheit besteht darin, die verbindende Kraft des Bösen zu zerstören. Revolutionen sind Versuche, die Macht des Bösen mit Gewalt zu zerschmettern. Die Menschen glauben, dass sie die Masse durch Hämmern in Stücke zerschlagen können, aber sie machen sie nur dichter und undurchlässiger als zuvor. Äußere Gewalt ist nutzlos. Die zerstörerische Bewegung muss von innen kommen, wenn ein Molekül seinen Griff um das andere löst und die ganze Masse in Auflösung gerät. Der Irrtum ist die Kraft, die die Menschen zusammenhält; nur die Wahrheit kann sie befreien. Doch ist die Wahrheit nur dann Wahrheit, wenn sie in Aktion ist, und nur dann kann sie von Mensch zu Mensch weitergegeben werden. Nur die Wahrheit in Aktion, indem sie Licht in das Gewissen jedes Einzelnen bringt, kann die Homogenität des Irrtums auflösen und die Menschen einen nach dem anderen von seinen Fesseln befreien.

Dieses Werk dauert nun schon seit achtzehnhundert Jahren an. Es begann, als die Gebote Jesu der Menschheit zum ersten Mal gegeben wurden, und es wird nicht aufhören, bis, wie Jesus sagte, *„ alles geschehen ist"* (Matthäus 5,18). Die Kirche, die die Menschen vom Irrtum abbringen und sie durch die feierliche Bekräftigung, dass dies allein die Wahrheit sei, wieder zusammenschweißen wollte, ist schon lange dem Verfall preisgegeben. Aber die Kirche, die aus Menschen besteht, die nicht durch Versprechen oder Sakramente, sondern durch Taten der Wahrheit und Liebe vereint sind, hat immer gelebt und wird ewig leben. Heute wie vor achtzehnhundert Jahren besteht diese Kirche nicht aus denen, die *„ Herr, Herr "* sagen und Unrecht tun, sondern aus denen, die die Worte der Wahrheit hören und sie in ihrem Leben offenbaren. Die Mitglieder dieser Kirche wissen, dass das Leben für sie ein Segen ist, solange sie die Brüderlichkeit mit anderen pflegen und in der Gemeinschaft des Menschensohnes leben; und dass der Segen nur denen verloren geht, die die Gebote Jesu nicht befolgen. Und so praktizieren die Mitglieder dieser Kirche die Gebote Jesu und lehren sie dadurch anderen. Ob diese Kirche zahlenmäßig klein oder groß ist, es ist dennoch die Kirche, die niemals untergehen wird, die Kirche, die schließlich die Herzen der gesamten Menschheit in ihren Banden vereinen wird.

„ Fürchte dich nicht, du kleine Herde; denn es ist der gute Plan eures Vaters, euch das Reich zu geben. "

ANHANG.

WENN Graf Tolstoi von der Kirche und ihren Dogmen spricht, bezieht er sich natürlich besonders auf die orthodoxe griechische Kirche, die Nationalkirche Russlands. Die folgende Zusammenfassung der Lehren der orthodoxen griechischen Kirche stammt aus dem Artikel von Prof. TM Lindsay in der *Enzyklopädie Brittanica* , 9. Auflage, Band XI, S. 158. Abweichungen von der römisch-katholischen Lehre sind durch Kapitälchen gekennzeichnet, Abweichungen von der protestantischen Lehre durch Kursivschrift. [Übers.]

„Das Christentum ist eine göttliche Offenbarung, die der Menschheit durch Christus mitgeteilt wurde. Seine rettenden Wahrheiten können aus der Bibel *und der Tradition gelernt werden* . Erstere wurde niedergeschrieben *und letztere bleibt* durch den Einfluss des Heiligen Geistes unverfälscht erhalten. *Die Auslegung der Bibel obliegt der Kirche, die vom Heiligen Geist gelehrt wird* . Doch darf jeder Gläubige die Heilige Schrift lesen.“

„Gemäß der christlichen Offenbarung ist Gott eine Dreifaltigkeit, das heißt, das göttliche Wesen besteht in drei Personen, die in Wesen und Würde vollkommen gleich sind: dem Vater, dem Sohn und dem Heiligen Geist; DER HEILIGE GEIST GEHT NUR VOM VATER AUS . Außer dem dreieinigen Gott gibt es kein anderes Objekt göttlicher Anbetung, *aber der Jungfrau Maria gebührt Ehrerbietung* (ὑ π ερδουλί α) und *den Heiligen und ihren Bildern und Reliquien gebührt Ehrerbietung* (δουλί α) .

„Der Mensch wird mit einer verdorbenen Neigung geboren, die er bei seiner Erschaffung nicht hatte. Als der erste Mensch erschaffen wurde, war er UNSTERBLICH, BESAß VOLLKOMMENE WEISHEIT UND EINEN WILLEN, DER DURCH DIE VERNUNFT GESTEUERT WURDE . Durch die erste Sünde verloren Adam und seine Nachkommen DIE UNSTERBLICHKEIT, UND SEIN WILLE WURDE ZUM BÖSEN GENEIGT . In diesem natürlichen Zustand begeht der Mensch, der schon vor seiner eigentlichen Sünde durch die Erbsünde oder die geerbte Sünde ein Sünder vor Gott ist, vielfältige tatsächliche Verfehlungen; *aber er ist nicht völlig ohne Willenskraft zum Guten und tut nicht immer Böses* .

„Christus, der Sohn Gottes, wurde Mensch in zwei Naturen, die innerlich und untrennbar vereint eine Person bilden, und hat gemäß dem ewigen Ratschluss Gottes für den Menschen Versöhnung mit Gott und ewiges Leben erlangt, insofern er durch seinen stellvertretenden Tod gegenüber Gott für die Sünden der Welt Genugtuung geleistet hat; und diese Genugtuung war VOLLKOMMEN DEN SÜNDEN DER WELT ENTSPRECHEND . Der Mensch wird durch die geistige Wiedergeburt, die er erlangt, Teilhaber der Versöhnung, vom Heiligen Geist geleitet und bewahrt. Diese göttliche Hilfe wird *allen Menschen ohne Unterschied angeboten und kann abgelehnt werden* . Um Erlösung zu erlangen, wird der Mensch gerechtfertigt, und wenn er so gerechtfertigt ist, KANN ER NICHTS WEITER TUN ALS DIE GEBOTE GOTTES . Er kann durch Todsünde aus diesem Gnadenzustand fallen.

"Die Wiedergeburt wird durch das Wort Gottes und durch die Sakramente angeboten, *die den Christen durch sichtbare Zeichen Gottes unsichtbare Gnade vermitteln, wenn sie cum intentione gespendet werden* . Es gibt *sieben* Mysterien oder Sakramente. Die Taufe *vernichtet die Erbsünde vollständig* . In der Eucharistie sind der wahre Leib und das wahre Blut Christi *wesenhaft gegenwärtig, und die Elemente werden in die Substanz Christi verwandelt, an dessen Leib und Blut die Kommunikanten körperlich teilhaben* . ALLE Christen sollten das Brot und den WEIN EMPFANGEN . *Die Eucharistie ist auch ein Sühneopfer.* Die verlorene Wiedergeburt kann durch Reue wiederhergestellt werden, die nicht nur (1) aufrichtige Trauer, sondern auch (2) *das Bekenntnis jeder einzelnen Sünde vor dem Priester und* (3) *die Entrichtung der vom Priester auferlegten Buße zur Beseitigung der zeitlichen Strafe, die möglicherweise von Gott und der Kirche auferlegt wurde, umfasst. Die Buße, begleitet von der richterlichen Absolution des Priesters, macht ein wahres Sakrament aus* .

„Die Kirche Christi ist die Gemeinschaft ALL JENER, DIE ALLE VON DEN APOSTELN ÜBERLIEFERTEN UND VON GENERALSYNODEN GEBILLIGTEN GLAUBENSARTIKEL ANNEHMEN UND BEKENNEN. *Ohne diese sichtbare Kirche gibt es keine Erlösung.* Sie steht unter dem beständigen Einfluss des Heiligen Geistes und *kann deshalb in Glaubensfragen nicht irren* . Im Dienst der Kirche sind speziell ernannte Personen notwendig, und sie bilden einen dreifachen Orden, der sich jure *divino von anderen Christen unterscheidet : Bischöfe, Priester und Diakone* . DIE VIER PATRIARCHEN GLEICHER WÜRDE HABEN DEN HÖCHSTEN RANG UNTER DEN BISCHÖFEN, UND DIE BISCHÖFE *vereint in einem Generalkonzil vertreten sie die Kirche und entscheiden unfehlbar* , unter der Leitung des Heiligen Geistes, über alle Glaubens- und kirchlichen Lebensfragen. Alle Diener Christi müssen regelmäßig in ihr Amt berufen und ernannt werden und werden *durch das Sakrament der Weihe geweiht* . *Bischöfe müssen unverheiratet sein* , und PRIESTER UND DIAKONEN DÜRFEN KEINE ZWEITE EHE EINSCHLIESSEN . Allen Priestern gemeinsam ist neben der Predigt des Wortes die Verwaltung der SECHS SAKRAMENTE: TAUFE, KONFIRMATION, BUSSE, EUCHARISTIE, EHE, KRANKENSALBUNG . Nur die *Bischöfe können das Sakrament der Weihe* spenden .

„ *Die kirchlichen Zeremonien sind Teil des Gottesdienstes; die meisten von ihnen haben apostolischen Ursprung; und diejenigen, die mit dem Sakrament verbunden sind, dürfen von den Priestern unter Androhung einer Todsünde nicht ausgelassen werden.* “

FUßNOTEN:

[1] *Geschichte der Literatur zeitgenössisch de Russland* .

[2] Wiedergabe des Grafen Tolstois .

[3] Darüber hinaus führt Jesus, als wolle er jeden Zweifel über das Gesetz, auf das er sich bezog, ausräumen, im Zusammenhang mit dieser Stelle sogleich das entschiedenste Beispiel für die Aufhebung des Gesetzes Mose durch das ewige Gesetz an, von dem nicht das Geringste versagt werden darf: „ *Wer seine Frau entlässt und eine andere heiratet , begeht Ehebruch.* “ (Lukas 16, 18) Das heißt, nach dem geschriebenen Gesetz ist die Scheidung zulässig, nach dem ewigen Gesetz ist sie verboten.

[4] Mt 5, 21-48, besonders 38

[5] Deuteronomium 24:1.

[6] Levit. 19:12; Deuteronomium 23:21, 34.

[7] Dieses Zitat stammt aus den *Kommentaren zum Evangelium* von Erzbischof Michael, einem Werk, das auf den Schriften der Kirchenväter basiert.

[8] Siehe Levit. 19:17, 18.

[9] *Contra Celsum* , Buch VIII. Kap. LXXIII.

[10] Jesaja 61, 1 und 2.

[11] Hebräer 2,2. Wörtlich: „Der Glaube ist die *Stütze* des Erhofften, die *Überzeugung* vom Unsichtbaren.“

[12] In allen von der Kirche autorisierten Übersetzungen finden wir hier einen vielleicht absichtlichen Fehler. Die Worte ἐ ν ὑ μ ῖ ν , *in dir* , werden stets *mit dir wiedergegeben* .

[13] Marcus Aurelius sagt: „Ehrfurchte das Beste im Universum; und dies ist das, was alle Dinge nutzt und alle Dinge lenkt. Und in gleicher Weise ehre auch das Beste in dir selbst; und dies ist von derselben Art wie jenes. Denn auch in dir selbst ist das, was alles andere nutzt, dies, und dein Leben wird von diesem gelenkt.“ (Meditationen v. 21.)

Epiktet sagt: „Von Gott stammen die Samen nicht nur an meinen Vater und Großvater, sondern an alle Wesen, die auf der Erde geboren und hervorgebracht werden, und insbesondere an die vernunftbegabten Wesen; denn nur diese sind von Natur aus dazu bestimmt, mit Gott Gemeinschaft zu haben, da sie durch die Vernunft mit ihm verbunden sind.“ (Diskurse, Kap. IX.)

Konfuzius sagt: „Das Gesetz der großen Gelehrsamkeit besteht in der Entwicklung und Wiederherstellung des leuchtenden Prinzips der Vernunft, das wir von oben empfangen haben." Dieser Satz wird oft wiederholt und bildet die Grundlage der Lehre des Konfuzius.

[14] Die Worte des Verses 25 sind falsch übersetzt. Das Wort ἡ λικί αν bedeutet *Alter, Lebensalter* . Folglich müsste der ganze Satz folgendermaßen wiedergegeben werden: kann seinem Leben eine Stunde hinzufügen.

[15] Exodus 3,6.

[16] Johannes 11, 19-22; Matthäus 12, 40; Lukas 11, 30; Matthäus 16, 21; Markus 8, 31; Lukas 9, 22; Matthäus 17, 23; Markus 9, 31; Matthäus 20, 19; Markus 10, 34; Lukas 18, 33; Matthäus 26, 32; Markus 14, 25.

[17] Eine Stadt in Russland, die durch eine Katastrophe Berühmtheit erlangte.

[18] Der Jakobusbrief wurde lange Zeit von der Kirche abgelehnt und nach seiner Annahme verschiedenen Änderungen unterworfen: gewisse Worte wurden weggelassen, andere vertauscht oder willkürlich übersetzt. Ich habe die fehlerhaften Passagen nach dem von Tischendorf autorisierten Text wiederhergestellt .

[19] Hier wie auch an anderen Stellen ist δόξ α fälschlicherweise mit „Ehre" übersetzt worden; δόξ α, vom Verbum δοκέω , bedeutet „Art der Sicht, Urteil, *Lehre* ".

[20] Jesus wird in die Wüste geführt, um vom Irrtum versucht zu werden. Der Irrtum suggeriert Jesus, er sei nicht der Sohn Gottes, wenn er nicht aus Steinen Brot machen könne. Jesus erwidert, er lebe nicht vom Brot allein, sondern vom Wort Gottes. Dann sagt der Irrtum, wenn er nach dem Wort oder Geist Gottes lebe, könne das Fleisch zwar zerstört werden, der Geist aber nicht vergehen. Jesus erwidert, das Leben im Fleisch sei der Wille Gottes; das Fleisch zu zerstören bedeute, gegen den Willen Gottes zu handeln, Gott zu versuchen. Der Irrtum schlägt dann vor, wenn dies wahr sei, solle er sich wie der Rest der Welt in den Dienst des Fleisches stellen, und das Fleisch werde ihm Befriedigung verschaffen. Jesus erwidert, er könne Gott nur dienen, weil das wahre Leben geistig sei und durch den Willen Gottes ins Fleisch gelegt worden sei. Dann verlässt Jesus die Wüste und kehrt in die Welt zurück. (Matthäus 4,1-11; Lukas 4,1-13.)

[21] Die Rechtfertigung dieser Existenz durch die Eltern ist sehr merkwürdig. „Ich brauche nichts für mich selbst", sagt der Vater; „diese Lebensweise ist mir sehr zuwider; aber aus Liebe zu meinen Kindern ertrage ich ihre Lasten." Einfach ausgedrückt würde sein Argument lauten: „Ich weiß aus Erfahrung, dass meine Lebensweise eine Quelle des Unglücks ist,

deshalb erziehe ich meine Kinder zu derselben unglücklichen Lebensweise. Aus Liebe zu ihnen bringe ich sie in eine Stadt, die von physischem und moralischem Miasma durchdrungen ist; ich gebe sie in die Obhut von Fremden, die die Erziehung der Jugend als ein lukratives Unterfangen betrachten; ich umgebe meine Kinder mit physischer, moralischer und intellektueller Verderbtheit." Und diese Argumentation muss als Rechtfertigung der absurden Existenz dienen, die die Eltern selbst führen.

[22] Siehe Anhang.

[23] Dieses Buch wird seit 1839 in allen Schulen und Kirchen Russlands verwendet .